中國歷代書目題跋叢書

徐乃昌　撰
柳向春　南江濤　整理
吳格　審定

積學齋藏書記

圖書在版編目(CIP)數據

積學齋藏書記 / 徐乃昌撰；柳向春，南江濤整理；吴格審定．—上海：上海古籍出版社，2020．3
（中國歷代書目題跋叢書）
ISBN 978-7-5325-9479-5

Ⅰ．①積… Ⅱ．①徐… ②柳… ③南… ④吴… Ⅲ．①私人藏書—圖書目録—中國—近代 Ⅳ．①Z842．6

中國版本圖書館 CIP 數據核字(2020)第 021735 號

中國歷代書目題跋叢書

積學齋藏書記

徐乃昌 撰

柳向春 南江濤 整理

吴 格 審定

上海古籍出版社出版發行

（上海瑞金二路 272 號 郵政編碼 200020）

（1）網址：www.guji.com.cn

（2）E-mail：guji1@guji.com.cn

（3）易文網網址：www.ewen.co

蘇州越洋印刷有限公司印刷

開本 850×1168 1/32 印張 15.875 插頁 5 字數 280,000

2020 年 3 月第 1 版 2020 年 3 月第 1 次印刷

印數：1—1,500

ISBN 978-7-5325-9479-5

K·2775 定價：75.00 元

《中國歷代書目題跋叢書》出版説明

漢代劉向、劉歆父子編撰《别録》《七略》，目録之學自此濫觴，在傳統學術中發揮了重要作用。歷代典籍浩繁龐雜，官私藏書目録依類編次，繩貫珠聯，所謂「類例既分，學術自明」（《通志·校讎略》），學者自可「即類求書，因書究學」（《校讎通義·互著》），實爲讀書治學之門户。而我國典籍屢經流散之厄，許多圖書真容難睹，甚至天壤不存，書目題跋所録書名、撰者、卷數、版本、内容即爲訪書求古的重要綫索。至於藏書家於題跋中校訂版本異同、考述版本淵源、判定版本優劣、追述藏弆流傳，更是不乏真知灼見，足以津逮後學。

我社素重書目題跋著作的出版，早在二十世紀五十年代，我社就排印出版了歷代書目題跋著作二十二種，後彙編爲《中國歷代書目題跋叢書》第一輯。此後，我社又與學界通力合作，精選歷代有代表性和影響較大的書目題跋著作，約請專家學者點校整理。至二〇一五年，先後推出《中國歷代書目題跋叢書》第二至四輯，共收書目題跋著作四十六種，加上第一輯的二十二種，計六十八種，極大地普及了版本目録之學。面對廣大讀者的需求，我社將該叢書陸續重版，並訂正所發現的錯誤，以饗讀者。

上海古籍出版社
二〇一八年八月

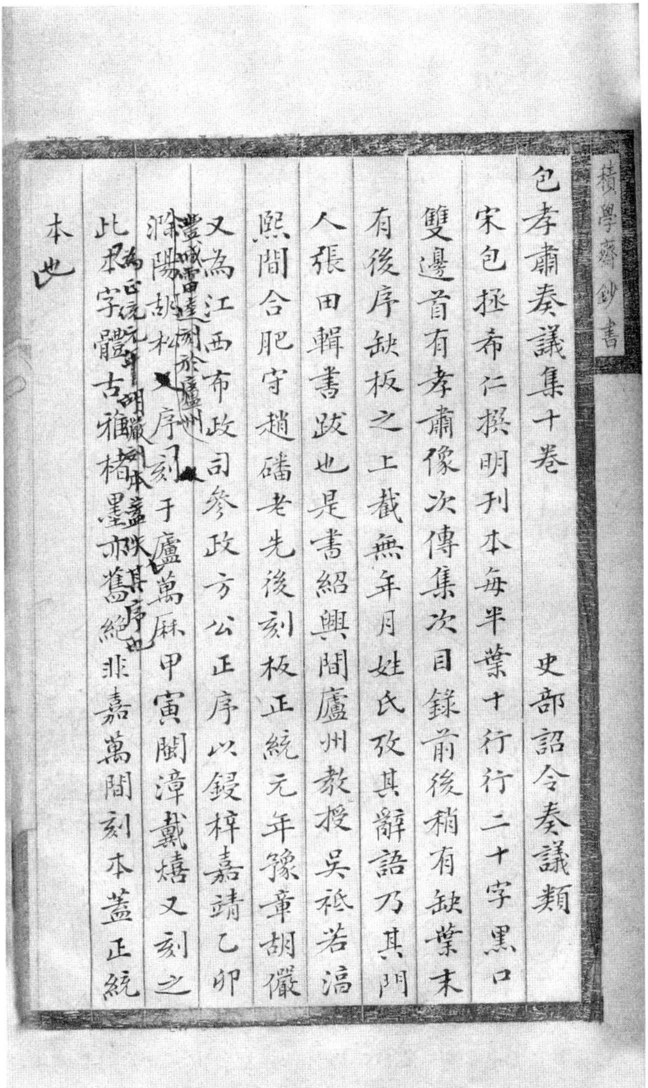
積學齋鈔書

包孝肅奏議集十卷　　史部詔令奏議類

宋包拯希仁撰明刊本每半葉十行行二十字黑口雙邊首有孝肅像次傳集次目錄前後稍有缺葉末有後序缺板之上截無年月姓氏攷其辭語乃其門人張田輯書跋也是書紹興間廬州教授吴祇若滈熙間合肥守趙磻老先後刻板正統元年豫章胡儼又為江西布政司參政方公正序以鋟梓嘉靖乙卯滁陽胡松又序刻于廬萬麻甲寅閩漳戴熺又刻之此本字體古雅楮墨亦舊絕非嘉萬間刻本蓋正統本也

徐乃昌批改《包孝肅奏議集》十卷題跋

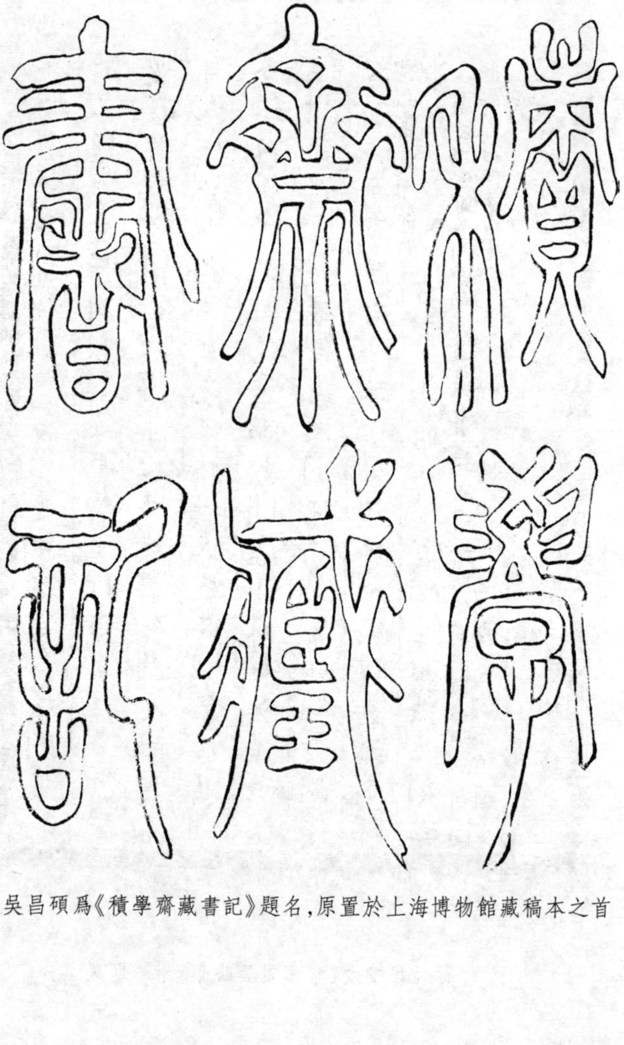

吴昌碩爲《積學齋藏書記》題名,原置於上海博物館藏稿本之首

安吉吳昌碩
缶廬詩之紳
莫春

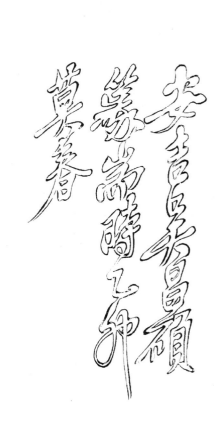

醫家之書不爲不多獨孫真人千金
方使不可闕古矣以千金名之至
珍之也明堂經絡方論鍼灸孔穴病
源靡所不載近得前宋西蜀經
進本不敢私秘重加校正一新鋟
梓與世共之凡以醫鳴者將見家爲
藏人珍和緩不同衛生之一助云耳

《重刊孫真人備急千金要方》三十卷牌子

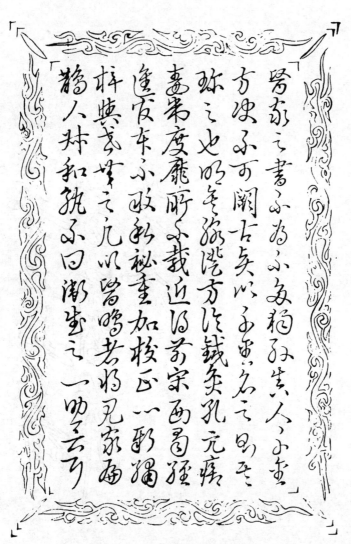

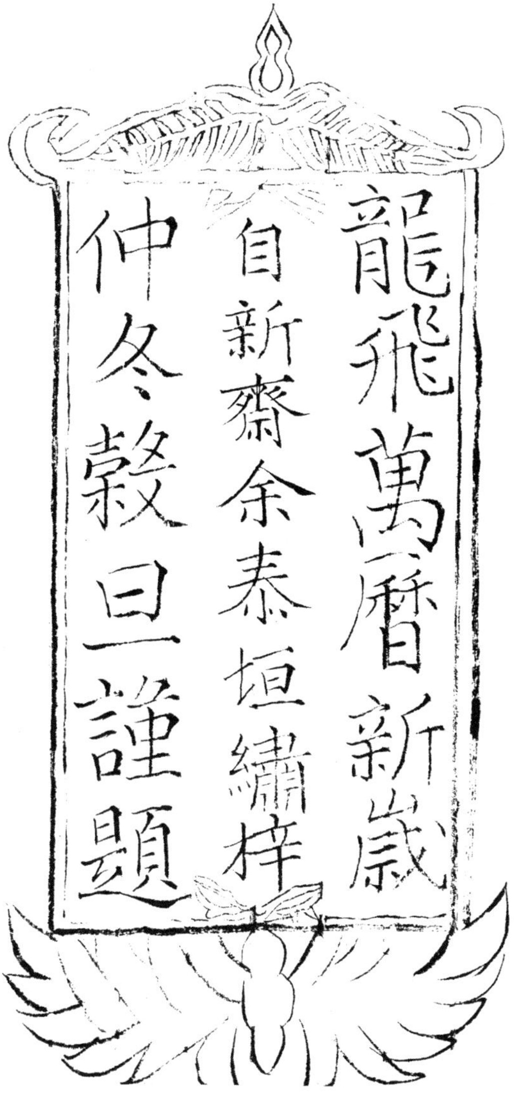

龍飛萬曆新歲
自新齋余泰垣繡梓
仲冬穀旦謹題

《鼎鐫施會元評注選輯唐駱賓王狐白》三卷牌子

整理説明

徐乃昌（一八六九—一九四三）〔一〕，字積餘，號隨庵，又號眔絲，堂號有鄦齋、積學齋、鏡影樓、小檀欒室，安徽南陵人。清末外交家貴池劉瑞芬之長婿，與藏書家劉世珩爲郎舅之親。光緒十九年（一八九三）登賢書。官至江南鹽巡道，以新學、使才、鹽務負聲譽。光緒二十九年（一九〇三），曾率團考察日本學務，歸國即提調江南高中小學堂事務，總辦江南高等學堂，監督三江師範學堂，振興新學，功莫大焉。辛亥後寓居上海，業工商，與舊友江陰繆荃孫、長洲葉昌熾、烏程劉承幹及劉世珩等往還密邇，汲汲於古籍之收藏、校刊。積餘生平以藏書、著書、校書、刻書爲職志，先後刻有《積學齋叢書》二十種、《小檀欒室彙刻閨秀詞》一百餘種、《鄦齋叢書》二十一種、《隨庵徐氏叢書》十種（民國五年復續印二十種）、《南陵先哲遺書》五種等，中多倩武昌陶子麟精雕精印者，時至今日，已爲近代精刻本之代表，甚爲現今藏書家所寶愛。又輯刻《隨庵吉金圖録》、《小檀欒室鏡影》、《鏡影樓鉤影》、《積餘齋集拓古錢譜》、《積餘齋金石拓片目録》、《隨庵藏器目》等，均爲考釋金石及古器物者必備之書。綜計積餘數十年間，校刻叢書十一種，單行本十一種，合計共刻書二百五十餘部，五百六十餘卷。以一己之力刊刻圖籍如此之多，衡諸古今，實屬罕見。民國三年（一九一四），積餘膺命主纂《南陵縣誌》，十年問世。民國十九年（一九三〇），復總纂《安徽通志》，親撰《安徽通志稿·金石古物考》。二十年（一九三一），又與徽籍學者在滬發起影印出版《安徽叢書》（一九三二—一九三六）計三十部三百六十卷，於恢弘徽學，功莫大焉。積餘主要著作則有：《〈續方言〉又補》二卷、《南陵縣建制沿革》、《皖詞紀勝》、《積學齋書目》、《積學齋藏書記》、《徐乃昌日記》等〔二〕。

積餘致力藏書甚早。光緒十四年（一八八八），積餘年方二十，即於古書淵藪——京師琉璃廠得識著名學者江陰繆荃孫（筱珊）。繆氏係近代著名版本目録學家，先後參與創建南京圖書館前身——江南圖書館及國家圖書館前身——京師圖書館，其版本目録學之相關實踐及著述，於當時及後世影響極大。繆氏關於古書善本之標準以及善本書志之撰寫方法，至今仍爲學界奉爲金科玉律〔三〕。積餘與繆筱珊訂交，使其眼界大爲提高，於其日後之古籍鑒定、收藏、刻書事業，助力匪淺。積餘之藏書，自云「無地無時，見即收獲」。故其弆藏之豐，一時頗具盛譽。然其辭世未幾，抗戰期間徐氏積學齋藏書即陸續散出。即積餘後嗣，亦嘗於滬上設肆售書，而南北書賈聞訊紛紛雲集滬上購求徐氏遺藏，其中精品，多歸於天津李嗣香、青州黄裳及福州林葆恒〔四〕。然積學齋所藏甚富，並未因積餘之歿而完全星散〔五〕，如其所藏金石碑刻拓本萬餘，即於解放初期經其女徐姮之手，捐諸今華東師範大學圖書館〔六〕。

積學齋藏書大略有如下特色：一、收藏範圍廣泛。無論傳統之經史子集四部及佛經道藏，以及近代社會科學、應用技術等諸門類之典籍，均係其收藏目標。二、不專以宋元刻本爲搜求目標，亦重視明清罕傳之祕本、鈔本。三、重視收藏清人文集、詞集，重視鄉邦文獻。四、重視金石書籍及金石拓本之收藏。積學齋舊藏，多存鈐印。其藏書最常用之印係「積學齋徐乃昌藏書」朱文楷書長方形印。除此之外，常用藏印尚有「徐乃昌讀」朱文方印、「徐乃昌暴書記」朱文長方印、「徐」押朱文小方印、「南陵徐乃昌審定善本」朱文方印、「徐印乃昌」白文方印、「南陵徐氏」朱文方印、「積餘祕笈識者寶之」朱文長方印、「積學齋」朱文長方印、「南陵徐乃昌刊誤鑑真記」朱文長方印、「南陵徐乃昌校勘經籍記」朱文長方印等。又有「徐乃昌馬韻芬夫婦印」朱文扁方印一方，則係積餘與夫人懷寧馬氏共同賞鑒之用。而尤可説者，其「積餘祕笈識者寶之」朱文長方印，據黄裳所言〔七〕：「徐乃昌書之鈐有『積餘祕笈識者寶之』印者，皆版本之不易辨識，以告無目之流者。」則其自有妙用可知。而積餘於鑒藏一道自詡之狀，亦可概見。

積餘生平所交，多當日勝流，同時代之衆多學者、詩人、藏書家、金石家皆與積餘交往密邇。或彼此交流，品評藏品，或賞奇析疑，砥礪學問。而類此之學術氛圍及與此相關之良好之人際關係，於積餘自身學問、見識之提高及藏書事業之開展，無疑極具重要意義。如其《積學齋藏書記》中所收《張來儀文集》一卷即爲其舊友章氏式訓堂鈔校本，文云：「此係亡友章碩卿手景四明盧氏本，并過録黄復翁跋五則。碩卿，名壽康，會稽人。此本即碩卿所贈。有『會稽章氏』白文方印、『會稽章氏式訓堂藏書』朱文長方印、『壽康讀過』白文方印、『壽康手校』朱文方印、『布衣煖菜根香詩書滋味長』朱文方印。」凡此可見積餘之交遊與其藏書之關聯。

積餘一生收書、藏書達五十年之久，所藏至爲宏富，然藏品之數量及質量究竟如何，因徐氏未曾披露而向來不得其詳。所幸徐氏曾先後編撰《積學齋藏書目》及《積學齋藏書記》，一爲藏書目録，一爲善本書志，皆得歷經劫難，流傳至今，可供覆案。據核，國内現存徐氏藏書目之稿本、鈔本有：一、國家圖書館藏《積學齋藏書目》鈔本，九册。二、上海圖書館藏《南陵徐氏藏書目》稿本，存一册。所録圖書，頗多善本。三、華東師範大學圖書館藏《積學齋善本書目》及《金石拓本目録》稿本。四、南開大學圖書館藏《積學齋書目》一卷。五、據傳丁福保曾藏《隨庵徐氏藏書志》，然卷數不詳，存佚亦不可知。經由上述數種目録，可約略窺知積學齋藏書之大致規模及特點。而其藏書之相關書志，則存鄭振擇舊藏三册鈔本《積學齋藏書記》四卷，現存國家圖書館。此本係素紙所鈔。每半葉十一行，行二十字，小字雙行。前有繆荃孫序。卷一、卷四首有「長樂鄭振鐸西諦藏書」朱文方印，卷二、卷三末有「長樂鄭氏藏書之印」朱文長方印。此帙曾入中華書局《清人書目題跋叢刊》選目初稿，擬爲影印行世，然未知何故，終未面世。直至二〇一〇年，國家圖書館出版之《清代私家藏書目録題跋叢刊》中，始將此書收入第十八册，自此得以爲研究者所利用。惟美中不足者，國家圖書館（以下簡稱「國圖」）所藏此西諦舊存鈔本，本非積餘《積學齋藏書記》全本。另外，上海國際商品拍賣公司二〇〇七年秋拍中，曾有編號爲一四三之吴縣潘氏藏書目録一册，首頁首行即載《積學齋藏書記》六册一種。此書下落如何，現在已難確知。然由此可見，《積學齋藏書記》成書後雖未經付梓，卻曾屢經鈔録而得以流傳。

現知《積學齋藏書記》之最全本，爲上海博物館（以下簡稱「上博」）所藏稿本九册。全書皆以藍格鈔書紙工筆鈔録，文字乃至篇目，多經積餘親筆校核删改。每半葉十行，單欄，黑口，右耳有「積學齋鈔書」五字。書前又有二紙未訂，爲繆筱珊所作《積學齋書目序》，「書目」二字後經墨筆改爲「藏書記」三字。此二紙每半葉十行，左右雙欄，白口，雙魚尾，欄外左下有「蕅香簃鈔」四字。此序又見於繆荃孫《藝風堂文漫存·乙丁稿》，文字未見歧異。綜觀此《藏書記》之主體，類分經史子集四部，經部下復分易類、書類、詩類、禮類（周禮之屬、儀禮之屬）、春秋類、孝經類、五經總義類、四書類、樂類、小學類（訓詁之屬、字書之屬）；史部下復分正史類、編年類、别史類、雜史類、詔令奏議類、傳記類、史鈔類、載紀類、地理類、職官類、政書類、目録類、史評類；子部下復分儒家類、兵家類、法家類、醫家類、天文筭法類、術數類、藝術類、譜録類、雜家類、類書類、小説類、道家類、釋家類；集部下復分楚辭類、别集類、總集類、詩文評類、詞曲類等。全書著録積學齋所藏各類典籍九百二十二部，其中以明本、鈔本最爲大宗，宋元本及稿本相合亦約百種之多。除此之外，亦間收域外漢籍如和刻本、高麗本等。

然細考上博所藏《積學齋藏書記》九册稿本，此書實可分爲三部分。一爲主體，計經部一册，史部一册，子部、集部各兩册。此六册，共著録典籍六百六十三部。中存繆荃孫撰序，卷前有雙鉤吳昌碩乙卯暮春篆題「積學齋藏書記」書名一葉。每一題名之下，又標有所屬類目。餘三册又分兩部分，則可視爲《續記》，但題名之下，均無類目名。一爲一册，經史子集四部全，共著録典籍九十四部。一爲兩册，卷前有素紙書目録，經史子集四部全，共著録典籍一百六十六部。

以《積學齋藏書記》的國圖藏本與上博藏本比較：國圖藏本所收亦以經史子集編類，每類一卷，共計著録六百九十一部，即經部八十五部，史部一五四部，子部二二五部，集部二二七部。以版本論，則有宋刻本三十四部，元刻本五十部，明清刻本三四四部，稿本二十一部，鈔本二四二部。國圖藏本與上博藏本相重合者有六百六十三部，國圖本所收有二十八部不見於上博藏本，其中子部二十四部，集部四部。又國圖鈔本著録各書，題名之下亦未標注類名，與上博本之後兩種相同。綜合諸種因素，大概可以推論，國圖本當據《藏書記》初稿本鈔出，上博本則爲徐氏家藏之本，後來又經徐氏屢次改定者。而改定之定稿，即上博本之主體部分，均經徐氏補加類名。其餘兩部分，則雖經徐氏親手改動，但似並未最終定稿，且未加類名，故未與主體部分合併。而其成稿，當亦較晚，爲徐氏陸續撰成，此觀《藏書記》中録有陳乃乾跋文可知者〔八〕。

或者以爲《藏書記》實係繆荃孫代撰之作，此説之始作俑者當爲海寧陳乃乾氏。陳氏於所著《上海書林夢憶録》中云〔九〕：「筱珊晚年以代人編藏書目録爲生財之道，人亦以專家目之，造成一時風氣，如今之翰林先生爲喪家點主題旌然。已刊行之丁氏《善本書室藏書記》、《適園藏書記》，自撰之《藝風堂藏書記》及未刊之《積學齋藏書記》、《嘉業堂藏書志》皆出其手。」陳氏二十年代初曾坐館於積學齋兩載，館課之餘，又嘗助徐氏編纂諸書，賓主相得甚歡，故其説理當有據。然積餘此書，其初稿當完成於繆氏序言撰作之前，觀筱珊序中所言「今編《藏書記》，高有尺許」可知。而此時陳乃乾則尚未坐館徐氏，故其是否確實瞭解内情，抑或僅係懸揣之詞，甚難確認。筆者曾以陳氏此説詢諸《陳乃乾文集》及年譜之編者海寧虞坤林先生，虞先生答覆亦以爲甚難核實。今夷考繆荃孫所撰《藏書記序》，其中言及「積餘爲此《記》，時浼余三子僧保助之讎校」。以理核之，此書之作似與繆氏無關。又據筱珊《藝風老人日記》，僅丁巳冬月十三日提及此書，云[一〇]：「撰《積學齋書目序》。」除此之外，並無一語涉及《積學齋藏書記》之撰作乃至修訂。反觀繆氏代撰之《嘉業堂藏書志》等作，均可於繆氏日記中找到蹤跡。可見《藏書記》之撰作，當與筱珊無涉。尤足證其非筱珊操刀者，爲《藏書記》中所録陳乃乾本人之跋文。該跋文撰於民國癸亥（一九二三），此時筱珊墓木早拱。又有可説者，即《藏書記》中不乏對於繆氏《藝風堂藏書記》糾正之處。如《續二》「類編曆法通書大全九卷」條云：

> 題「臨江宋魯珍輝山通書，金谿何士泰景祥曆法，鼇峰熊宗立道軒類編」。明刻本。每半葉十二行，行二十字。墨口，雙邊。繆氏藝風堂舊藏。卷三「年命修造」條内已引至弘治十七年，而繆氏《藏書記》乃以「前朝公規」條内之「至正春牛經式」繆《記》「至正」誤作「至元」。爲元刻之證，誤矣。

再如《續一》「□竹藏板三教源流搜神大全七卷」條云：

不著撰人姓氏。明刻本。每半葉十四行，行二十八字。白口，單邊。內分儒氏、釋氏、道教三教源流。每段前列畫像，後繫小傳。江陰繆氏《藝風堂藏書記》著録云爲元刻，並載行款，每半葉十四行，行二十四字。按是書「天妃娘娘」一則載「我國初成祖文皇帝七年，中貴人鄭和通西南夷，禱妃廟，徵應如宋歸命。遂敕封護國庇民妙靈昭應弘仁普濟天妃，賜祠京師，尸祝者遍天下焉」等語。成祖遣鄭和通西南夷係明永樂年間事，即俗傳三寶太監下西洋是也。又「蕭公爺爺」一則載：「宋咸淳間爲神，大元時以子蕭祥叔死而有靈，合祀于廟。皇明洪武初，嘗遣官諭祭。永樂十七年，其孫天任卒，屢著靈異，亦祀於此。」則是刻在明永樂十七年後矣。長沙葉郎園影刻是書，即借繆氏藏本。曾編入《麗樓叢書》，劉肇隅編《葉氏刻書提要》亦云明刻，并謂毛氏《汲古閣珍藏祕本書目》載有元板《繪圖搜神廣記》前後集二卷，此明時據以改題，加入當時諸神封號。頗有見地，然係虛擬之詞。今據書中「天妃娘娘」、「蕭公爺爺」兩條，其爲明刻益信[一二]。繆氏以爲元槧，殆誤。又此本行款爲二十八字，繆氏亦誤記爲二十四字也。有「文軒鼎書」朱文長方印、「徽玄」朱文方印、「荃孫」朱文長方印。

此皆可見積餘編撰《藏書記》之時，雖曾屢屢參考《藝風堂藏書記》，然並非一味盲從，而是有所甄別。繆筱珊於《積學齋藏書記序》中，於此書頗爲推重，云：「國朝以來，錢遵王《敏求記》爲人所重，然鈔刻不分，宋元無別，往往空論，猶沿明人習氣。若《也是園書目》、《汲古》、《滄葦》僅存一名，更無論已。

積餘此《記》，其書必列某本舊新之優劣，鈔刻之異同，宋元本行數字數，高廣若干，白口黑口，魚尾旁耳，展卷具在，若指諸掌，其開聚書之門徑也。備載各家之序跋，原委粲然，復略敘校讐、考證、訓詁、簿録彙萃之所得，各發解題，兼及收藏家圖書，其標讀書之脈絡也。世之欲藏書、讀書者，循是而求，覽一書而精神、形式無不具在，不勝於《敏求記》倍蓰乎？」今以《藏書記》覈之，其所著録款目，均以題名、卷數高一格書寫，下記撰者、版本、行款、序跋、印記等。於其有疑者，間加考證。於其罕見者，録其序跋、題記。如史部「新刊真楷大字全號搢紳便覽三册」條：

> 明萬曆十二年刊本。首册藍印，每半葉十行。二、三册墨印，每半葉十六行。首題「新刊南北直隸十三省府州縣正佐首領全號宦林備覽」，每册後有「北京宣武門裏鐵匠衚衕葉鋪刊行麒麟爲記」一行。字體清晰，紙張闊大，與今之《搢紳》迥不相同。是書在當時斷無人珍惜，而數百年後轉成希世珍，亦奇遇也。此書本阮文達公孔夫人奩中物，《瀛洲筆談》記之。有「揚州阮氏」朱文、「琅嬛仙館」朱文兩方印，「文選樓」朱文長印，「孔子七十三代長孫女」朱文、「闕里」朱文兩方印。

而復鈔録繆荃孫、曹元忠、李詳、鮑毓東等人之題跋、考證於後，俾可全面瞭解「搢紳録」之性質及該書之刻印特點、流轉經過。此書現藏國家圖書館，爲研究明代政治史及北京地區印刷史、書籍發行史之珍貴文獻。推考其淵源，讀者不得不對其舊日藏家感謝有加。

積餘亦間有考證者。如史部「殘本後漢書」一條，行款等内容之下，先録沈曾植之跋，復以積餘自己之校勘考證結果録之於後，以證沈説之誤：

按：是書宋刊宋印，瞭然無疑。宋諱缺筆凡十四字。然首尾俱闕，未敢證其爲何時刊本。沈乙老考爲慶元本，建安黄宗仁善夫所刻，即武英殿官本之祖。兹取殿本校之，「正予樂」，殿本「予」誤「雅」；「發太簇之律」，殿本「太」誤「大」；「徙江陵王羨爲西平王」，殿本作「徙江陵王恭爲六安王」，按何義門校，當云「徙江陵王恭爲六安王，廣平王羨爲西平王」，方與上下文合；「和帝紀第四」，殿本作「和殤帝紀第四」；「討北匈奴取吾伊吾廬地」，殿本「廬」誤「盧」；「復置涿郡故安鐵官」，殿本「安」誤「鹽」；「朕且權」，殿本「權」下有「禮」字；注「但因計」，殿本「計」下多「吏」字。按「正予樂」、「朕且權」二條，乙老因其爲《考證》所云與宋本合，決其爲殿本之祖本。然「徙江陵王羨爲西平王」一條，二本一脱「恭爲六安王廣平王」八字，一脱「廣平王羨爲西平王」八字，得此一證，已足見此本非殿本所自出矣。又「復置涿郡故安鐵官」一條，殿本作「故鹽鐵官」。考故安，縣名，屬涿郡，永元十五年置鐵官，地不近海，焉得有鹽官？義門校語云「考『安』字誤『鹽』字」，而不云宋本，是何氏所見宋本非此本無疑。此又一證也。惜只存二卷，未克盡校之。然此本之佳處，已班班可見矣。

現存之上博藏鈔本《積學齋藏書記》六册與《續記》三册雖不能完全反映徐氏藏書情況，然其無疑爲徐氏積學齋中藏書精華之記録，對於研討積學齋舊藏之規模與質量，具有重要之參考價值。所以言此者有三：其一，《藏書記》可反映徐氏藏書精華之所在，有助於後人瞭解積學齋善本藏書之構成及特點。徐氏收藏之富，同時之人即皆豔羡不已。而考《積學齋藏書目》著録圖籍雖達七八千種之多，然積學齋中所藏之宋元刻本，卻並未録入，即以明刻本而言，亦僅寥寥百餘部而已。故《藏書目》當係徐氏所藏普通典籍之目，不足以表現積學齋主人藏書之質量與眼界。反觀《藏書記》及《續記》，皆能翔實著録所藏宋元佳槧、名家鈔稿之版本、行款、形製、遞藏、撰著者、校刊者、收藏者等信息，揭示出徐氏之收藏特色於豐富之清人文集以外，復有兩端。甲、重視宋元刻本之收藏。《藏書記》及《續記》之中，著録宋元刻本八十餘部，雖未能反映積學齋所藏宋元本之全貌，然所揭示之善本正是積餘賴以刻印《隨庵徐氏叢書》正續編等書之底本，足見積餘藏書之用意所在。乙、重視名家稿鈔本之收藏。著録於《藏書記》之稿鈔本中，不乏名家真跡、傳世孤本，如甘泉焦里堂之《天元一釋》、《揚州足徵録》稿本，長洲何義門校鈔本《歸潛志》等，莫非難得之佳本。其二，著録翔實可信。每一款目，詳述其行款、遞藏、序跋、印記，使讀者如對原書，且便於日後追尋其流傳蹤跡。如據《藏書記》之著録，可斷所收之《新刊真楷大字全號搢紳便覽》即《中華再造善本續編》中所收之本。惟國圖以此書後二册别爲《新刊南北直隸十三省府州縣正佐首領全號宦林備覽》，分别著録，致影印之際，僅收入其第一册。今以《藏書記》覈之，可還原書舊觀。其三，《藏書記》保存諸如何焯、翁方綱、錢大昕、黄丕烈、顧廣圻等名家題跋一百餘篇，或不見於作者本集，或與流傳文字相異，於輯逸補缺、確立文本，極具價值。如「殘本後漢書」條所收之沈曾植題跋，未見於

《寐叟題跋》，且亦不見於《沈曾植年譜長編》，足以補其生平之闕。沈氏跋云：

殘宋本《漢書》每葉二十行，行十八字，楮墨精絶，世所稱慶元本，建安黄宗仁善夫所刻也。黄氏刻《史記》、前後《漢書》，其《史記》爲王延喆本之祖，《正義》最完。其兩《漢書》爲武英殿官本之祖，三劉《考異》亦最完。今以殿本《考證》「正予樂」（卷三）、「朕且權」（卷四）兩條覈之，所稱宋本，皆與此合，知所據即此本矣。積餘藏書至富，而珍此殘本，是真所謂閲千劍而知劍者。宣統五年三月，嘉興沈曾植記。

再如《藏書記·續一》「經典考證八卷」條，其著録版本爲「道光間遊道堂刻本」，可補《文禄堂訪書記》中僅言「許印林校原刻本」之不足〔一二〕。其所録許瀚之跋文，亦可補《文禄堂訪書記》中之闕字。又如「新刊真楷大字全號搢紳便覽」條所録興化李詳題詩四首，雖已見諸《李審言文集》中，然字句頗有歧異，如第一首：「廣招重反舊藏書，新市平林過眼虚。不與萇弘同化碧，固應值得百車渠。」末句「百車渠」，《文集》本作「白車渠」〔一三〕。「車渠」即硨磲，蓋喻書之價值甚高。審言熟精詩學，嘗有《杜詩證選》之作，此句即係化用杜甫《謁文公上方》「金篦刮眼膜，價重百車渠」句，故《藏書記》中所録可正《文集》作「白」字之誤。又《續一》「元包經傳五卷元包數總義二卷」條，録存陳乃乾之跋，未見於《陳乃乾文集》，不惟可補其不足，且可與《文集》中所收之文對勘，明瞭陳氏之真實態度，并藉以知曉陳氏諳習人情、通曉世故之狀，知人論世，得此最足爲證。《藏書記·續一》所録陳氏跋云：

此明仿宋本《元包經傳》五卷、《元包數總義》二卷，南陵徐氏積學齋藏書也。癸亥五月，書友羅經之攜示宋刻大字本，遂校改于此本上。宋本亦八行十六字，唯不若此本之整齊。避諱至「慎」字止，「玄」作「元」、「恒」作「常」，「霆」字避順祖嫌名，作「霆」。凡宋刻訛字，此本悉已改正。欲求以宋刻正此本之訛者甚少，見宋刻益知此本之善，質之隨庵先生以爲然否？海寧陳乃乾。

此條可與《陳乃乾文集·序跋》中「宋刻《元包經傳》跋」對讀，該條云[一四]：

《元包經傳》五卷、《元包數（志）［總］義》二卷，南宋刻本。避諱「玄」、「慎」字止。「玄」作「元」，「恒」作「常」，「霆」避順祖嫌名（作），作「霆」。明刻源出於此，故行款相同。開卷楊揖序「涖官之三日」，明刻訛「官」爲「宫」。張滂跋「得同年張公文滂所爲數義」，明刻訛「數」爲「疏」。他如「牙」即「互」字，明刻誤改爲「妄」；「罸」與「剛」同（見李江注），而明刻改正之「罸」字爲「剛」。凡此皆是以正明刻之訛者。癸亥五月獲徵此書，與明刻互勘一過，爲書其後，以志眼福。

《藏書記》中所收陳氏之跋，作於陳氏坐館積學齋之際，故於東家之物稱道備至，以爲「見宋刻益知此本之善」。而陳氏鑒别，實係祖傳青箱之業，自可分别積餘藏本之良窳，故讀其辭館之後發表之跋文，方可知曉其真實見解。

《藏書記》中，復存在同書收存數條款目之情形。如《鐔津文集》，《藏書記》中即收有兩條款目，一爲《集部》「鐔津文集十九卷」條：

藤州鐔津東山沙門契嵩撰。明支那本，萬曆丙午刊。每半葉十行，行二十字。白口，雙邊。首有熙寧八年陳舜俞所撰《行業記》。契嵩，姓李氏，字仲靈，藤州鐔津人。慶曆間居杭州靈隱寺，仁宗賜號明教大師。《四庫》[著]録，凡文十九卷、詩二卷，附他人所作序、贊、詩、題、疏一卷。此本只文十九卷，蓋詩未合刊耳。

一爲《續一》「鐔津文集二十卷」條：

宋藤州鐔津東山沙門契嵩撰。集分《原教》、《廣原教》、《孝論》、《皇極論》、《中庸解》、《問兵》、《問霸》、《論人品》、《非韓》三十篇并書、記、誌等。前有陳舜俞《鐔津明教大師行業記》。每卷附音釋。明南京聚寶門外雨花臺經房孟洪宇印行。梵夾本。每半葉六行，行十七字。

兩者相較，則不惟有助於此書版本之鑒别，且可知其卷次分合之詳情。凡此諸般，《藏書記》中所録正復不少，皆可有助於輯佚、校勘及鑒定，其文獻價值不需贅言。

總而言之，積餘一生事業固足稱道，而其心血所關之藏書，尤足表彰。《積學齋藏書記》及《續記》所録，正係當日積餘朝夕摩挲之珍本祕笈之實録，得此一編，不僅可見積學齋舊日風光，亦可從中窺見積餘之情懷。

此次整理以上海博物館所藏《積學齋藏書記》稿本爲底本，由柳向春撰寫《整理説明》，標校正文及《續一》、《續二》；由南江濤標校《附録》。

〔一〕積餘之生卒及生平大概，可參楊成凱《南陵徐乃昌的墓表和墓誌銘：略及人物生卒的查考》，見於《文獻》二〇〇六年第三期，第一二七—一三二頁。

〔二〕參李弘毅《稿本〈徐乃昌日記〉的文獻價值》，見於《文獻》二〇〇三年第四期，第二二六—二四〇頁。

〔三〕參陳乃乾《上海書林夢憶録》，見於《陳乃乾文集》之《海上書林》，虞坤林整理，國家圖書館出版社，二〇〇九年，第九—一〇頁。

〔四〕黄裳《來燕榭書跋》（增訂本）「林下詞選」條：「余近得詞集二百種於侯官林氏，皆南陵徐氏遺藏。蓋積餘生前以詩餘三十許廚歸之林氏者。然積餘所藏詩餘佳本實未全入林家也，此《松陵詞選》蓋即其一。並世不知尚有第二本否，姑懸一願於此。乙未十一月初二日夜半。」中華書局，二〇一一年，第二九二頁。

〔五〕黄裳《拙政園詩餘》「竹笑軒吟草」條云：「由石麒引領訪問的另一位藏書家是徐乃昌家。其時徐積餘逝世已久，家中還掛著徐夫人馬韻芬過生日的壽幛，主人隨意取出幾種清刊小册，都有徐氏藏印，即按書市標準，付價攜歸。此際積學齋的舊藏早已散見市上，但徐積餘的收藏實在既深且廣，不可窺視。經石麒取得的就有明末刊阮大鋮詩三集，康熙刻納蘭的《通志堂集》，和罕見的清人別集詞集等，不可勝計。如康熙中徐釚刻的龔鼎孶的《香嚴齋詞》，中收與顧橫波（媚）漫遊湖上諸詞，詞前多有小序，每數百言，後印及諸選本皆删去不存。積餘所藏得意之書，必鈐『積餘祕笈識者寶之』小印。積學齋所藏清詞後讓歸林子有（葆恒），然奇祕之册實未盡出也。」見於《收穫》二〇一一年第五期。

〔六〕參張光武《城南憶舊》，見於《文匯報》二〇〇七年三月十三日。

〔七〕《來燕榭書跋》（增訂本）「蕭雲從繪像楚辭」條，第一六頁。

〔八〕　陳跋見下文所録。
〔九〕　見於《陳乃乾文集·海上書林》，虞坤林整理，國家圖書館出版社，二〇〇九年，第九頁。
〔一〇〕繆荃孫著《藝風老人日記》，北京大學出版社，一九八六年，第三一一一頁。又繆氏《藏書記序》末署「歲在强圉大淵獻長至日」，此文又見於《藝風堂文漫存·乙丁稿》，文亦同。「强圉大淵獻」即民國丁亥年（一九四七），而繆氏卒於己未（一九一九），故此一署款實爲筆誤。據《藝風老人日記》載，此序實爲丁巳年（一九一七）所作，故「大淵獻」當爲「大荒落」之誤。
〔一一〕按：原稿自「長沙葉郎園」至「其爲明刻益信」均經删去。
〔一二〕《文禄堂訪書記》卷一，柳向春整理，上海古籍出版社，二〇〇七年，第四一頁。
〔一三〕李詳著《李審言文集》，江蘇古籍出版社，一九八九年，第一三三二頁。
〔一四〕原載《國學月刊》第二期，一九二六年十一月十日。

整理凡例

一、底本爲稿本且非定稿，故體例不一，今多襲其舊貫，仍爲三部分，即正文及續一、續二。另以國家圖書館所藏鈔本溢出之二十八種作爲附録。

二、底本多用異體、俗體字，爲保持原貌，多未擅改。明顯訛字，則隨文改正。

三、正文部分，原稿已按經史子集分册，並標明類目，今依其舊；續一、續二部分除極少數幾部書標有類目外，其餘均未標出，亦仍其舊。

四、底本間有夾條，皆加注於相關條目之下。

五、底本多有删改之處，所删文字，仍隨文録出，置於括號之中，並加以説明。

目録

積學齋藏書記　集部……一八四

積學齋藏書記　續一……二七一

積學齋藏書記　續二……三三九

唐祕書省正字先輩徐公釣磯文集十卷……三六二
解注比紅兒詩集一卷……三六二
青陽先生文集六卷……三六二
香奩詩草二卷……三六二
鮚埼亭集三十八卷外編五十卷……三六三
玉臺新詠十卷……三六三
漢魏二十二家集……三六四
花間集十卷……三六六
衆香詞六卷……三六六
新編目連救母勸善戲文三卷……三六六
遥集堂新編馬郎俠牟尼合記二卷……三六六
通天臺一卷……三六七
臨春閣一卷……三六七
三國志演義……三六七

積學齋藏書記序

南陵徐積餘觀察，德行純竺，問學淹雅，收藏富有，冠冕皖南。所刻有《積學齋》、《鄦齋》兩叢書，又刻《閨秀詞》百家，仿宋元刻曰《隨庵叢書》前後兩集，風行海内，儒者宗之。今編《藏書記》，高有尺許，謂余曰：「余之蓄書，初自弱冠，今年五十，無地無時，見即收獲。自媿力薄，止有此數。分類編纂，僅僅成編，子其爲我敘之。」余與積餘戊子秋間晤於琉璃廠書肆，談及經籍目録，如瓶瀉水，余心佩焉，因以訂交，迄今卅年，何敢以不文辭。夫目録之學，始於向、歆，以私家著録屹立於天壤者，以昭德晁氏與安吉陳氏爲最。國朝以來，錢遵王《敏求記》爲人所重，然鈔刻不分，宋元無別，往往空論，猶沿明人習氣。若《也是園書目》、《汲古》、《滄葦》僅存一名，更無論已。積餘此《記》，其書必列某本舊新之優劣，鈔刻之異同，宋元本行數字數，高廣若干，白口黑口，魚尾旁耳，展卷具在，若指諸掌，其開聚書之門徑也。備載各家之序跋，原委粲然，復畧敘校讐、考證、訓詁、簿録彙萃之所得，各發解題，兼及收藏家圖書，其標讀書之脈絡也。世之欲藏書、讀書者，循是而求，覽一書而精神、形式無不具在，不勝於《敏求記》倍蓰乎？積餘爲此《記》，時浼余三子僧保助之讐校，余得以盡窺全豹而知其非夸也。而所收國初及乾嘉時之善本尤多，以時近不入《記》。荃孫得國朝人文集千種，以比積餘所藏，猶小巫也。昔阮宫保耳順之年，龔定庵爲《年譜第一序》，即以稱祝。今積餘年方五十，余亦爲《藏書記》第一序，稱祝如之。他日年愈尊，搜羅愈廣，爲編《續記》，再爲序之。書此以當息壤。歲在强圉大淵獻長至日〔一〕，江陰繆荃孫序。

校注

〔一〕按：此有誤，「强圉大淵獻」爲丁亥，係民國三十六年，時繆荃孫已逝。此當作「强圉大荒落」，即丁巳，係民國六年。

積學齋藏書記 經部

南陵 徐乃昌積餘撰

周易兼義九卷略例一卷音義一卷 經部易類

宋刊本。每半葉十行，行十八字，小廿四字。高六寸，廣四寸二分。白口，單邊。口上有字數，下有刻工姓名。板心作「易疏某」。首行題「周易兼義上經乾傳第一」，次行題「國子祭酒上護軍曲阜縣開國子臣孔穎達奉敕撰正義」，三行題「王弼注」。《繫辭》以下題「韓康伯注」。首有孔穎達《正義》序，並八論、略例，次行題王弼。《音義》首行題「經典釋文」，越數格題「周易音義」，次行題「唐國子博士兼太子中允贈齊州刺史吳縣開國男陸德明撰」。經中惟《周易》與《爾雅》作「兼義」，其他俱作「附音」。「兼義」者，儀徵阮氏謂兼併《正義》而刻之，以別於單注本。陳仲魚謂他經音義附每節注後，獨《周易》總附卷末，故題爲「兼義」而不稱「附音」。似阮説爲長也。是書板片由宋入元明，遞加修補。其黑口者，元補版。口上書「正德六年」及「十二年」及「懷浙胡校林重校」等字者，明補板也。孫氏《平津館》、瞿氏《鐵琴銅劍樓》均著録。孫氏云：「審其紙板，當出於南宋閩中所刊，《比》初六『有他吉』，此本『他』作

『它』；《大有》九四象『明辨晳也』，此本『晳』作『晢』。皆唯宋本爲然。嘉慶間阮氏南昌府學重刊本，即出於此。然亦稍有異同焉。」

易釋文一卷 經部易類

唐國子博士兼太子中允贈齊州刺史吳縣開國男陸德明撰。盧氏雅雨堂刊本，武進臧在東先生手校。

李氏易傳十七卷 經部易類

唐資州李鼎祚撰。盧氏雅雨堂刊本。武進臧在東先生鏞堂手校。有「武進臧氏庸以明刻勘對如左，説具《拜經日記》」云云。首有盧見曾序、鼎祚《集解》序。後有慶曆甲申計用章後序。盧氏刻本不及朱睦㮮本，前人每以爲嫌，故在東精校之。有「名余曰蓉鏡」白文方印，是張芙川舊藏。

楊氏易傳二十卷 經部易類

宋寶謨閣學士慈谿楊簡敬仲著，明後學廬陵劉日升、陳道亨校，漳浦林汝詔、豫章饒伸同校。明鈔本。是書爲明劉日升、陳道亨刻本，此即由刻本録下。鈔極舊，爲明時所寫無疑。有「慈谿畊餘樓藏」朱文方印、「馮氏辨齋藏書」白文方印。

周易傳義附録十四卷 經部易類

後學天台董楷纂集。元至正刊本。每半葉十一行，行二十二字。高六寸四分，廣三寸六分。黑口，雙邊。凡例後與《筮儀》後均有牌子。首有咸淳丙寅楷自序，次《周易》程朱氏説、凡例。楷，字正叔，台州臨海人，寶祐四年進士，官至吏部郎中。其學出於陳器之，器之出於朱子，故其說《易》惟以洛、閩爲宗。首朱子《易圖說》一卷，《繫辭》二卷，《上經》十五卷，《說卦》一卷，《序卦》一卷，《雜卦》一卷，《程子上下篇義》一卷，《朱子五贊》一卷，《朱子筮儀》一卷，凡二十四卷。（《四庫》著録只十四卷，蓋後人并卷也。）[一]《筮儀》後有周季貺先生星詒分書一行：「同治丙寅春中得于福州。星詒記。」有「范氏家藏」白文、「仿宊己」[二]朱文兩方印，「祥符周氏瑞瓜堂圖書」白文方印，「星詒」朱文、「季貺」白文兩小方印，「周印星詒」白文、「瑞瓜堂印」朱文兩方印。

牌子：

至正壬午桃溪
居敬書堂刊行

雕菰樓易學三書 經部易類

江都焦循里堂撰。手書藁本。首有嘉慶二十一年阮元序，又二十二年英和序。凡《章句》十二卷、《圖略》二十卷、《通釋》二十卷，各有序目。

附釋音尚書注疏二十卷 經部書類[三]

宋刊本。每半葉十行，行大十七字，小二十三字。高六寸，廣四寸二分。白口，單邊。口上有字數，下有刻工姓名。板心均作「書疏幾」。首行爲大題，次行題「國子祭酒上護軍曲阜縣開國子臣孔穎達等奉敕撰」，以下但稱「孔穎達疏」。首有孔穎達《正義》序。是書爲南宋閩中刊本，有元明補葉。口上書

「閩何校」三字。然補葉甚少，是可貴處。

尚書正義二十卷 經部書類

日本翻宋刊本。有疏無注。每半葉八行，行十九字。首有孔穎達序，長孫無忌《上五經正義表》、孔維等《上雕印五經正義表》並官銜，又例言，又式部少輔林𩟗序。末有紹熙壬子三山黄唐跋。此本即出自黄本也。

禹貢鄭注釋二卷 經部書類

江都焦循里堂撰。手鈔藁本。首有嘉慶壬戌自序。有「焦循手録」白文方印、「里堂」朱文方印，「半九書塾」白文、「因柳閣」朱文兩方印。（焦氏雕菰樓刊行。）〔四〕

附釋音毛詩注疏二十卷 經部詩類

宋刊本。每半葉十行，行大十八字，小廿三字。高六寸，廣四寸二分。白口，單邊。口上有字數，下有刻工姓名。板心均作「詩疏某」。首行爲大題，下有小耳書曰「一之一」，蓋每卷又分卷數，共七十卷。次行題「唐國子祭酒上護軍曲阜縣開國子孔穎達奉敕撰」，以下均題「鄭氏箋、孔穎達疏」。首有《詩譜序》，又孔穎達《正義》序。序後有四木記，曰「劉氏文府」方式、「叔剛」鐘式、「桂軒」鼎式、「一經堂」方式。此爲南宋閩刊本，凡口上有「侯、潘、劉校」、「林重校」等字者，皆明補葉也。

詩説十二卷　經部詩類

題「信安劉克學」。舊鈔本。首有總説、紹定壬辰自序。末有淳祐六年其子坦跋。《四庫》未收是書，《宋藝文志》、焦氏《經籍志》、朱氏《授經圖》均未之載。朱氏《經義考》云，崑山徐氏傳是樓有宋刻本，惜第二、第九、第十卷都缺，有吴匏厂題識。此本缺同宋本，吴題亦録，蓋即由傳是樓藏本傳鈔。宋本由徐氏歸汪閬源。又得鈔本補第二卷，仿宋寫刊，其九、十二卷仍缺。嗣陸存齋得舊鈔九、十二卷，已刊入《群書校補》，是書已成完璧。此本筆意古雅，洵爲精鈔。末有黄蕘圃先生手書《經義考》一則。有「平江黄氏圖書」朱文方印、「士禮居藏」朱文長印、「宋本」朱文腰圓印，「愛日精廬藏書」朱文、「張印月霄」朱文兩方印，「祕册」朱文方印。

嚴氏詩緝三十二卷　經部詩類

宋嚴粲坦叔撰。明味經堂刊本。每半葉九行，行十八字。白口，單邊。首有宋林希逸序，次自序，次蒙齋袁先生手帖，次條例，次《音圖》，次《十五國風地理圖》，次目録。

詩考四卷　經部詩類

宋王應麟伯厚撰。國朝盧文弨召弓增校。舊鈔本。伯厚，浚儀人。召弓，號磯漁，又號檠齋，更號弓父，人稱抱經先生。乾隆壬申一甲第三人進士，官翰林院侍讀學士，范陽人〔五〕。前後有伯厚自序、召弓序。莫氏《書目》云有《補輯》一卷，疑從此書出。眉間有朱墨筆按語，署名堯春。按堯春姓陸氏，字二雅，仁和人，嘉慶甲戌進士，官江西大庾知縣。以經學名，所輯古遺書甚富，有《蔡氏明堂月令章句》及《論問答》等篇。又著有《毛詩古義述》，阮芸臺相國盛稱之，在詁經精舍分輯《經籍籑詁》。有「抱經堂藏書印」白文方印、「歙西長塘鮑氏知不足齋藏書印」朱文方印〔六〕。

六家詩名物疏五十五卷 經部詩類

海虞馮復京嗣宗輯著。明萬曆刊本。每半葉九行，行十九字。白口，單邊。首有福清葉向高序、吳郡申時行序、瑯琊焦竑序、廣陵王道新序，次序例，次引用書目，次目録。嗣宗，諸生，馮玘之玄孫。强學廣記，時有盛名。謂冠、昏、喪、祭不當抗家禮于會典，作《遵制家禮》四卷。羅舊聞，述先德，作《常熟先賢事略》十卷、《族譜》四卷。晚見實録，謂《通紀》詳而野，《吾學》裁而疏，弇山炫博妄而謬，憲章典則自檜無譏，作編年書，駁正得失，曰《明右史略》，草創未就而卒。《四庫》著録云：「馮應京撰。只五十四卷。」按應京，字可大，號慕岡，盱眙人，萬曆壬辰進士，官至湖廣按察使僉事，事蹟具《明史》本傳。與嗣宗同時而實爲兩人。此本係當時所刊，且與《千頃堂書目》相同，當然不誤，而《四庫》則據内府藏本著録，未知是刻本抑鈔本，想譌誤已久矣。

毛詩草木鳥獸蟲魚釋十一卷詩地理釋四卷 經部詩類

江都焦循里堂撰。手書稾本。《雕菰樓叢書》所未刊者。首有嘉慶己未十一月自序。每卷後俱有「每年月日録訖删改」字樣。《地理釋》前有小引，有「吳丙湘校勘經籍記」朱文、「式古訓齋藏書」白文兩方印。

序曰：循六歲，先君子命誦《毛詩》。未幾，隨省墓，泛舟湖中，先君子指水上草謂循曰：「是所謂『參差荇菜，左右流之』者也。」已而讀《論語》，至於「多識于鳥獸草木之名」，私心竊喜，遂時時俯察物類，以求合風人之旨。辛丑、壬寅間，始讀《爾雅》。又見陸佃、羅願之書，心不滿之，思有所著述，以補兩家之不足，創藁就而復易者三。丁未，館於壽氏之鶴立堂，復改訂之。至辛亥改訂訖，爲三十卷。壬子至乙卯又改一次，未愜也。戊午春，更芟棄繁冗，合爲十一卷，以《考證陸璣疏》一卷附于末，凡十二卷，蓋自辛丑至己未共十有九年，藁易六次。以今之所訂視諸草創之初，十不存一。其間雖他有撰述，必兼治之。歷喪荒、疾病、憂患，未嘗或輟。乙卯爲山左之游，隨諸行篋，車塵馬足中，聞見所及，時加訂正，蓋亦費日力之甚者矣。書之例，列傳義、《釋文》、《正義》於右，以己説釋於左，不必釋者不贅一詞也。不效書類，臚列而無折衷，不爲空論，不尚新奇。毛、鄭有非者，則辨正之，不敢執一以廢百也。陸璣疏大約後人摭拾之本，非元恪原書。末載《齊魯韓毛授受》，乃鈔襲《兩漢書·儒林傳》。陸爲毛疏，不必及三家，而吕東萊《讀詩記》所引陸疏言《毛詩》授受者，與此大異，知摭拾者並未見《讀詩記》也，爲條辨于後。嘉慶己未十一月，江都焦循序。

跋曰：是書創始於壬寅，至今十八年，尚有未愜意處。著書之難如此，無怪其進鋭者，其退速也。此編較之始作之藁本，十不存一。於此亦見學識隨時而長，不能躐等而進，誠然。己未十一月五日偶記。

壬戌自都中下第歸，又閲一過，覺尚有宜删削處。

《地理釋》前小引曰：乾隆丁未，館于東城壽氏。偶閲王伯厚《詩地理考》，苦其瑣雜，無所融貫，更爲考之。迄今十七年，未及成書。今春家處，取舊藁删其繁冗，録爲一册。凡《正義》所已言者不復臚列，附以氏族，得四卷。嘉慶八年癸亥二月春分日。

韓詩外傳十卷〔七〕　經部詩類

漢燕人韓嬰著，明新安程榮校。明刊本。每半葉九行，行二十字。白口，單邊。仁和朱修伯侍郎學勤以沈辨之野竹齋刊本校。首有濟南陳明序，又錢唐楊祐序。又至正十五年曲江錢惟善序。此序係影鈔沈本，序後有「吴郡沈辨之野竹齋校雕」木記。又韓嬰小傳。末有嘉靖己亥月泉薛來後序。有「結一廬藏書印」朱文方印、「學勤」白文方印、「朱學勤印」白文方印，「仁和朱澂」白文、「子清真賞」朱文兩方印。

朱氏手跋曰：《詩外傳》十卷，近流行者武進趙億孫新雕本，所據乃《津逮祕書》本也。此書宋槧不存，惟毛本據以雕板，但校刊不甚精，未必盡存宋本之舊。趙氏依毛本爲底，又以通津諸本改之，更增補以《荀子》等書，殊失「蓋闕」之義。余于友人許借得沈辨之本，要非無譌，亦有可正趙本者。前列錢惟善序，殆從元刻出歟？《真蹟日録》云：「辨之，崑山人，所居曰六觀堂。」或以爲元人者，妄也。壬寅中秋後三日，校已此四卷，因識。修伯朱學勤。

又曰：記宋本《山海經》出自沈辨之家。又所居曰有竹居，天啟、崇禎間人也。志以俟考。

按：沈辨之，名與文，吳郡人，號姑餘山人。士禮居《邵氏聞見録跋》云：「吳中杉瀆橋嘉靖時有沈與文，頗蓄書，刻《詩外傳》。」是辨之爲嘉靖間人，非天啟、崇禎間人也。又辨之藏書所曰「野竹齋」，「有竹居」則沈啟南齋名也。朱氏其有誤乎？

附釋音周禮注疏四十二卷　經部禮類

宋刊本。每半葉十行，行十七字。高六寸五分，廣四寸四分。白口，雙邊。口上有字數，下有刻工姓名。板心均作「禮疏幾」，明補作「周疏」。首行爲大題，次行題「朝散大夫行太學博士弘文館學士臣賈公彥等奉敕撰，國子博士兼太子中允贈齊州刺史吳縣開［國］男臣陸德明釋文」。以下均題「鄭氏注、賈公彥疏」。首有賈公彥《正義》序，又序《周禮廢興》。此爲南宋閩中所刊，有補板，至明正德十二年止。

儀禮經傳三十七卷續二十九卷　經部禮類

宋朱熹晦庵撰。明刊本。每半葉十一行，行二十字。白口，單邊。首有宋張虙序、楊復序、陳宓序，次《儀禮》目録，次《儀禮集傳》目録、《乞修三禮劄子》。凡《家禮》五卷、《鄉禮》三卷、《學禮》十一卷、《邦國禮》四卷、《王朝禮》十四卷，乃文公手稾。《續集》，《喪》、《祭》二禮，凡二十九卷，乃文公門人黄勉齋榦所編纂也。

儀禮圖十七卷旁通圖一卷附儀禮十七卷 經部禮類

宋楊復茂才撰。元刊本。每半葉十行，行二十字。高五寸九分，廣四寸。白口，單邊。口上有字數，下有刻工姓名。板心均作「儀禮某」。首有朱文公乞修《三禮》奏劄，次紹定戊子正月望日茂才自序，次寧德陳普序，次目録。後附《儀禮旁通圖》一卷，又白文《儀禮》十七卷。

茂才，號信齋，長溪人，朱文公之弟子也。嚴陵趙彦肅作《特牲》、《少牢》二禮圖，質于文公，文公以爲更得《冠》、《昏》圖及堂室制度並考之乃佳。茂才因原本師意，録十七篇經文，節取舊説，疏通其義，各詳其儀節陳設之方位，繫之以圖，凡二百有五。《旁通圖》則三十有五。此爲明正德間重修元刻本〔八〕。

附釋音禮記注疏六十三卷 經部禮類

宋刊本。每半葉十行，行十七字。高五寸九分，廣四寸三分。白口，單邊。口上有字數，下有刻工姓名。板心均作「記疏某」。題「國子祭酒上護軍曲阜縣開國子臣孔穎達等撰，國子博士兼太子中允齊州刺史吳縣開國男臣陸德明釋文」。以下俱作「鄭氏注、孔穎達疏」。首有孔穎達《正義》序，又《禮記》序。是書爲南宋閩中所刊。有元、明修補。

禮記集説十卷 經部禮類

題「後學東滙陳澔著」。明刊本。每半葉九行，行十八字。白口，雙邊。前有自序。凡例已失。此(中)板刊于嘉靖庚寅，而元刻十六卷，後改三十卷，廠本則十卷。此依廠本卷數。

司馬氏書儀十卷　經部禮類

宋司馬光君實撰。舊鈔本。前有目録，首録《朱子文集》「答程正思」一則。末附録雍正元年汪亮采序，又其子汪郊跋。

大戴禮記十二卷　經部禮類

漢九江太守戴德撰。明嘉靖吳郡袁氏刊本。每半葉十行，行十八字。白口，單邊。首有淳熙乙未潁川韓元吉序。末有「嘉靖癸巳吳郡袁氏嘉趣堂重彫」一行。是書精刻初印，洵爲佳本。有「結一廬藏」朱文楕圓印，「修伯讀過」、「臣印學勤」白文二方印，「唐棲朱氏結一廬圖書記」朱文方印。

大戴禮記十三卷　經部禮類

漢戴德撰，周尚書右僕射范陽公盧辯注。盧氏雅雨堂刊本。過録高郵王石臞先生念孫批校，又有劉端臨先生台拱、王箓友先生筠、程子山先生敦、王伯申先生引之、汪容甫先生中、許楚生先生珩、朱武曹先生彬校語。前有鈔録武英聚珍板《大戴禮記》敘録。有「寶應朱氏游道堂藏」白文方印。

王氏跋曰：余今歲仲春始從友人丁君小雅處借得聚珍板《大戴禮記》，乃先師戴東原先生所校也。先生以《永樂大典》本所載，與各本及群書所引參互訂正，考辨精審。兹余覆加校閲，所從者蓋十之九焉。其有私心以爲未然者，仍依舊本，不敢苟同。又以《周禮》、《禮記》、《逸周書》、《荀子》、賈誼《新書》、《淮南子》、《説苑》、《史記》、《漢書》、《家語》，研精覃思，相爲訂正，各附案語，旁及音義。有未能輒改者，姑記其疑，其有訛脱難明，俟諸異日，兼望好學深思之士匡所未逮焉。乾隆庚子孟夏之十七日，高郵王念孫記。

文公家禮儀節八卷 經部禮類

題「後學丘濬輯，楊廷筠訂，錢時刊」。明刊本。每半葉八行，行十六字。黑綫口，雙邊。首有《文公家禮》序，後有黄氏榦、黄氏畬、陳氏淳、李氏方子、楊氏復、周氏復、黄氏瑞節諸説，並附濬案語。有成化甲午濬自序，又周孔教序，又萬曆戊申武林楊廷筠序，又桐城方大鎮序，又常州府知府杜承重刊序，又推官錢時序，次引用書目，次校成銜氏凡周孔教等十三人。末有「常州府儒士邵承范書」一行。凡《通禮》、《冠禮》、《昏禮》、《喪禮》、《喪》、《葬》、《虞祭禮》、《雜録》八卷，刊印甚精，字大悦目。按：濬，字仲深，瓊山人，正統甲子解元，景泰甲戌進士。官至禮部尚書，武英殿大學士，贈太傅，謚文莊，事蹟具《明史》本傳。

春秋經傳集解三十卷 經部春秋類

杜氏注。明翻相臺岳氏本。每半葉八行，行十七字。白口，雙邊。每葉有小耳。首題「春秋經傳集解某公第幾」，次行注某公諱謚，次題「杜氏注」，越三格題「盡某年」。前後有杜序。末有「凡三十四萬五千八百四十四字」一行，又雙行小字「經十九萬八千□百八十二字，注十四萬六千□百六十二字」二行。明翻宋本有三，此其一也。初印精妙，不亞宋刊。

附釋音春秋左傳注疏六十卷　經部春秋類

宋刊本。每半葉十行，行十七字，小二十三字。高六寸二分，廣四寸三分。白口，單邊。口上有字數，下有刻工姓名。板心作「秋疏」或省作「火疏」。題「國子祭酒上護軍曲阜縣開國子臣孔穎達等撰，國子博士兼太子中允贈齊州刺史吳縣開國男臣陸德明釋文」，以下均作「杜氏注、孔穎達疏」。首有孔穎達《正義》序。是書爲南宋閩中所刊，有明補板，口上有「懷陳校」、「林重校」等字。有「明善堂覽書畫印記」白文方印。

監本附音春秋公羊注疏二十八卷　經部春秋類

宋刊本。每半葉十行，行十七字，小二十三字。白口，單邊。高六寸二分，廣四寸三分。口上有字數，下有刻工姓名。板心均作「公疏幾」。首行題「監本附音春秋公羊注疏隱公卷第一」，下雙行小字「起元年盡元年」，以下均同，或省去「附音」二字。次行題「春秋公羊經傳解詁第一」，疏後另行空二格題「何休學」。首有漢司空掾任城樊何休序，又景德二年六月日中書門下牒文，後有結銜四行。此爲南宋刊本。補葉尚不多見，佳書也。

中書門下牒。奉敕國家欽崇儒術，啟迪化源，眷六籍之垂文，實百王之取法，著于緗素，皎若丹青。乃有前修詮其奧義，爲之疏釋，播厥方來，頗索隱於微言，用擊蒙於後學。流傳既久，譌舛遂多，爰命校讎，俾從刊正。歷歲時而盡瘁，探簡策以惟精，載嘉稽古之功，允助好文之理。

宜從雕印，以廣頒行。牒至，准敕，故牒。

景德二年六月　日牒

工部侍郎參知政事馮

兵部侍郎參知政事王

兵部侍郎平章事寇

吏部侍郎平章事畢

監本附音春秋穀梁注疏二十卷　經部春秋類

宋刊本。每半葉十行，行十七字，小二十三字。高六寸二分，廣四寸三分。白口，單邊。口上有字數，下有刻工姓名。板心均作「谷疏幾」。首行題「監本附音春秋穀梁注疏隱公卷第一」，下小字雙行「起元年盡三年」，次行題「范寧集解、楊士勛疏」，以下均同。首有《春秋穀梁傳注疏》序，次行題「國子四門助教楊士勛撰」，三行題「國子博士兼太子中允贈齊州刺史吴縣開國男臣陸德明釋文」。是書爲南宋閩中所刊本，入元、明遞有修補，惟補葉寥寥，印本亦足爲十行本之佳者。

春秋左氏傳三十卷　經部春秋類

此宋林堯叟《春秋音注括例始末》。明初刊本。每半葉十行，行二十一字。白口，單邊。眉上間有標題，卷二末葉有小耳，他卷無。堯叟注自明萬曆時湖州閔光德彙爲杜、林合注，學官遂不見林氏原書。

《四庫》亦未著録。幸宋本、元本，大字、小字本流傳尚多，得以見蕘叟真跡。原書七十卷，此仍照杜氏分三十卷。原書標「音注全文春秋括例始末左傳句讀直解」，此改爲「春秋左氏傳」。於全書並無删節，其注、傳、音釋及大事均以陰文標識，仍與宋、元本同耳。

春秋公羊傳二十卷 經部春秋類

明刊本。每半葉十行，行十八字。白口，單邊。首有序，無姓氏。文與石經相同。

春秋穀梁傳十二卷 經部春秋類

明刊本。每半葉十行，行十八字。白口，單邊。經文與石經合。一公一卷，與《公羊傳》同一刊本。

春秋五禮例宗七卷 經部春秋類

宋霅川張大亨撰。海虞女士王者香誦莪手鈔本。首有紹聖四年二月十七日大亨自序。凡《吉禮》一卷，《凶禮》二卷，《軍禮》缺三卷存一卷，《賓禮》二卷，《嘉禮》一卷。《四庫》著録亦只存七卷，宋本亦無《軍禮》前三卷，蓋其缺也久矣。序後有「海虞女士者香王誦莪録于歐白閣」一行，下有「太原」白文小印、「誦莪」朱白文小印。末有「道光戊子孟秋日録畢者香」一行，「歐白閣」白文小印、「清河」白文、「張伯元別字芙川」白文、「清河伯子」朱白文、「虞山張蓉鏡芙川信印」朱文、「虞山張氏」朱文、「畹芳女士」朱文、「勤襄公五女」白文諸印。

春秋啖趙二先生集傳辨疑十卷 經部春秋類

題「陸淳纂」。舊鈔本。首有慶曆戊子吴興朱臨序，後附録柳柳州撰《陸文通先生墓表》，又《答元饒州論春秋書》。淳，字伯沖，吴郡人，官至給事中。後避憲宗諱，改名質，事蹟具《唐書·儒學傳》。所著尚有《春秋集傳纂例》十卷、《春秋微旨》三卷。

新鍥評釋東萊吕先生左氏博議四卷 經部春秋類

華亭抑所唐文獻閱，晉江九我李廷機評，書林紹崖余良木梓。明萬曆刊本。每半葉九行，行二十字。白口，單邊。上有眉批。每首後有事實本旨、李九我評語。首有東萊自序，末有「萬曆癸巳歲夏月余紹崖梓」大字一行。

春秋屬辭十五卷春秋左氏傳補注十卷春秋師説三卷 經部春秋類

元趙汸子常撰。元刊本。每半葉十三行，行二十七字。黑綫口，單邊。首有自序。《師説》末附録黄楚望《思古吟》十首，又子常作《黄楚望行狀》。是書爲元海寧商山義塾校刊本，始至正二十年庚子，至廿四年甲辰而成。入明後，有洪武元年諸生程性、汪文二跋，弘治六年版刻有闕，太平黄倫重補之。此尚是元刻元印，可寶也。

左傳杜解集正八卷〔九〕 經部春秋類

國朝丁晏儉卿撰。傳鈔本。首有自序。儀徵劉謙甫富曾校。手稿藏于劉氏，此即由手稿録出。

按：儉卿，山陽人，舉人。著書甚富，有《頤志齋叢書》。

春秋胡傳考正四卷續一卷 經部春秋類

國朝丁晏儉卿撰。紅格藁本。未刻，在《頤志齋叢書》之外。

春秋繁露十七卷 經部春秋類

漢董仲舒撰。影鈔明蘭雪堂活字本。每半葉七行均作雙行，行十三字。口上有「蘭雪堂」三字，下有人名。首載宋樓郁序。每卷後有「錫山蘭雪堂華堅活字版印行」雙行篆字牌子。末有嘉定四年四明樓鑰跋，又胡榘跋，後附舊跋五則。末卷後有「正德丙子季夏錫山蘭雪堂華堅允剛活字銅板校正印行」一三行。

春秋繁露十七卷 經部春秋類

明翻宋本。每半葉九行，行十七字。黑口，雙邊。首有慶曆七年四明樓郁序，次目録，次列《中興館閣書目》、晁公武《郡齋讀書志》，次六一先生《書春秋繁露後》，次新安程大昌泰之《祕閣省書春秋繁露後》，次四明樓鑰跋、嘉定辛未胡榘刻書跋，末附《崇文總目》一則。

孝經注疏九卷 經部孝經類

宋刊本。每半葉十行，行十七字，小二十三字。高六寸二分，廣四寸三分。白口，單邊。口上有字數，下有刻工姓名。板心均作「孝經疏幾」。首《孝經注疏》序，序前有《講義小引》，題「翰林侍講學士朝請大夫守國子祭酒上柱國賜紫金魚袋臣邢昺等奉敕校定注疏，成都府學主鄉貢傅注奉右撰」。又唐玄宗御製序。此爲南宋閩刻本，其板心有「正德六年」等字者，皆明補刻也。

九經 經部五經總義類

宋刊巾箱小字本。每半葉二十行，行十七字。高四寸八分，廣三寸三分。白口，單邊。上有「音義」。口上有字數，下有刻工姓名。凡《周易》、《尚書》、《毛詩》、《周禮》、《禮記》、《左傳》、《孝經》、《論語》、《孟子》九經。《天禄琳瑯》定爲宋淳熙、乾道間刊本。是書爲江寧倪闇公檢討燦手校，用朱色、黄色二筆。《詩經》後有朱書「康熙三年三月初七日閱畢，時在南昌」一行。《左傳》後有朱書「康熙三年正月廿二日閱畢此卷，時在南昌」一行。又墨書「康熙三年三月初六日重校釋畢，時在南昌」一行，下有「倪燦」朱文小方印。王文簡《分甘餘話》云：「近無錫秦氏摹刻宋小本《九經》，剞劂最精，點畫不苟，聞其版已爲大力者負之而趨。余曾見宋刻于倪檢討雁園許，與秦刻方幅正同，然青出於藍而勝於藍矣。」蓋文簡所見于雁園處者即此本也。然是書相傳皆以爲秦本所自出，實則秦本半葉十四行，行二十字，與此全不相合，只音釋相似耳。有「倪燦」朱文方印、「師留」朱文長印、「黄絹幼婦」白文、「越石」白文兩方印。

鮑氏跋曰：是書爲倪檢討評斠本，《詩經》、《左傳》後葉皆有題記，蓋即王文簡所見書也。吴槎客疑其所藏爲倪本，殆誤。吴所藏者，今由丁氏歸江南圖書館矣。檢討名燦，字闇公，號雁園，江寧人。康熙丁巳舉人，召試博學鴻儒，授是職。卷中題記署「康熙三年」，尚在捷賢書之前。卷又有

「越石圖書」，越石，劉姓，闇公師，見丁氏所藏影宋《鐘鼎款識記》中。宣統己酉重九後十日，西泠漁隱鮑毓東。

經典釋文三十卷 經部五經總義類

唐國子博士兼太子中允贈齊州刺史吳縣開國男陸德明撰。通志堂刊本。金壇段懋堂先生玉裁以宋本手校，又假得武進周漪堂所藏葉林宗影鈔本校之，詳慎邃密，毫髮不苟。又將袁氏又愷、臧氏在東、顧氏抱沖、王氏秋水、江氏艮庭、盧氏召弓、顧氏澗薲諸家之説，附見于上方。而《春秋左傳音義》，復以鈕氏匪石校本補之。盧氏召弓校語多出于抱經堂本《考證》之外，當是《考證》成書在先。惜《爾雅音義》全闕，今仍以通志堂本足之。有「經韻樓」白文方印、「玉裁校正」朱文長方印。

經典釋文三十卷 經部五經總義類

通志堂刊本。潘錫爵鷇廷過諸家校本。首以朱筆臨臧在東校本，以朱筆臨顧澗薲校本，次以朱、黄筆録管慶祺臨黄蕘圃校本，次以青筆臨何心耘校常熟某家本。筆墨小易輒著之。又有惠定宇、江艮庭校《尚書》二卷，朱秋崖校宋本《毛詩》三卷，何夢華臨段懋堂校本《周禮》三卷，鈕樹玉用宋余仁仲本校《禮記》四卷，顧千里用撫州本校《左氏》六卷，鈕匪石用宋本校《孝經》、《爾雅》，鷇廷以黄刻三經音義校，彙聚于此，可謂善本矣。

黄氏跋曰：乾隆壬子中冬，從同郡朱秋崖假得惠松崖手校善本。秋崖爲余言伊小阮文游曾有影宋鈔本，即松崖所據以校《易釋文》者也。余取讀之，較舊本頗善。此一種已重梓于《雅雨堂叢書》中矣。餘種松崖雖間有評閱處，並未注出影宋本校勘不全〔一〇〕。近時盧文弨翻雕是書，云悉借文游影宋本校刻。他種未及盡對，即《易釋文》一種，猶與惠校有不合處。几塵風葉之喻，信然。余案頭除通志堂本外，尚有雅雨堂之《易釋文》、撫州本之《禮記釋文》、邵氏本之《爾雅釋文》。盧氏之重雕者，擬將悉取以資校勘，不且益臻美備乎。黄蕘圃識。

顧氏跋曰：近日此書有三厄：盧抱經新刻本多誤改，一也；段先生借葉鈔重校，而其役屬諸妄庸人之手，未得其真本，即此二也；阮中丞辨《考證》，差一字不識之某人臨段本爲據，又增出無數錯誤，三也。以此而陸氏身無完膚矣。葉鈔元本在天壤之間真有一髮繫千金之危，安得真心好古之士重爲刊刻，以拯三厄，則先聖遺經實嘉賴之，豈惟陸氏受其賜乎！吾願與綬階禱祀以求之也。嘉慶甲子五月十九日，書識于無爲州寓齋中，時將以此本還五硯樓，距始借時閲五稔云。澗薲居士顧廣圻記。

又曰：元本今藏香嚴氏，倘重借出精校一本，于拯厄亦有萬一之冀耳。又記。

江氏跋曰：凡校宋本者，即遇大謬于理者，苟與今本有異，亦必抹今本之是，而改宋本譌舛者于旁，此校宋本之癖也。書惟斷之于理而已，豈必惟宋是遵哉？所貴乎宋本者，爲其是處非他本所及，即謬處亦顯然可見耳。兹本始逐字照改，後漸以意去宋本之非者不録，讀者亦以意會之可耳。

己巳春正，鐵君江沅識。

管氏跋曰：咸豐甲寅仲冬，表弟馬燕郊借得黄蕘圃臨本，屬爲照録。余既以朱墨謹依原書摹出一本以應命，復丹黄兩色録此一本，以備插架。憶余於道光二十六年春間，曾于坊友蔣恕齋處假得江鐵君所臨惠、段、臧、顧諸家評閲本，亦曾照録一過。今取以對勘，互有詳畧。暇日當將二本一一細校，庶稱完美云。時乙卯二月初九日，元和管慶祺書於體經堂。

黄蕘圃所臨原本係用朱墨兩色，今因此書中先有孫淵如墨筆校改處，若仍用墨筆，恐與孫校無別，是以凡黄氏所臨墨筆處，今俱改用黄筆。吉雲又識。

丁巳九秋，余從同郡管吉雲茂才假得手臨黄蕘翁校臨惠松崖先生評閲本，通部改用朱筆校臨，注明某某校改。其有原用朱筆未注何本，卷末又無識語者，則但照録其字云。十月初十日，潘錫爵鼒廷父。

丁巳十月，余又從同里顧河之孝廉假得伊令先祖澗蘋先生用朱筆手録臧在東校復自加墨筆批校本，因照録一通。其用朱筆者，仍注明臧校，恐與前臨黄本孫改無别也。二十八日校畢，錫爵鼒廷又識。

是時又借得管吉雲所藏校臨常熟某家所藏本，亦臧、段、鈕、顧諸家所校，與河之本詳略不同，跋語亦稍異。據吉雲云，某家本不肯假出，此係託何心耘倩人就校，真贋不可知，譌脱無從校，恐不足憑。余以其中頗有足資考訂者，故用青筆備録之，以别於前此之用朱筆、墨筆也。其原本用紅筆者，則旁加一紅圈或一紅點以爲標識。其與河之本同者，則不復著云。臘月初二日校畢，繇廷氏。

戊午正月中旬，又假得管吉雲所臨江氏校本，與前此所臨諸家校本詳略又有不同，因備録上下方，以廣異聞。其同者則但加雙圈以别之，或注明朱書、墨書云。二月下旬，潘錫爵邕侯甫校畢書。

六經圖六卷　經部五經總義類

南京陝西道監察御史胡賓編輯。明刊本。凡《易》、《書》、《詩》、《春秋》、《禮經》、《周禮》六經。每經一卷，刊印精妙，惟無序跋。賓，字汝觀，光州人，嘉靖壬辰進士。按：《宋館閣書目》載《六經圖》六卷，楊甲撰，毛邦補。又《宋史·藝文志》有葉仲堪《六經圖》七卷，《書録解題》謂仲堪即以毛氏舊本增損改定。明萬曆間有吳繼仕《七經圖》七卷，亦出入毛本。此本亦然。蓋毛本爲祖本，後之作者均不得出乎其外也。

論語注疏解經二十卷　經部四書類

宋刊本。每半葉十行，行十八字。高五寸九分，廣四寸二分。白口，單邊。口上有字數，下有刻工姓名。板心作「語疏幾」，或作「語幾」。首行爲大題，次行題「學而第一」，越四格題「何晏集解」，越二格題「邢昺疏」。首有《解經》序，題「翰林侍講學士朝請大夫守國子祭酒上柱國賜紫金魚袋臣邢昺等奉敕校定」。此爲南宋閩中所刊行本，間有元、明補葉。

論語集解十卷（二） 經部四書類

魏何晏撰。日本正平甲辰刊本。每半葉五行，行十三字。黑綫口，單邊。首有何晏序。

孟子注疏解經十四卷 經部四書類

宋刊本。每半葉十行，行十八字。高五寸九分，廣四寸二分。白口，單邊。口上有字數，下有刻工姓名。板心均作「孟疏幾」。每葉有小耳，載篇名。每卷分上下卷，共二十八卷。首行爲大題，次行題「梁惠王章句上下」，有三小字曰「凡七章」，越三格題「孫奭疏」，三行低二格題「趙氏注」。首有《正義》序，題「朝散大夫尚書兵部郎中充龍圖閣待制知通進銀臺司兼門下封駁事兼判國子監上護軍賜紫金魚袋臣孫奭撰」。是書爲南宋閩本，元明補葉尚不多也。

四書性理大全三十六卷 經部四書類

明胡廣等奉敕撰。明刊本。每半葉九行，行十七字。黑口，雙邊。首有永樂十三年御製序，次廣等進書表，次凡例，次先儒姓氏，次廣等纂修四十二人銜名，次宣德二年楊榮書後。凡《大學章句》、《大學或問》、《中庸章句》、《中庸或問》、《論語集注》、《孟子集注》六篇。是書乃因元倪士毅《四書輯釋》重加點竄而成。按永樂十二年十一月諭胡廣、楊榮、金幼孜曰：「《五經》、《四書》皆聖賢精義要道，傳注之外，諸儒議論有發明精蘊者，爾等采其切要至當之言，增附于下。」廣等總其事，仍命舉朝臣及在外文學者同纂修，開館于東華門外，命光禄寺給酒饌。十三年書成，命禮部刊刻。十五年正月，頒于六部及兩京國子監、天下郡學，賜纂修官鈔幣有差。蓋有明取士以《四書》義爲最重，故命廣等撰是書爲學者之津梁，而亦一朝典制之所關也。廣，字光大，吉水人。建文庚辰進士一甲第一人，官至文淵閣大學士，謚文穆。榮，字勉仁，建安人。官至工部尚書，謹身殿大學士，謚文敏。幼孜，初名善，以字行，新淦人。官至禮部尚書、武英殿大學士，謚文靖。事蹟均具《明史》本傳。

論語説四卷　經部四書類

國朝新安程廷祚綿莊撰。傳鈔本。上元孫澂之先生文川手校。首有乾隆戊寅自序。

孫氏手跋曰：吾鄉唐醴泉先生刻此書，其板式較此鈔本縱横皆寬半寸許，卷首篆書「論語説」三字，上云「道光丁酉年鐫」，末云「東山草堂藏板」。此書成于乾隆戊寅，蓋歷百餘年始有付梓人者。醴泉先生名大沛，爲嘉慶癸酉江寧府學拔貢生。校刻此書，其學之邃于講求可知。然世間傳本甚希，咸豐癸丑亂後，遂絶跡焉。今年季夏，偶詣冶城書局訪戴君子高，見其案頭有是書，借歸，倩友人鈔録藏之。戴君服膺綿莊先生甚篤，著有先生小傳。又藏先生晚書《訂疑》一部，係未刻本。予皆借鈔，以備金陵文獻。兹因校是書畢，並記於此，耐冷道人又題。

又曰：子高近又得綿莊先生文集刻本，予擬借鈔，子高云此書爲程敬之觀察借去，俟還時當送上也。同治壬申孟春下浣又記。

樂書二百卷　經部樂類

宋陳暘晉之撰。題「迪功郎建昌軍南豐縣主簿林宇沖校勘」。宋刊本。每半葉十三行，行二十一字。高六寸六分，廣五寸。白口，單邊。口上有大小字數。首有慶元楊萬里序，晉之自序及進書表已失。有「鄭杰之印」白文、「昌英珍祕」朱文兩方印，「鄭氏注韓居珍藏記」朱文長方印、「注韓居士」白文方印。

鄭氏手跋曰：宋祕書少監閩清陳暘著。暘兄嘗爲《禮書》，因作《樂書》以配之。明季張西銘先生重刊《禮書》，而《樂書》未及焉，故傳世者尠。此殘缺漫漶，所以足貴也。前歲乙卯，黄友六堂嘗購一部于京邸，雖亦多所脱落，實藉互爲補訂，兼以參正諸通考所載，庶有以成完璧。謹什襲而珍寶之。嘉慶元年丙辰荔月望後，注韓居士鄭杰識。

瑟譜六卷　經部樂類

元熊朋來與可撰。唐石齋鈔本。與可，南昌人，宋咸淳十年進士，仕元爲福清縣判官。事蹟具《元史·儒學傳》。唐石齋，梅藴生植之之齋名。藴生獲唐田佚及夫人冀氏四石，自署唐石齋。前四卷乃其手鈔。

律吕考正一卷　經部樂類

明潘應詔啟明撰。明刊本。前有嘉靖丙寅宋應儒序，啟明自序。自序前有「興化縣潘應詔啟明甫著」、「江都門人黄時子易校梓」二條。

爾雅注疏十一卷　經部小學類

元刊本。每半葉九行，行二十字，小二十一字。高五寸五分，廣三寸九分。黑口，單邊。板心作「爾疏幾」，或作「爾雅疏幾」。首載《爾雅序》，題「郭璞序，邢昺疏」，序後接題「爾雅兼義一卷上」，越三格題「郭璞注」。前有《注疏》序，題「翰林侍講學士朝請大夫守國子祭酒上柱國賜紫金魚袋臣邢昺等奉敕校定」。是書經文頂格，注疏俱低一格雙行，注文直接經下，疏跳行起，特標陰文，尚有宋刊舊式。明補均有「正德六年」及「十二年」字樣。

爾雅三卷　經部小學類

明景泰刊本。每半葉十行，行二十一字。白口，單邊。首有篆書郭璞序。末有景泰丙子馬諒跋。金陵陳宗彝曾覆刻之。有「江東包氏天禄閣藏書印」白文方印。

爾雅注疏十一卷附校勘記　經部小學類

南昌府學十三經本。許瀚以宋單疏本校。瀚，字印林，日照人，道光乙未舉人。通小學，著有《攀古小廬文》八卷。阮氏《校勘記》大半據十行本，止《儀禮》、《爾雅》十行本所缺。《儀禮》據宋楊復《儀禮圖》，再據景德單疏五十卷本校勘。《爾雅》據元刻注疏本，亦以單疏本校勘。然印林校其訛脱猶復不少。阮刻爲經書佳本，邵氏詆其《尚書》，瞿氏詆其《周易》。張文遠孝廉言，張古餘刻《儀禮》，明言據單疏，亦不盡依單疏。殆顧千里宗旨如此，學者不可不知，安得盡如印林先生細校之。向來中國只有《儀禮》、《穀梁》、《爾雅》有單疏，汪刻《儀禮》，陸刻《爾雅》，今《周易》、《尚書》、《毛詩》均得全本，《左傳》又得五卷。吳興劉氏彙刻之，亦可謂文教昌明之世矣。有「韓氏藏書」白文方印、「結一廬藏書印」朱文方印。韓氏爲仁和韓小亭玉雨堂藏書。

許氏手跋曰：宋單疏本《爾雅》，一匣五册。匣上面題三隸書，曰「爾雅疏」，下雙行注曰「十卷宋刻」，又單行注曰「五册全」。函匣下頭外面題「宋刻爾雅疏」五字，次低一字題曰「甲編」，又次署「士禮居藏」四字。近左邊又題兩隸書曰「經部」，皆鐫于木。古錦函牙籤，紙膘署「爾雅疏雙行十卷宋刻本」，並隸書，下有「簡莊審定」印。第一册浮葉印二，一云「得此書費辛苦後之人其鑒我」，一鐫戴笠翁，上列四字云「仲魚圖象」。第一葉印四，一腰形，鐫「宋本」二字；一方陰文，曰「汪士鐘印」；一方陽文，曰「閬源真賞」。五册首葉皆有此二印。一長印曰「韞讀」。第四卷、第八卷首葉上有陽文印，方可□寸，有曰「文淵閣印」。下有起邊籀篆陰文印，曰「焦刻印」。十卷末有印曰「陳韞收藏」。道光戊子冬，汪孟慈農部假諸阮小雲觀察，瀚得借校，閲月而畢，乃詳記其題識如右。至行款則于《校勘記》，異同則悉具于各篇，茲不復云。十一月廿七日，海曲許瀚書于都門環秀亭。

爾雅三卷 經部小學類

日本羽澤石經山房影宋刊本。每半葉十行，行二十二、三字不等。白口，單邊。首有郭璞序。末附校譌，又日人松崎跋。

小爾雅廣注一卷　經部小學類

漢孔鮒纂集，宋宋咸注釋，國朝莫栻右張廣注。舊鈔本。右張，號柳亭，錢唐人。首有雍正陳景鍾序。末載戴東原《小爾雅書後》。有「倪模」白文、「預掄」朱文兩小方印，「大雷經耡堂藏書」白文方印。按：倪模，字迂村，望江人，嘉慶己未進士，有《江上雲林閣書目》。

匡謬正俗八卷　經部小學類

唐顔師古撰。盧氏雅雨堂刊本。張訒庵據影宋本校。師古，名籀，以字行，雍州萬年人，事蹟具《唐書》本傳。首有盧見曾序。後有駮正本書十三條，不知何人所作。訒庵據影宋本補鈔。

吴氏跋曰：余藏薄丈自崑鈔本，暇以此册對校，略正數字。時丙午二月廿四日雨窗，翌鳳。

張氏手跋曰：此本乃吴丈枚庵藏，余于十五年前得之，置之篋中，未及詳讀。今郡城故家散出古書中有影宋鈔本《刊謬正俗》，爲黄蕘翁所得，余見而借歸，以校此册，是正甚多。上方所記影宋本或鈔本，即今所見之本，隨筆所書，未能一律耳。吴丈前校數字與鈔本悉合，是以羼入不加識别焉。嘉慶甲戌九月十四日，張紹仁。

又曰：明日復以家藏明刻本重勘，凡與鈔本同者，皆不更書；與鈔本異而義似稍長及可疑者，署記數條。復有駮正本書十三則，不著何人所作，鈔本、明刻皆有。此本失刻，今照影宋本行款鈔補于末。訒庵并志。

埤雅二十卷 經部小學類

中大夫守尚書左丞上柱國吳郡開國公賜紫金魚袋陸佃撰。明翻宋本。每半葉十行，行二十字。黑口，雙邊。首有宣和七年佃子宰序，又成化己亥新喻胡榮重刊序。首有儒先評語二則。末有嘉靖二年長洲王倖跋。按：佃，字農師，越州山陰人。宰，字元鈞，放翁其子也。

爾雅翼三十二卷 經部小學類

宋新安羅願著。明新安畢效欽校《五雅》本。每半葉十一行，行二十二字。白口，單邊。首有淳熙改元端良自序。有「頤志齋藏書」朱文方印。

説文解字十五卷 經部小學類

銀青光禄大夫守右散騎常侍上柱國東海縣開國子食邑五百户臣徐鉉等奉敕校定。陽湖孫氏五松書屋刊本。汪南士文學文臺手校。首有孫星衍刻序，後有舊牒文。每卷後有「賜進士及第山東等處督糧道兼管德常臨清倉事務加三級孫星衍校刊」一行。初印本，精甚，校尤詳審。獨山莫氏有迻録程伯臯學博鴻詔所録其師汪南士校本，見《宋元舊本經眼録》。

説文解字十五卷 經部小學類

額氏藤花榭刊本。眉間有錢十蘭先生坫手批批語，已刻入《説文斠詮》。

重刊許氏説文解字五音韻譜十二卷　經部小學類

宋李燾撰。明刊本。每半葉七行，行大小字不等。白口，單邊。改叔重「始一終亥」之舊第而以韻次，明人一朝，皆以此書爲《説文》，雖博雅如亭林，皆只見此本。亦有宋版流傳于世。首有徐鉉序、進表牒文。

説文繫傳考異四卷附録一卷　經部小學類

國朝汪憲千波撰。千波，號魚亭，錢塘人，乾隆乙丑進士，官刑部陝西司員外郎。著《振綺堂集》。此書《四庫》著録，此本即出于庫本，摹寫尚工。

大廣益會玉篇三十篇　經部小學類

元翠巖精舍刊本。每半葉十三行，行大小字數不等。黑口，單邊。首有總目、正誤。目録後及第一卷末均有牌子。是書得于日本，著録于宜都楊氏《經籍訪古志》。翠巖精舍《元文類》最著，劉君佐所開，明初尚存，亦建寧書坊。

牌子：

至正丙申孟夏
翠巖精舍新栞

佩觿三卷　經部小學類

朝請大夫國子周易博士柱國臣郭忠恕記。張氏澤存堂刊本。倪預掄先生模手校並手書翁覃谿跋。

有「倪模」白文、「預掄」朱文小聯珠印，「大雷經鋤堂藏書」白文方印。

翁氏跋曰：《佩觿》三卷，卷前銜云「朝請大夫國子周易博士柱國臣郭忠恕記」。按其傳稱，恕先周廣順初召爲宗正丞，兼國子書學博士、周易博士。此書稱「臣」，則是作于周也。其末之《辨證》一篇，内引景祐《集韻》，其非出恕先可知矣。至卷中音釋，雖或不盡言出《説文》，而多與《説文》可相檢證者。毛斧季《校刊説文識後》云：忠恕《小字説文字源》，㡆今不得而見。但夢英《篆書偏旁》，咸平二年所建者今刊本「咸」訛作「延」，中有五處次序不侔，始竊疑之。及讀恕先《汗簡》，次序與此悉同，乃知夢英之誤也。徐鼎臣承詔校定《説文》在雍熙三年，而恕先卒于太平興國二年，所用《説文》乃徐氏未校以前之本，其或原有訛脱而徐復訂正耶？或所見本異耶？凡此（目）〔自〕宜存以備考者也。郭氏窮極博綜，揶揄當世，其作是書，蓋亦譏切俗學，以擴啟童蒙，故未暇溯言作字之本始。至如唐人碑帖、經師俗寫，皆以入之，是固不得與《説文》之每字（心）〔必〕别古昔者可同語矣。近日史館校勘，每竟一書，輒資朋友講問，若歸安丁君錦鴻之于《漢隸字原》、瑞金羅君有高之于是書，皆纍纍數千百言，非徒校讐之勤而已。方綱既擇其言之要者過録于卷，因爲羅君言是書之不可概絶如此，并識于卷前。乾隆四十三年歲次戊戌春二月十一日，文淵閣校理翰林院編修北平翁方綱。

周秦刻石釋音一卷 經部小學類

元魯郡吾丘衍子行撰。方氏儂蝶嘉蓮館鈔本。首有至大戊申自序。末有嘉靖十年崧少山人鯤申志。有方小東分書題籤。

六書統二十卷　經部小學類

題「奉直大夫國子司業楊桓撰集」。元刊本。每半葉八行，行十四字，小二十三字。高七寸一分，廣五寸五分。黑綫口，單邊。口上有字數。首有門人劉泰序，又自序，次目録。卷末有「元統三年八月江浙等處儒學提舉余謙補修」一行。桓，字武子，號辛泉，兖州人，《元史》有傳。至大壬申，其子守義上其書，朝廷特命馳驛往江浙行省刊板印書，以廣其傳。全書皆以篆體作楷，辛泉手書也，故世特重之。

説文字原一卷　經部小學類

鄱陽周伯琦編注。元至正刊本。每半葉五行，行大字占三格，小二十字。高八寸，廣四寸九分。白口，單邊。首有至正九年歲在己丑仲春伯温自序，又篆書自述。敘贊後有釋文，又至正乙未奉直大夫國子監丞京兆宇文公諒序。卷末有「男宗義同門人謝以信校正」一行。

六書正譌五卷　經部小學類〔二〕

鄱陽周伯琦編注。元至正刊本。行款尺寸與《説文字原》同。首有至正伯温自序，後有「男宗義同門人謝以信校正」一條，惜已失去。有「安樂堂藏書記」朱文、「明善堂覽書畫印記」白文兩長方印，怡府舊藏也。

摭古遺文二卷再增一卷　經部小學類

明李登士龍撰并篆。明刊本。每半葉八行，行十字。白口，單邊。首有萬曆甲午自序。末有篆書「萬曆廿年壬辰夏四月八日厲東山精舍書完如真李生紀事」三行。是書《四庫》著録存目。士龍，號如真生，上元人，官新野縣縣丞。

六書述部敘考六卷　經部小學類

國朝山陽吳玉搢山夫撰。藁本。首有乾隆四年九月自序。是書爲卷六，爲類十二，計五百十部。母部二百一十九，子部二百九十一。其自序云：「搢於《説文》既鮮師授，更未研窮。歷年漁獵，略窺涯涘。不自揣度，妄欲采集衆長，歸於一是。乃先爲《部敘考》一篇以正其綱領，立母以統子，率子以從母，竊取司馬氏世表之法以統同辨異。」其立説也，上以《説文》爲主，下以戴、趙爲宗。有所不通，然後博采衆議，或去彼取此，或主此絀彼，皆各爲一説，隨類附載，若衆意僉同，則置而不論。建首既定，則其部中所屬之字可不定而自定。從此勒爲全書，但須編録，亦事半而功倍也。有「黄氏借竹宧藏書」白文方印，「黄海長印」白文、「蕙伯」朱文兩方印。

廣韻五卷　經部小學類

不著撰人姓氏。明刊本。每半葉九行，行大小字不等，大字占二格。大黑口，雙邊。按此書世行有二本，一即此本；一爲宋陳彭年等所重修。朱竹垞重修本序，以此本注文獨簡，當是明内府刊版，中涓欲均字數而删之。又邵長蘅《古今韻略》謂宋槧本「東」字注中引東不訾事，重修本作「舜七友」，此本訛作「舜之後」，熊忠《韻會舉要》已引，此本爲元時所刻，非明中涓所删。此本係明初翻元本，印本甚精，尚無補版。有「五千堂」朱文方印、「顧渚之印」朱白文方印。

韻補五卷　經部小學類

宋吴棫才老撰。明刊本。每半葉九行，行十七字。白口，單邊。首有乾道三年武夷徐藏序。凡引用書目五十種。古韻自宋以前無專書，此爲祖本。有「天籟閣」朱文長印，「項元汴印」、「子京父印」、「墨林秘玩」朱文三方印，「項墨林鑑賞章」白文方印、「枚庵流覽所及」朱文方印，「東吴徵士」白文、「林郁」朱文兩方印，「甓川柯氏藏書」朱文長方印、「静寄軒圖書記」白文方印。

禮部韻略五卷　經部小學類

元至正一山書堂刊本。每半葉十三行，行大字占二格，小字三十字上下不等。高六寸六分，廣四寸三分。黑口，單邊。卷首題「文場備用排字禮部韻注」，其後均作「善本排字通併禮部韻略」，前後不一律，古人之通病也。首有《分毫點畫正誤字樣》，又《科場鄉試條例迴避諱字例》。廟諱止于英宗，今上皇帝不名，蓋泰定刊本，而至正翻刻。是書不著撰人姓氏，唯《正誤》後牌子云「張禮部敬夫所定」，然未知敬夫爲何時人，俟考。卷末亦有牌子。後有黄蕘圃手書錢竹汀《養新録》跋一則。有「書帶帶堂祝君藏書章」白文方印、「荆石」白文方印、「士禮居藏」朱文方印、「蘇郡吴岫圖書」白文方印、「姑蘇吴岫家藏」

白文方印、「吳岫」白文方印。

《正誤》後牌子：

聖朝科試舉子所將一禮部耳然唯張禮部敬夫定本最善今後以諸韻參校每一韻爲增數字凡增三千餘字釋焉而詳釋焉而精敬用梓行爲文場寸晷之助云　至正壬辰徐氏一山書堂此一行陰文

至正壬辰臘月
一山書堂新刊

古今韻會舉要三十卷　經部小學類

題「昭武黄公紹直翁編輯，昭武熊忠子中舉要」。元元統刊本。每半葉八行，行十二字，小字倍之。高六寸四分，廣四寸。黑口，單邊。首有劉辰翁序、熊子中自序、陳宲牌子、余謙序，次凡例，次韻母。是書淮南書局曾據以重刊，此本間有缺葉，即以新刻補之。末附張行孚刻跋。行孚，字子中，安吉人。同治庚午舉人，江蘇候補同知。通小學，著有《説文發疑》、《揭原》兩書。

經史正音切韻指南一卷篇韻拾遺一卷附貫珠集一卷　經部小學類

元劉鑑士明撰。明刊本。首有士明自序。按《八千卷樓書目》云，自序後有「嘉靖歲次甲子孟秋金臺衍法寺後裔怡菴本讚捐資重刊」一條。此本序後適闕一行。後附明京都大悲仁寺沙門清泉真空編《貫珠集》一卷。《貫珠集》分八篇,《五音篇首歌訣》第一,《五音借部免疑海底金》第二,《檢五音篇海捷法總目》第三,《貼五音類聚四聲篇海捷法》第四,《訂四聲集韻卷數并韻頭總例》第五,《貼五音四聲集韻捷法總目》第六,《創安玉鑰匙提徑法歌訣》第七,《類聚雜法歌訣》第八。此蓋因《五音篇海》太繁,故立此捷法耳。前有「東吳毛氏圖書」朱文長方印,「汲古主人」朱文、「毛氏子晉」朱文兩方印,「寒可無衣飢可無食至于書不可一日無此昔人詒厥之名言是可爲拜經樓藏書之雅則」朱文大長方印。按:拜經樓,吳兔牀藏書處也,此印不常見。

韻府群玉二十卷 經部小學類

晚學陰時夫勁弦編輯,新吳陰中夫復春編注。元元統刊本。每半葉十行,行大字占二格,小字二十九字。高六寸八分,廣四寸二分。黑口,雙邊。首有翰林滕賓序,至大庚戌臘江村姚雲序,吳興趙孟頫題,大德丁未陰竹埜序,延祐改元甲寅陰幼遵序,勁弦自序。次曾修凡例,次該載事目,次目録。目録後有元統甲戌梅溪書院牌子。有「六合徐孫麒氏珍藏書畫印」、「孫麒氏使東所得」兩長方印,「伊澤氏酌源堂圖書記」朱文,日本人印也。

牌子:

元統甲戌春
梅溪書院刊

韻府群玉十八卷　經部小學類

元陰時夫勁弦、中夫復春兄弟同撰，明宋濂景濂重訂。明洪武刊本。每半葉十行，行大小字不等。黑口，雙邊。陰氏用平水韻，是書序次韻目一準《洪武正韻》，舊韻音聲有失者改之，分合不當者更之，惟字下所繫諸事並仍陰氏之舊。首有翰林滕賓舊序，洪武八年金華宋濂序。

洪武正韻十六卷　經部小學類

明宋濂等奉敕編。明嘉靖刊本。每半葉八行，行大十二字，小四十四字。黑口，雙邊。首有洪武八年宋濂序。末有嘉靖二十七年衡王厚德堂跋。是書印以藍色，古雅可喜。

改併五音類聚四聲篇十五卷　經部小學類

滹陽松水昌黎郡韓孝彥、次男韓道昭改併重編。明成化刊本。每半葉十行，行大字占二格，小三十二字。黑口，雙邊。首有成化七年眉山萬安序。是書爲明成化金臺大隆福寺首座文儒勸修重刊。前有考訂檢對姓氏一葉。每卷首行冠以「大明成化丁亥重刻」八字。孝彥，字允中，真定松水人。道昭，字暉，允中次子也〔一三〕。

韻通一册　經部小學類韻書

國朝蕭雲從尺木撰。舊鈔本。尺木，當塗貢生，以畫名。

音緯三卷 經部小學類

國朝羅士琳茗香撰。王石臞先生手校。紅格藁本。前有道光壬午士琳自序。是藁悉取異文同音、異音同文，條分類別，各爲部分。雖不合韻書、字書，實則互爲表裏也。茗香，甘泉人，諸生，通天算，咸豐癸丑殉粵逆之難。

羅氏手跋曰：是稿創於壬午之冬，未及半，旋因舍館未定，饘粥是謀，束付敝笥，匆匆兩載。今僑寓於東華門外，近俄囉斯館，涼月爲鐙，酪漿代荈，風籟之外，雜以歈蠡，敗葉驚沙，馺娑騷瑟，恍若助我雙聲。爰念及此稿，亟檢出，幾成漫漶。删繁增漏，録而成帙，並書數語於此，以感歲月之易。時天乙在焉逢嘉平之月先立春三日。

詩騷韻注殘稿一册 經部小學類

國朝錢唐洪昇昉思撰。傳鈔稿本。此稿僅存卷六一卷。昉思，號稗畦，著有《稗畦集》。

校注

〔一〕按：括號中文字，稿本已删。

〔二〕按：此著録有誤，當爲「癸巳人」。

〔三〕按：此條稿本題經部易類，當歸入經部書類。

〔四〕　按：括號中文字，稿本已删。

〔五〕　按：據《翰林院侍讀學士盧公文弨墓誌銘》：「公諱文弨，字紹弓，號抱經。其先自餘姚遷杭州……」見於錢儀吉編《碑傳集》卷四十八，上海書店，一九八八年版《清碑傳合集》本，第六三二頁。

〔六〕　按：原書夾籤條云：「『《論問答》等篇』疑有挩字。抱經應題餘姚人或錢塘、仁和人，不應作范陽人。」

〔七〕　按：原書夾籤條云：「此書今歸北平圖書館，已著目。」

〔八〕　按：鄭振鐸藏本著録爲宋刊本，此句作：「此爲南宋閩中所刊，元刊即出此，通志堂本又出於元本也。」上博藏稿本于「南宋……元本也」二十一字已删改。

〔九〕　按：原書夾籤條云：「案：此書張鈞衡曾刻入《適園叢書》。」

〔一〇〕　按：此句原文有脱落，當據《蕘圃藏書題識》作：「並未注出影宋本校，知校勘不全。」上海遠東出版社，一九九九年，第五〇—五一頁。

〔一一〕　按：原書夾籤條云：「此書今在北平圖書館，已著目。」

〔一二〕　按稿本原標注「同上」。

〔一三〕　按：此小字注，稿本已删。

積學齋藏書記 史部

南陵 徐乃昌積餘撰

史記一百三十卷 史部正史類

明刊本。每半葉十行，行二十字，小字雙行。白口，雙邊。首有司馬貞《索隱》序。末有正德十六年書户劉洪刊行牌子。此書刊印不亞宋元，書賈往往割去牌子以充宋槧。此本獨存，可稱完美。

牌子：正德十六年十一月内蒙

建寧府知府張

邵武府同知鄒同校正過史記大全計

改差訛二百四十五字

書户劉洪改刊

史記一百三十卷　史部正史類

明嘉靖震澤王氏刊本。每半葉十行，行(二)十八字。白口，單邊。前有《補史記》序、《正義》序、《集解》序。後有「震澤王氏刻于恩褒四世之堂」隸文木記。目後有「震澤王氏刻梓」篆文木記。末有《索隱》後序。序後有「嘉靖丁亥林屋山人王延喆跋」一則。延喆，王文恪公鏊之子，即刻是書者。有「不語翁」朱文方印。

牌子：震澤王氏刻于恩褒四世之堂（分書）　震澤王氏刻梓（篆書）

讀史記十表十卷　史部正史類

古春穀汪越輯，徐克范補。雍正間刊本。首有康熙己亥長至同郡梅文鼎序，又雍正元年當塗徐文靖位山序，又徐克范《記後》。是書列舊文爲十卷，另列表十卷。可以考證，可以誦讀，誠有裨于讀史者矣。越，字師退，康熙己酉舉人。克范，字堯民。皆南陵人也。

徐氏《記後》曰：康熙壬寅五月，余友汪君以書來，云有《讀史記十表》一帙，遍求友人商(確)［榷］，殊無一人按定子長原表首訖尾印證鄙説之是非者，不解何故。豈以其文不續，事不接，空格累紙，不耐討尋旨趣耶？然則王荆公譏《春秋》爲斷爛朝報無怪也。仰惟細加推勘，示明紕繆之處，以便改訂。有補義則亦書于篇。將來授梓，爲讀史一助。若空邀奬借，原本封還，非遠緘求正之本念也。師退之言如此。

師退著作名天下，垂老猶勤于學，而又不自執所有，不惜下問，此余心之所傾也。用是遂忘其譾陋，爲之討論之。義有未盡，又爲補著之。凡坊本舛誤，取諸本參校，從其是者，其皆誤則不敢易，按數字于表尾。辭繁，更爲存疑。前人誤釋者亦約略辨明，不敢承訛。凡以應師退命也。既復，師退繆爲許可曰：「補訂義精詞簡，已盡析之合之之妙，正宜與原本並行。」余聞薛簡肅公有云：「吾慙不及古人而懼後世譏我。」師退之論，該貫精瑩，其傳世行遠無可疑。而以余說廁其間，能免于譏乎？故序其所由，使知附之梓者，師退志也，非余也。秋七月朔日，堯民徐克范記。

漢書一百卷 史部正史類

明崇正書院刊本。每半葉十行，行二十二字。白口，單邊。首行題「高帝紀弟一上」，雙行小注「師古」云云，越三格題「漢書一」，次行低三格題「正議大夫行祕書監琅玡縣開國子顏師古注」。首有師古《敘例》，目録後有崇正書院牌子。

牌子：

嘉靖丁酉冬月廣
東崇正書院重脩

前漢書一百卷 史部正史類

題「漢班固撰，唐顏師古注，明汪文盛、高瀔、傅汝舟校」。明嘉靖汪文盛刊本。每半葉十二行，行大二十二字，小二十八字雙行。首有顏師古《漢書敘例》。板心作「前漢」，蓋《兩漢》合刻，故加「前」字以別之。汪文盛本《兩漢》極不易得，此本完美可寶。

前漢書一百二十卷　史部正史類

汲古閣刊本。吳縣沈文起先生欽韓校本。文起得前人過録何義門批本，從而録之，而更加考證，字跡工整可愛。文起著《兩漢書疏證》，此其嚆矢歟？文起，又字小宛。有「寧國縣儒學記」印、「沈生」朱文橢圓印、「上道先生」朱文方印、「文起甫」朱白文方印、「欽韓曾讀」白文方印、「織簾山房」白文方印。

壬戌年三月，葉石君將大字宋刻本校起。

沈氏手跋曰：嘉慶七年冬，從陳氏得此本，大約録何屺瞻所評校。其中「李云」則又何氏所録，蓋其師安谿相國也。余方有事《漢書》之學，即以此爲讀本。而别有所考證，則以「案」字别之。沈欽韓文起氏記。

前漢書一百二十卷　史部正史類

汲古閣刊本。吳郡張訒庵先生紹仁以宋景祐本校，精善絶倫，如覩原本，洵足貴也。有「長洲張氏收藏」朱文長方印、「吳郡張紹仁校」朱文長方印、「張印紹仁」白文方印、「張孝安」朱文方印、「訒庵」白文方印，「弓正苗裔」朱文、「蘇臺逸史」白文兩方印，「讀異齋記校正善本」白文方印，「吳丙湘校勘經籍印」朱文、「式古訓齋藏書」白文兩方印。

張氏手跋曰：宋景祐槧本《漢書》上、下方有宋子京手校朱字，後有倪雲林題識，今爲黄蕘圃所藏，見于顧千里所撰《百宋一廛賦》者是也，爲郡中著名善本。余與蕘圃翁文游，因得借校于此本。其宋景文參校朱字，恐多歧滋惑，悉置不録。惟從宋槧一一是正，字體如㠯以、迺乃、宋本亦間有作㠯、乃者。謚謚、災灾、修脩、筭算等，筆畫雖異，音義無別，或古字相通者，則皆不改。昔賢校書有但求其是者，仁亦持此意也。嘉慶乙亥年辜月朔日，張紹仁識。

吴氏手跋曰：余素喜蓄書而苦於囊澀。壬寅小除夕，錢伊人攜此《漢書》求售，適正誼膏火銀至，付訖，遂爲余有。書係張訒庵前輩校本，精嚴絶倫，既不獲覩景祐元年原本，得此亦足自豪。當沽一甕酒以此書下之。卒歲之樂，莫踰此矣。乙虛山人吴起潛識。

前漢書一百三十卷　史部正史類

汲古閣刊本。嘉興錢警石先生泰吉過録何小山煌校本，又校殿本，以朱、墨二色別之。

道光十年歲次庚寅五月二十四日點畢。錢泰吉記。

道光十二年歲次壬辰閏九月二十六日，依殿本校録畢。鴛湖錢泰吉識於海昌學舍。

康熙乙未，借蔣西谷所得劉氏本校。孟公。

雍正元年癸卯中秋節之後一日，用小字宋殘本校。小字殘本缺紀一、二，列傳十六、十七、十八，又六十至六十四上，其脱失者更不在此數也。

此義門弟小山氏校本標識也。道光癸巳九月校録後書畢，又從汪小米遠孫假此手録，甲午六月朔畢。泰吉記。

班馬異同三十五卷　史部正史類

宋倪思編，劉辰翁評。明刊本。每半葉九行，行大二十字，小字單行同。首有永樂壬寅楊士奇跋。又韓敬刊序。思，字正甫，歸安人，乾道二年進士，官至寶文閣學士，謚文節，《宋史》有傳。有「秀水莊氏蘭味軒考藏印」朱文方印〔一〕。

殘本後漢書二卷　史部正史類

宋刊本。每半葉十行，行十八字。高六寸四分，廣四寸一分。白口，雙邊。上魚尾，下題「後紀幾」或作「紀幾下」。魚尾上題「漢書某卷」，或作「漢某卷」。每葉後有小耳。每卷末有校正若干字一條。只存《章帝紀第三》、《和帝紀第四》二卷。書中竟、玄、匡、胤、弘、殷、構、敦、徵、樹、桓、讓、慎、戍等字均缺筆。刊印精妙，古色撲人，雖爲殘帙，至可寶也。有「孟璞校勘經籍印記」朱文長方印。

沈氏手跋曰：殘宋本《漢書》每葉二十行，行十八字。楮墨精絶，世所稱慶元本，建安黄宗仁善夫所刻也。黄氏刻《史記》、前後《漢書》，其《史記》爲王延喆本之祖，《正義》最完。其兩《漢書》爲武英殿官本之祖，三劉《考異》亦最完。今以殿本《考證》「正予樂」卷三、「朕且權」卷四兩條覈之，所稱宋本，皆與此合，知所據即此本矣。積餘藏書至富，而珍此殘本，是真所謂閲千劍而知劍者。宣統五年三月，嘉興沈曾植記。

按：是書宋刊宋印，瞭然無疑。宋諱缺筆凡十四字。然首尾俱闕，未敢證其爲何時刊本。沈乙老考爲慶元本，建安黃宗仁善夫所刻，即武英殿官本之祖。兹取殿本校之：「正予樂」，殿本「予」誤「雅」；「發太簇之律」，殿本「太」誤「大」；「徙江陵王羨爲西平王」，殿本作「徙江陵王恭爲六安王」，按何義門校，當云「徙江陵王恭爲六安王，廣平王羨爲西平王」，方與上下文合；「和帝紀第四」，殿本作「和殤帝紀第四」；「討北匈奴取吾伊吾盧地」，殿本「盧」誤「盧」；「復置涿郡故安鐵官」，殿本「安」誤「鹽」；「朕且權」，殿本「權」下有「禮」字；注「但因計」，殿本「計」下多「吏」字。按「正予樂」、「朕且權」二條，乙老因其爲《考證》所云與宋本合，決其爲殿本之祖本。然「徙江陵王羨爲西平王」一條，二本一脱「恭爲六安王廣平王」八字，一脱「廣平王羨爲西平王」八字，得此一證，已足見此本非殿本所自出矣。又「復置涿郡故安鐵官」一條，殿本作「故鹽鐵官」。考故安，縣名，屬涿郡，永元十五年置鐵官，地不近海，焉得有鹽官？義門校語云「考『安』字誤『鹽』字」，而不云宋本，是何氏所見宋本非此本無疑。此又一證也。惜只存二卷，未克盡校之。然此本之佳處，已班班可見矣。

後漢書一百二十二卷　史部正史類

明崇正書院刊本。行款同《漢書》。首行題「光武帝紀第一上」，越三格題「范曄」，越五格題「後漢書一上」，次行低九格題「唐章懷太子賢注」。首有景祐二年祕書丞余靖上言。

後漢書百三十卷 史部正史類

題「南宋范曄撰，唐章懷太子賢注，明汪文盛、高瀔、傅汝舟校」。明嘉靖汪文盛刊本。行款同《前漢書》。首有景祐二年祕書丞余靖序。

後漢書百三十卷 史部正史類

汲古閣刊本。沈文起先生手校。

後漢書百三十卷 史部正史類

汲古閣刊本。吳郡張訒庵先生手校。

後漢書百三十卷 史部正史類

汲古閣刊本。嘉興錢警石先生校本。後有過録何義門先生、李敬堂先生跋。

何氏跋曰：康熙辛巳夏，于召伯舟中閲完《續漢志》三十卷。毛氏《後漢書》所據之本遠不逮班書，舟行又無從假他書互校，姑俟南歸再閲云。焯識。

自二十三卷至此，得北宋殘本校。焯。李敬堂録

李氏跋曰：乾隆己卯冬日，從海鹽朱子笠亭借得義門先生點定《後漢書》，云從松江陸君子大得之。校閲一過，歎其細意校勘，爲范史公臣[二]。余旋有都門之役，次年六月南還，迺依其刊正及句讀之處點出之。笠亭云，義門《十三經》、《二十一史》俱有勘本。先生聞某處有一宋元雕本，必輒

轉假乞，藉以正譌祛謬，嗜好之篤如此。余往時記朱兄香溪云，有義門手勘《漁隱叢話》甚精，惜爲禾中盛氏借去未還。後在虎林孫廣文齋中見《前漢書》青、硃二筆，云中有義門手校。後孫歸魏塘，無緣借閱。今所見者，惟此書及《文選》，刻本則《困學記聞》而已〔三〕。聞吴門汪君念貽盡得義門書塾善本，蓋先生門人沈丈冠雲下榻汪氏所留遺也。行將從其至契密請之。又余聞前輩云，經史校本以顧亭林先生手定爲第一，惜書歸三晉，不得見云。敬堂集并識。

道光辛卯錢泰吉録。

道光辛卯十月二十五日録畢。讀舊書生錢泰吉。

念三日校此二弓。小山。

道光癸巳六月十三日，泰吉録志三十卷畢，從汪孝廉遠孫處假校勘本録。

甲午春夏之交，假味根從孫聚仁所得諸草廬先生録義門評校本，又校一過。四月十一日泰吉記。

草廬本僅見續志三十卷，惜范書不可得。泰吉又記。

三國志六十五卷　史部正史類

晉平陽侯相陳壽撰，宋裴松之注。元刊本。每半葉十行，行二十九字，注二十一字。高六寸八分，廣五寸。白口，單邊。上列目録並宋裴松之上表，首有大德丙午桐鄉朱天錫跋。間有明補葉，惟不多耳。

元大德間江左諸路學校分派《十七史》鋟梓，此則池州路所刊也。有「四明范光華家藏印」朱文方印。

三國志六十五卷　史部正史類

晉陳壽承祚撰。汲古閣刊本。薛子安過録盧抱經先生批校。末有何義門先生跋語。

何氏跋曰：八月初九日鐙下閱，時在臨沂王氏奈園書塾。

康熙辛巳追隨安谿先生于保定行臺，住西廂之八柏軒，以先生所閲毛氏刊本粗校一過。去臨沂客授時俯仰八年，而讀書無所增加，可爲深怍也。涂月之望識。

此本《闞澤傳》闕八字，《陸遜傳》闕七字，毛本獨完。但其他謬誤亦復如一。安得一宋槧本，盡釋所疑乎？又書。

乙酉九月，心友以宋末衢州刊本至京師，得改正數十處。校者爲録事參軍蔡宙、州學教授陸俊民。其謬誤亦復甚衆云。住八貝勒邸中。

又雲跋曰：此盧抱經先生批本，江陰薛序鏞子安從申耆師處借而仿謄之，遂舉以爲贈。雲識。

又曰：丙辰年十一月初九日閲竟，時寓界溝公署。

按：薛子安，字序鏞，江陰人，李申耆先生之弟子。雲不知其姓，亦不知雲字爲單名抑雙名。其丙辰年下有印曰「雲齋」朱文方印，則雲字又疑爲别號矣，俟再考。

三國志續考證一卷　史部正史類

國朝仁和盧文弨召弓撰。傳鈔本。是書乃校天台齊次風召南《殿本考證》而增益之，故曰「續考證」焉。

南齊書五十九卷　史部正史類

臣蕭子顯撰。宋刊元明補本。每半葉九行，行十八字。高七寸三分，廣六寸。白口，單邊。小題在上，大題在下。序文後作「臣恂、臣寶臣、臣穆、臣藻、臣洙、臣覺、臣彦若、臣鞏謹敘目録昧死上」。此南宋蜀刻七史之一也。有「林子真家藏書」朱文方印。

陳書三十六卷　史部正史類

散騎常侍姚思廉撰。宋刊明補本。每半葉九行，行十八字。高七寸三分，廣六寸。白口，單邊。大題在下，小題在上。序文後作「臣恂、臣穆、臣藻、臣覺、臣彦若、臣洙、臣鞏謹敘目録昧死上」。此亦南宋蜀刻七史之一，與《齊書》同刻者也。原板尚有存者，有元修，有明修，修至嘉靖八九年止。宋諱均避。

北齊書五十卷　史部正史類

隋太子通事舍人李百藥撰。亦南宋蜀刻七史之一。行款格式一如《南齊書》。此本補板尚少，口上有字數與刻工姓名者，俱原板也。

後周書五十卷　史部正史類

令狐德棻等撰。宋刊元明修補本。每半葉九行，行十八字。高七寸三分，廣六寸。白口，單邊。大題在下，小題在上。序文後作「臣燾、臣安國、臣希謹昧死上」。此亦南宋蜀刻七史之一。有「林子真家藏書」朱文方印。

南史八十卷　史部正史類

唐李延壽撰。元大德刊本。每半葉十行，行二十二字。高七寸三分，廣五寸二分。白口，雙邊。首行大題在下，小題在上。次行題「李延壽」三字。口上間有字數與刻工姓名。有嘉靖十年補葉，尚不多見。原刊字體亦頗清晰。首有序，缺其後半。又大德丙午蜀人蒯東寅序。

舊唐書二百卷　史部正史類

監修國史推誠守節保運功臣特進守司空兼門下侍郎同中書門下平章事上柱國進國公食邑五千户食實封四百户臣劉昫等奉敕修，皇明奉敕提督南畿學政山西道監察御史餘姚聞人詮校刻，蘇州府儒學訓導門人嘉興沈桐同校。明刊本。每半葉十四行，行二十六字。白口，單邊。首有嘉靖十七年楊循吉序。劉昫，涿州歸義人，《五代史》有傳。聞人詮，字邦正，餘姚人，嘉靖丙戌進士。

元史二百十卷　史部正史類

皇明翰林學士亞中大夫知制誥兼修國史臣宋濂、翰林待制承直郎同知制誥兼國史院編修官臣王禕、朝議大夫國子監祭酒臣楊道賓等奉敕修，奉訓大夫右春坊右諭德管國子監司業事臣蕭雲舉等奉敕重校刊。萬曆北監刊本。每半葉十行，行二十一字。白口，單邊。首有李善等上表、凡例、目録。寶山毛生甫先生嶽生以錢辛楣删改本校，間采錢氏《十七史考異》、《諸史拾遺》、汪輝祖《元史本證》、孫承澤《元朝掌故編年》諸説，書于眉端。删改鉤抹，悉從錢氏改本，間以己説附後。考據詳慎，校勘邃密，誠有益于後學多多矣。有「結一廬藏書記」朱文方印。

資治通鑑二百九十四卷 史部編年類

朝散大夫右諫議大夫權御史中丞充理檢使上護軍賜紫金魚袋臣司馬光奉敕編集，後學天台胡三省音注。元刊本。每半葉十行，行二十字，小字雙行。高七寸一分，廣四寸八分。黑口，雙邊。口上有大小字數，下有刻工姓名。首有天台胡三省身之《音注》序，末有總目一葉，又元豐七年十一月進書表，又元豐七年獎諭詔書，元祐元年奉旨下杭州鏤板校定諸人銜名，紹興二年兩浙東路提舉茶鹽司公使庫下紹興餘姚縣刊板校勘監視諸人銜名。是書爲元至正二十七年立興文署召集良工所刊，板幅闊大，字體精雅，爲元刊中所不多見者。明時此板歸入南廱，嘉靖朝壞至二千九百二十一塊，見《南雍志》。此本補葉計統全書只十數葉，係正德九年所補刊者，較之嘉靖印本不啻天壤矣。嘉慶間南昌胡氏克家所刊，即祖此本也。

元豐七年十一月進呈。

檢閱文字　　郎臣司馬康
同修奉議郎臣　　范祖禹
同修祕書丞臣　　劉　恕
同修尚書屯田員外郎　校理臣劉　度
編集端明殿學士兼翰林侍讀學士太中大夫臣司馬光

獎諭詔書：敕司馬光修《資治通鑑》成事。史學之廢久矣，紀次無法，論議不明，豈足以示懲勸，明久遠哉？卿博學多聞，貫穿今古，上自晚周，下迄五代，發揮綴輯，成一家之書，褒貶去取，有所據依。省閱以還，良深嘉歎。今賜卿銀、絹、對衣、腰帶、鞍轡馬，具如別録，至可領也。故兹獎諭，想宜知悉。冬寒，卿比平安好。遣書，指不多及。十五日。

元豐八年九月十七日，准尚書省劄子奉聖旨重行校定。

元祐元年十月十四日，奉聖旨下杭州鏤板。

校對宣德郎祕書省正字　臣張　耒
校對宣德郎祕書省正字　臣晁補之
校對朝奉郎行祕書省正字上騎都尉　臣宋匪躬
校對朝奉郎行祕書省校書郎充集賢校理武騎尉賜緋魚袋　臣盛次仲

校定承議郎充祕閣校理武騎尉賜緋魚袋　臣張舜民
校定承議郎祕書省校書郎充集賢校理武騎尉賜緋魚袋　臣孔武仲
校定修實録院檢討官朝奉郎行祕書省著作佐郎武騎尉賜緋魚袋　臣黄庭堅
校定宣德郎守右正言　臣劉安世
校定奉議郎行祕書省著作佐郎兼侍講賜緋魚袋　臣司馬康
校定修實録[院]檢討官承議郎祕書省著作郎兼侍講上騎都尉賜緋魚袋臣范祖禹
中大夫守尚書右丞上柱國汲郡開國侯食邑一千八百户食實封二百户賜紫金魚袋臣吕大防
通議大夫守尚書左丞上柱國平原郡開國公食邑二千五百户食實封七百户臣李清臣
金紫光禄大夫守尚書右僕射兼中書侍郎上柱國東平郡開國公食邑七千一百户食實封二千
三百户臣吕公著

紹興二年七月初一日，兩浙東路提舉茶鹽司公使庫下紹興府餘姚縣刊板，紹興三年十二月
二十日畢工印造進入。
左迪功郎紹興府司法參軍主管本司文字兼造帳官　臣邊　智
右迪功郎充提舉茶鹽司幹辦公事　臣常任佚
右文林郎充提舉茶鹽司幹辦公事　臣强公徹

右修職郎充提舉茶鹽司幹辦公事　臣石公憲
右奉議郎提舉兩浙東路茶鹽司公事　臣韓　協
降授右朝奉郎前提舉兩浙東路茶鹽司公事　臣王　然
校勘監視
嵊縣進士婁　諤　進士茹贊廷
進士唐　弈　進士婁時升
進士婁時敏　進士石　袞
進士茹　玗　進士王
進士張　綱
右迪功郎新虔州興國縣主簿　唐　自
餘姚縣進士葉汝士　進士杜邦彥
進士錢移哲　進士陸　宿
進士顧大冶　進士呂克勤
進士張彥衡　進士朱國疏
進士杜　紱　進士孫　彬

右迪功郎紹興府餘姚縣主簿　王　越
右從事郎紹興府嵊縣尉　薛　紘
右修職郎紹興府嵊縣丞　桂祐之
右迪功郎紹興府府學教授　晏　肅
右承務郎知紹興府餘姚縣丞　馮棨叔
左宣教郎知紹興府餘姚縣丞　晏敦謀
右承奉郎知紹興嵊縣主管勸農公事兼兵馬監押　范仲□
右宣義郎知紹興府餘姚縣主管勸農公事兼石堰鹽場　徐
左奉議郎簽書鎮東軍節度判官廳公事　張

資治通鑑釋文辨誤十二卷　史部編年類

天台胡三省身之撰。元刊本。行款、尺寸與《通鑑》同。首有丁亥春二月身之自序。

司馬温公經進稽古録二十卷　史部編年類

宋司馬光君實撰。明刊本。每半葉十行，行二十一字至十九字不等。黑口，雙邊。首有弘治辛酉餘姚黄珣序，次載朱文公與鄭知院書、《朱文公語録》中語，次司馬光進表，後有弘治辛酉孝感楊璋序。有「六合徐孫麒氏珍藏書畫印」朱文、「孫麒氏使東所得」白文兩長方印。又日本藏印，「昌憲成氏」朱文、

「子流彦昭」朱文、「東京滔池靈南街弟四號讀杜草堂主人壽盛業印記」藍印、「讀杜草堂」朱印、「養安院藏書」朱文長印，蓋日本寺院所藏。

稽古録二十卷 史部編年類

明天一閣刊本。每半葉九行，行十九字。白口，單邊。首有温公進書表，又朱文公與鄭知院書一則，又《文公語録》中語一則。

中興小紀四十卷 史部編年類

宋熊克子復撰。傳鈔閣本。是書首建炎丁未迄紹興壬午，皆南渡後事實。所以名「小紀」者，蓋以别于官書也。此書久佚，館臣從《大典》録出。

皇朝編年備要三十卷 史部編年類

宋壺山陳均平甫編。舊鈔本。是書紀太祖至欽宗凡九朝事蹟，故又名《九朝編年備要》。首有自序，建安真德秀序，長樂鄭性之序，漳州林岊序。其體例則宗《通鑑綱目》，但據事直書，不爲褒貶之詞，自序中亦及之。今李仁甫《長編》缺徽、欽兩朝，此書所有，尚可補其缺，故學者重之。

資治通鑑綱目前編十八卷 史部編年類

宋仁山金履祥編。書林歸仁齋重鋟。明刊本。每半葉十行，行二十二字。白口，單邊。前後間有補鈔。闕《舉要》三卷。履祥，字吉父，號仁山，蘭谿人。從學于王柏，入元隱居，教授以終。事蹟具《元史·儒學傳》。

歷代帝王紀年纂要一卷 史部編年類

元察罕撰，明黄諫補。舊鈔本。首有皇慶元年程鉅夫序。

憲章録四十六卷 史部編年類

賜進士中憲大夫陝西按察司副使奉詔致仕前提督浙江學校臣薛應旂編進。明萬曆刊本。每半葉十四行，行二十四字。白口，單邊。首有萬曆元年自序，又門人陸光宅刻書跋。應旂，字仲常，武進人，嘉靖乙未進士。是書始于洪武，止于正德，用編年之體，蓋以續所撰《宋元資治通鑑》也。刊本精雅，别具一體。

汲冢周書十卷 史部别史類

題「晉孔晁注，明楊慎考，河東趙標梓」。明刊本。每半葉八行，行十八字。白口，雙邊。是書一名《逸周書》，無撰人姓名。考《隋書·經籍志》、《唐書·藝文志》俱稱此書以晉太康二年得于魏安釐王冢中，則汲冢之説，其來已久。

建康實録二十卷 史部别史類

唐高陽許嵩撰。影宋鈔本。每半葉十一行，行二十字。首有嵩自序，此本已失。所記六朝事迹，起吴大帝迄陳後主，而以後梁附之，總四百年。間著東夏之事，以六朝皆都建康，故以爲名。鈔尚工整可觀。

江寧府嘉祐三年十一月，開造《建康實録》，並按《三國志》、東西《晉書》并《南北史》校勘，至嘉祐四年五月畢工。凡二十卷，總二十五萬七千五百七十七字，計一十策。

將仕郎守江寧府溧水縣主簿　張庖民校正
登仕郎守江寧府句容縣主簿　錢公瑾校正
將仕郎守江寧府右司理參軍　曾　伉校正
朝奉郎試祕書省校書郎權江寧府節度推官　熊　本校正
宣德郎守大理寺丞致仕充江寧府府學教授　趙真卿校正
朝奉郎尚書比部員外郎通判軍府騎都尉賜緋魚袋　彭仲荀
龍圖閣直學士朝散大夫右諫議大夫知軍府事兼管内勸農使開國伯賜紫金魚袋　梅摯

紹興十八年十一月　日荆湖北安撫使司重別雕印。

監轄下班祗應荆湖北路安撫司聽候差使　韓　軫
點檢下班祗應荆湖北路安撫使司主管文字　高　楫
校勘官左從政郎新荆門録事參軍權安撫使司準備差遣　王　廓
校勘官右宣教郎荆湖北路安撫使司幹辦公事　張允之
校勘官右通直郎荆湖北路安撫使司主管機宜文字　万俟虚

右朝奉大夫添差荆湖北路安撫使司參議官　趙　遜
右朝請大夫荆湖北路安撫使司參議官　周方平
右朝請郎權發遣荆湖北路提點刑獄公事權荆南軍府事兼權本路安撫馬步軍都總管　劉　長

周史二百七十八卷　史部别史類

國朝南通州錢兆鵬雲門撰。傳鈔本。是書仿《史記》例，分本紀十七，志二十五：《天文志》二、《曆法志》三、《五行志》二、《地理志》二、《河渠志》二、《食貨志》三、《禮志》五、《樂志》一、《兵志》一、《刑志》一、《職官志》一、《經籍志》一，《表》三：《同姓諸侯年表》、《異姓諸侯年表》、《魏韓趙齊年表》，《世家》二十六，《列傳》二百又七，共二百七十八卷。雲門素潛心史學，是書采取《左傳》、《國語》、《國策》、《逸周書》、《史記》及諸子薈萃所成，亦能用心讀書者。

國語二十一卷補音三卷　史部雜史類

吴雲陽韋昭弘嗣注。宋刊明補本。每半葉十行，行二十字。高七寸，廣五寸。黑口，雙邊。首有韋弘嗣序。《補音》三卷，爲唐人舊本，宋安陸宋庠公序補撰。是書《八千卷樓》、《鐵琴銅劍樓》俱只明本，惟《皕宋樓》有宋刊本。此本有同處有不同處，宋諱有避有不避，蓋宋刊而元明遞修者也。

戰國策十卷　史部雜史類

題「縉雲鮑彪校注，東陽吴師道重校」。元刊本。每半葉十一行，行二十字。高六寸七分，廣五寸。

黑口，單邊。彪，字文虎，縉雲人。師道，字正傳，蘭谿人。是書爲至正二十五年平江路所刊，乃吴氏成書後弟一刻本，而注《國策》之最善本也。卷三、四、五、六後均有「至正乙巳前藍山書院山長劉鏞重校勘」一行，弟八、弟十卷末均有「平江路儒學正徐昭文校勘」一行。有文虎自序，正傳自序，後序。首有劉向、曾鞏、陳祖仁序，後有李文叔、王覺、孫元忠、姚宏、耿延禧序。

鮑氏國策十卷　史部雜史類

明翻宋本。每半葉十一行，行二十字。白口，單邊。首有紹興丁卯自序，又曾鞏、劉向舊序。劉序後有自跋。卷末有附記云：「庚午原空二格晦重校，脱誤猶數十處。此書手自撰次書也而若此，以知校正之難也。」蓋宋本所刊，即其手藁。此本刊印兩佳，不亞宋刻。

靖康孤臣泣血録一卷　史部雜史類

宋太學生丁特起述。舊鈔本。首有自序。《四庫》收入《存目》，以其粗鄙少文，疑非特起自撰，恐爲當時好事者所託名也。

遼東行部志一卷　史部雜史類

金王寂著。傳鈔本。是書世無傳本，出自《永樂大典》。此明昌改元春二月，寂以使事出按部，紀其山川、城郭、官吏之跡。寂，字元老，薊州玉田人，天德三年卒，謚文肅。

金國南遷事略一卷　史部雜史類

通直郎祕書省著作郎騎都尉賜緋張師顔録。傳鈔本。後有浦梅隱元玠跋。是書係記金愛王大辨叛據五國城，及元兵圍燕貞祐遷汴京之事。《直齋書録》稱其歲月牴牾，疑爲僞書。或謂殿前司軍官華岳雪憤之詞。然元玠跋云，當時南遷，張祕書親隨乘輿，晨夕執筆，而其所記豈有舛誤？金志非本國史，出于南官進宋之書，中間或誤，未可知也。

平宋録三卷　史部雜史類

元劉敏中端甫撰。舊鈔本。舊題杭州路司獄燕山平慶安撰。黄氏《千頃堂書目》以爲劉敏中所作。蓋端甫所撰，而慶安特梓以傳後人。以其書首不題端甫姓名，未加深考，遂舉而歸之慶安耳。是書一名《大元混一平宋實録》，又名《丙子平宋録》。前有大德甲辰方回、鄧錡、周明三序。端甫，章邱人，事蹟具《元史》本傳。有「邱氏藏書」朱文方印。亡友邱崧生，字于蕃，山陽人，績學士也。

今言四卷　史部雜史類

明鄭曉窒甫撰。明刊本。每半葉八行，行十六字。白口，單邊。首有嘉靖丙寅自序。窒甫，海鹽人，嘉靖癸未進士，官至刑部尚書，謚端簡，事蹟具《明史》本傳。所著有《吾學編》、《徵吾録》，俱紀載當時之事也。

遼小史一卷金小史八卷〔四〕　史部雜史類

明楊循吉君謙撰。戴氏秋樹山房鈔本。君謙，號南峰，吴郡人，成化二十年進士。《遼史》首有萬曆己酉錢允治序，《金史》則君謙自序。首葉有「吳郡南峰楊循吉君謙序，後學徐景鳳元輝校」二行。此本即由徐元輝刻本録出。《四庫》未收，丁氏《八千卷樓》雖著録，而《金小史》只三卷。此本獨完善，誠爲罕見。

隆慶兩朝平攘録四卷　史部雜史類

明會稽諸葛元聲輯，商濬校。明刊本。每半葉九行，行二十字。白口，單邊。首有萬曆丙午商濬景哲序。濬，亦名維濬，曾刻《稗海》。墨刻「商氏啟南樓圖書」亦罕見。有「櫟園周氏藏書」白文方印。櫟園周氏，周元亮賴古堂，藏書家也，藏印極佳。又有「慕齋鑒定」朱文圓印。

包孝肅奏議集十卷　史部詔令奏議類

宋包拯希仁撰。明刊本。每半葉十行，行二十字。黑口，雙邊。首有孝肅像，次傳集，次目録。前後稍有缺葉。末有後序，缺板之上截，無年月姓氏，考其辭語，乃其門人張田輯書跋也。是書紹興間廬州教授吳祇若、淳熙間合肥守趙磻老先後刻板，正統元年豫章胡儼又爲江西布政司參政方公正序以鋟梓。嘉靖乙卯豐城雷逵刻於廬州，滁陽胡松序。萬曆甲寅閩漳戴熺又刻之。此爲正統元年胡儼刻本，蓋佚其序也。

東家雜記二卷　史部傳記類

宋孔傳世文編。影宋鈔本。每半葉十行，行十九字。首有世文自序。世文，至聖四十七代孫，官至右朝議大夫，知撫州軍州事兼管内勸農使，封仙源縣開國男。是編成于紹興甲寅。

孔氏祖庭廣記十二卷　史部傳記類

金至聖五十一代孫襲封衍聖公元措夢得編。愛日精廬鈔本。有正大四年尚書左丞張仁信序，又夢得自序，又宣和六年四十九代孫瓌《祖庭雜記》舊引，又元豐八年四十六代孫宗翰家譜舊引。首有圖十二葉。是書有金正大刊本。此即從金刊本録下。首葉有「正大四年歲次丁亥十月望日訖功」一行，後有官銜，末有「大蒙古國領中書省耶律楚材奉準皇帝旨，于南京特取襲封孔元措令赴闕里奉祀。來時不能挈負《祖庭廣記》印板，今謹增補校正重開，以廣其傳。壬寅年五月望日」五行。又「門生曹國王恕重校」，「門生冀州伊莘重校」二行。是書咸豐癸丑仁和胡心耘珽曾刊入《琳瑯祕室叢書》，此即其祖本也。首有過録錢辛楣先生跋。有「海寧楊芸士藏書之印」朱文方印。

官銜　太學生介山馬天章　畫像

禮官業進士浚儀王柔立　校正

禮官業進士中山靳唐　校正

太常寺太祝日照張以輅　校正

集賢院司議兼太常寺奉禮郎權博士古燕馬遂良　校正

惠民司令兼太常博士富平米章　校正

資政大夫襲封衍聖公知集賢院兼太常丞五十一代孫孔元措謹續編

錢氏跋曰：此先聖五十一代孫襲封衍聖公元措夢得所編。前載元豐八年四十六代孫宗翰家譜舊引、宣和六年四十七年孫傳《祖庭雜記》舊序。家譜與《雜記》本各自爲書，夢得始合爲一。復增益門類，冠以圖像，并載舊碑全文，因「祖庭」之名而改稱《廣記》，蓋仙源之文獻，至是始備。書成于金正大四年丁亥，張左丞行信爲之序，鐫板南京。此則蒙古壬寅年元措歸闕里後重雕之本也。壬寅爲元太宗六皇后稱制之年，金之亡已十載矣。蒙古未有年號，但以干支紀歲，在宋則爲淳祐二年也。此書世無傳本，兹于何夢華齋見之，紙墨古雅，字畫精審，予所見金元槧本未有若是之完美者。向據漢宋元石刻證聖妃當爲并官氏，今檢此書「并官」者屢見，無有作「开」字者。自明人刻《家語》妄改爲「开」，沿譌以今，莫能更正。讀此，益信元初舊刻之可寶。嘉慶六年歲在辛酉五月五日庚辰，嘉定錢大昕謹題。

至聖先師孔子刊定世家七卷　史部傳記類

明兵部職方清吏司主事浙慈後學馮烶謹輯。明刊本。每半葉九行，行二十字。白口，雙邊。首有自序。分孔、子、之、謂、集、大、成七帙，口上書「刊定世家某帙」。末有萬曆三十九年福建按察使提督學校副使馮文移。烶，字□□，萬曆壬辰進士，慈谿人。

晏子春秋二卷　史部傳記類

明福建按察副使青陽柯喬校刊本。每半葉九行，行二十字。白口，單邊。首有劉向校序。是書《漢志》作《晏子》,《隋志》乃名《春秋》。凡八篇,元刊本作八卷。此并爲二卷,以前六卷爲内篇,七、八二卷爲外篇。目連正書,猶是古式,刊印尚精,爲明板中之可貴者。喬,字□□,池州人,嘉靖己丑進士。有「蕭山蔡陸士藏玩書畫鈐記」朱文方印、「古瀛施振成人韶所見」白文方印。

紹陶録二卷　史部傳記類

宋王質景文撰。傳鈔本。景文,興國人,紹興(三)十年進士。此本係從鮑渌飲藏(書)鈔本過録。首有自序。陸氏皕宋樓刻過,然錯謬不可勝計,上卷脱三葉,下卷脱四葉,足知此本之完善矣。

鄭司農年譜一卷　史部傳記類

賜進士及第授通奉大夫署山東布政使山東督糧道加四級孫星衍撰。傳鈔本。首有嘉慶十四年揚州阮元序。阮序云其中據《太平廣記》、《三國志注》引《司農别傳》,以司農爲丁卯歲七月戊寅生,爲近年言鄭氏學者所未及。上元談階平廣文適在杭州,元屬其以四分術推朔閏,知司農生于漢順帝永建二年七月五日,與《别傳》相合無疑。又海寧孝廉方正陳鱣亦舊撰司農年譜,未及觀督之詳備,然亦有可采擇者。元乃加以補益,并談君之所推驗者,訂爲一卷,付之梓人,且于七月五日肇祝司農于詁經精舍焉。

厲樊榭年譜一卷　史部傳記類

國朝仁和朱文藻暎漘撰。傳鈔本。樊榭,名鶚,字太鴻,錢塘人,康熙庚子舉人,乾隆丙辰舉博學鴻詞。著有《樊榭山房詩集》二十卷。暎漘,號朗齋,仁和諸生,著有《碧谿草堂詩集》。

高士傳三卷　史部傳記類

晉玄晏先生皇甫謐撰，明五嶽山人黄省曾頌。明嘉靖刊本。每半葉十二行，行二十一字。白口，單邊。首有玄晏先生自序。省曾刻書序又跋。省曾，字勉之，吳縣人。是書刻印俱妙，洵足稱善。有「黄印之芬」朱文方印。

名臣言行録前集十卷後集十四卷續集八卷別集上十三卷下十三卷外集十七卷　史部傳記類

晦庵先生朱熹纂集，太平老圃李衡校正。《續集》、《別集》、《外集》，題「後學朋溪李幼武士英纂集」。宋刊本。每半葉十二行，行二十三字。高六寸二分，廣四寸二分。黑綫口，單邊。板心作「言行前綫」，或作「言行前集綫」，或作「言行録前集綫」。卷首有晦庵自序，寶祐戊午中和節廬陵李居安序，序後有「晦庵先生朱熹纂集」、「太平老圃李衡校正」二行。首行題「五朝名臣言行録」。《前集》始趙普終蘇洵，凡五十五人，自太祖至英宗，凡五世，故題曰「五朝」。《後集》始韓琦終陳師道，凡四十二人，由仁宗至徽宗，亦五世，合兩集則爲八朝，故《書録解題》曰《八朝名臣言行録》。《後集》間有書三朝者，則誤矣。《續》、《別》二集均題「皇朝」以別之。《外集》題曰「皇朝道學名臣言行外録」，前有《道統傳授圖》與程子、司馬公、尹先生、楊先生、李子、朱子、張子、吕子諸像。有景定辛酉趙崇硂序。凡每人之後，間有別行小字重刻其名者，蓋使人易于查考也。後來刊本無之。此爲宋麻沙重雕朋溪本，唯顧千里校洪鈐庵氏瑩藏本與此同。《天禄琳瑯》著録則元翻宋本也。有「愛蘭堂圖書記」白文長方印、「向黄邨珍藏印」白文方印，「六合徐氏孫麒珍藏書畫印」朱文、「孫麒氏使東所得」白文兩長印。

宋名臣言行録前集十卷後集十四卷續集八卷別集上十三卷下十三卷外集十七卷　史部傳記類

晦庵先生朱熹纂集，太平老圃李衡校正，後學安福張鼇山校正重刊。《續》、《別》、《外》三集，後學朋溪李幼武士英纂集。明刊本。每半葉十二行，行二十三字。白口，單邊。首有晦庵自序，又寶祐戊午廬陵李居安序，又嘉定辛酉浚儀趙崇硂平翁序。

元朝名臣事略十五卷　史部傳記類

元蘇天爵伯修撰。聚珍本。伯修，真定人，事蹟具《元史》本傳。前脱許有壬一序，歐陽玄、王理二序尚存。周季貺星(貽)[詒]用朱筆過黃復翁校改惠氏春草閑房舊藏本，並紀行款。黃本係由元刻改正者。卷二、卷十一均補足，精善絶倫，則此亦足稱善本矣。

周氏手跋曰：丁卯三月，在福州南後街得此。越月，從帶經堂陳氏以白金三兩購得黃復翁校惠氏春草閑房舊藏本，悤促有邵武之行，未暇對勘。戊辰二月，閒居無事，因出二書校正一過。黃校七卷爲惠氏藏舊寫本以元刻本改正者也。後八卷則用香巖書屋元刻本影寫本補完，精善絶倫，足稱善本。裝治既訖，入之祕笈，而以此爲副籍，供披覽云。季貺在邵武時記，時二月十日。

皇明帝后紀略一卷　史部傳記類

禮部儀制郎中臣鄭汝璧恭紀。明萬曆刊藍印本。每半葉九行，行二十字。白口，雙邊。首載皇明帝系、皇明帝曆，後附藩封。末有萬曆己卯漳州府推官丁此吕跋，并漳州府知府曹銑等校刊銜名六行。汝璧，字良玉，縉雲人，隆慶戊辰進士，官至總督宣大、兵部侍郎，著有《由庚堂集》三十四卷。

三傳八卷　史部傳記類

明休寧吴蕃伯生集。明嘉靖刊本。每半葉十行，行二十字。白口，單邊。首有嘉靖庚申分書自序。凡《孝子》三卷、《義士》三卷、《續高士傳》二卷。刊工精絶可喜。伯生，嘉靖乙未進士。

安禄山事蹟三卷　史部傳記類

華陰縣尉姚汝能纂，檇李舊史項藥師校録。傳鈔本。後録秦敦夫小跋。

兩漢博聞十二卷　史部史鈔類

不著撰人姓氏，晁氏《讀書志》作楊侃撰。明嘉靖刊本。每半葉八行，行十六字。白口，單邊。首有嘉靖戊午黄魯曾刻序。侃，錢唐人，端拱中進士，官至集賢學士，晚爲知制誥。避真宗諱更名大雅。是編摘録前後《漢書》，不依篇第，不分門類，惟簡擇其字句、故事，列爲標目，而節取顔師古及章懷太子注列于其下。記事纂言，深得提鉤之要。宋乾道甲辰吴郡胡元質刻板于姑孰郡齋。鐵琴銅劍樓有舊鈔本，即從胡本録下。此本佳處與瞿本同，蓋亦出于宋本無疑。

十七史詳節二百七十三卷　史部史鈔類

宋吕祖謙伯恭編。明正德間刊本。每半葉十三行，行二十六字。白口，雙邊。凡《史記》二十卷、

《西漢書》三十卷、《東漢書》三十卷、《三國志》二十卷、《晉書》三十卷、《南史》二十五卷、《北史》二十八卷、《隋書》二十卷、《唐書》六十卷、《五代史》十卷。前冠以疆理、世系、紀年之圖。有明長汀李賢總序。首卷均有「建陽木石山人劉弘毅刊行」一行，明建陽書坊慎獨齋本也。有「恭錫」、「甲戌進士」朱文兩方印，「沖泉山房博物之章」朱文長方印、「馬英甫戊子後所藏」朱文方印。

漢雋十卷　史部史鈔類

宋林鉞鎮國輯。影宋鈔本。每半葉九行，行小三十字，大字占二格。白口，單邊。口上有字數，下有刻工姓名。首有紹興壬午鎮國自序，有淳熙戊戌魏汝功序，又嘉定辛未浚儀趙時侃跋，即刊此書者也。

趙氏跋曰：右《漢雋》十卷，亦厄于開禧兵燼。余既重刊《慶曆》前後集，因訪求舊本再鋟木于郡齋。嘉定辛未中秋日，浚儀趙時侃書。

漢雋十卷　史部史鈔類

明萬曆刊本。每半葉八行，行十七字。白口，單邊。首有元統元年揭傒斯序。後有萬曆戊戌新安孫平仲後序。

漢雋十卷　史部史鈔類

宋括蒼郡林鉞鎮國輯，明會稽郡吕元調父校。明萬曆刊本。每半葉八行，行大十二字，小字倍之。白口，單邊。首有萬曆甲申虞淳熙分書序，又吕元調序。字大如錢，印本極精，悦目可愛。

吳越春秋十卷　史部載紀類

後漢趙曄撰。元刊本。每半葉九行，行十七字。高六寸，廣四寸四分。白口，雙邊。首有郡人前進士徐天祐受之序，後有「大德十年歲在丙午三月音注，越六月書成刊板，十二月畢工」二行，後有銜名五行。曄，字長君，山陰人，見《後漢書·儒林傳》。《隋》、《唐·經籍志》皆作十二卷，今存十卷，《漢魏叢書》併成六卷。周紹寅先生過臨盧抱經校。

銜名　前文林郎國子監書庫官徐天祐音注

紹興路儒學學録留　堅

紹興路儒學學正陳昺伯

紹興路儒學教授梁　相

正議大夫紹興路總管提調學校官劉克昌

盧氏校語曰：乾隆四十九年歲在甲辰，盧文弨在常州借莊保琛家明弘治十四年巡按袁經大綸授吳縣令鄺廷瑞重刻元大德本。十月十八日攜舟中對校，廿二日至攝山校訖。

越絶書十五卷　史部載紀類

不著撰人姓氏。影明鈔本。每半葉十行，行十六字。白口，單邊。有無名氏跋。是書《隋》、《唐志》云子貢作。《四庫書目》云漢會稽袁康撰，同郡吳平所定。宋、元俱有刊本，此則明翻宋汪綱刻本也。後有嘉靖辛亥宛陵梅守德純甫後序。

越絶書十五卷　史部載紀類

明嘉靖刊本。每半葉十行，行二十二字。白口，單邊。首有嘉靖丁未春正月穀日餘姚陳塏刻書序。

楚史檮杌一卷　史部載紀類

不著撰人姓氏。明成化刊本。每半葉十行，行二十字。白口，單邊。有成化戊戌稷山王衡序。首列目録，凡二十七篇。按此書《四庫》收入《存目》，定爲僞書。首有元吾邱衍序。相傳以爲即衍所作，而《四庫》力言其非是，并云序文淺陋，亦作僞者託之耳。此本無衍序，惟刻極精。

大明一統志九十卷　史部地理類

明李賢等奉敕撰。明歸仁齋刊本。每半葉十行，行二十二字。白口，單邊。首有御製序，次李賢等進書表，次修志官員職名，又《皇明一統志圖》序。職名後有牌子。賢，字原德，鄧州人，官至少保、華蓋殿大學士，謚文達。著有《古穰集》五十卷。

> 皇明嘉靖己未
> 歸仁齋重刊行

地圖綜要三卷　史部地理類

明天都吳學儼敬勝、海陽朱紹本支百、錢塘朱國達咸受、漸江朱國幹大年同編輯。明刊本。每半葉十行，行二十七字。白口，單邊。首有臨川李茹春序，次凡例。分總卷、内卷、外卷三卷。是書《四庫》未收，黃氏《千頃堂書目》著録。

肇域志五十卷 史部地理類

國朝崑山顧炎武寧人撰。紫格鈔本。寧人初名絳，號亭林，明諸生，事蹟入《國史·儒林傳》。此書《四庫》未收，世無全帙。其中言疆域建制，殆與《方輿勝覽》相表裏。至于體國經野、理財治安之道，至纖至悉，詳其沿革，陳其利害，亦經世之寶書也。此本爲寶應成芙卿先生蓉鏡所鈔，原闕北直隸、四川、江西、廣西四省。芙卿爰依其式，攙以旁注，重訂爲五十卷，校字注于眉端，條理秩如。曾文正公擬以活字刊行而未果。此即芙卿重訂藁本也。首有亭林自序。又梁山舟、阮文達等諸名人跋數十則。

成氏手跋曰：顧氏原書二十册，據歙程易疇先生跋，已闕北直隸及四川、江西兩布政司。此册爲餘姚朱久香閣學所藏，即蔣寅昉評事所鈔之本，江寧汪梅村先生跋所言又闕廣西者也。湘鄉相國欲以活字板行之，爰依其式，凡上下方及旁注均攙入而略以意分爲卷，凡江南十一，浙江二，山東八，山西五，河南四，湖廣三，陝西十，雲南二，貴州一，廣東二，福建二，共五十卷。同治己巳秋八月，寶應成蓉鏡謹識。

玉峰志三卷續志一卷 史部地理類

宋陽羨凌萬頃、陳留邊實撰。《續志》，邊實撰。吳枚庵先生手鈔本。首有萬頃序。後有合沙玉淵謝公應跋。《續志》有邊實自序。首葉有枚庵手書云元本。每半葉十二行，每行自二十至二十三四字不等。卷首序文前全葉全失，後半葉亦多爛缺。有「古歡堂鈔書」白文、「吴翌鳳家藏文苑」白文長方印、「武原馬氏藏書」白文方印、「讀史精舍」白文方印。後有「道光壬辰歲武原馬氏漢唐齋收藏書籍」緑色木記。

吴氏手跋曰：右《玉峰志》三卷，宋凌萬頃、邊實撰。《續志》一卷，邊實撰。儲藏家無有著于録者，惟明方鵬《崑山人物志》、歸熙甫《三江圖序説》中曾一及之，真祕册也。嘉慶二十年乙亥，借黄復翁所藏舊鈔本録一部。往者白隄書友錢聽默多識古書源流并吴下舊家儲藏善本，嘗言東城顧氏有祝枝山手鈔志書一種。復翁此本正得于顧。余審其書渾厚寬展，無一懈筆，但覺古氣襲人，其爲京兆親筆無疑。卷中凡遇列宗及朝廷等字，俱空格書寫，知其出自宋本。惟行款高下不齊，字數多寡不一，蓋隨手書寫，非必盡同宋槧面目也。六月二十四日，七十四叟枚庵氏録畢書。

中卷之末有七言長句一首，但云單閼歲冬十月，而不著年號姓名，未審即出京兆否，當覓祝集考之。七月廿六日，裝訖又書。

錢氏跋曰：予先世自常熟雙鳳里徙家嘉定西鄉，逮予八傳矣。嘉定本崑山地，宋南渡始析爲縣，徵吾鄉掌故者，泝而上之，當求諸崑山，而宋、元志乘訪尋終不可得，意常恨之。今春聞袁又愷購得凌萬頃、邊實《玉峰志》及實《續志》，亟假歸讀之。《志》成于淳祐壬申，皆在析縣以後，不敘嘉定事。然遍覽近代藏書家目録，均未之及，乃知天壤間奇祕之物固自不乏，特未遇波斯，不免埋没于瓦礫耳。宋世士大夫宦成之後，往往不歸故鄉，而舉子亦多就寄居求解。此《志》所載人物如王綯、劉過、吴仁傑（召）、敖陶孫、張匯、趙監、樂備輩，皆寓公也。王葆傳稱崑山自孫載登第甲子一周而葆繼登第，邑人美之。今檢進士題名，則孫後王前尚有龔程、龔況、唐輝、黄偉、衛閬、張德本六人，殆皆由寄居登第而不由本縣申送者乎？凌萬頃，字叔度，景定三年進士。本陽羡人，其父爲顔氏壻，因家焉。邊實，本開封府人，樞密直學士肅七世孫，自高祖以下始居于此。《志》既爲其曾祖惇德立傳，而《續志》復爲自序一篇，追本得姓之始，遥遥華胄，敷衍千言，難免「汰哉叔氏」之譏矣。嘉定錢大昕。

嘉禾志三十二卷　史部地理類

元嘉興路經歷單慶、本路教授徐碩撰。舊鈔本。首有至元戊子孟夏里人郭晦序，又前進士納軒叟唐天麟序。凡四十三門，序次詳密，考證典核，足爲徵文考獻之助。末有仁和朱修伯先生學勤手書題記曰：「庚午春正，假常熟趙价人民部所藏元刊本，倩休寧黄茝軒用硃筆細校一過。」有「燕庭藏書」朱文方印、「結一廬藏書印」朱文方印。

金陵新志十五卷　史部地理類

元張鉉用鼎撰。元刊本。每半葉九行，行十八字。高七寸七分，廣五寸五分。白口，單邊。首有江南諸道行御史臺都事索元岱序、鈔録御史臺等處文移。蓋宋景定十志舊板已毁，而郡人戚光安更舊志，率意塗竄，故用鼎因舊志之已成，增本朝之新創。其書皆用《建康志》式，凡二十五卷，連子卷共三十一卷。是書流傳頗少，而完全者猶不數見，《四庫》所收亦有缺卷。此本雖缺，已補鈔成完璧。孫淵如觀察得不全本，跋爲難得之書，況此完善者乎？末録開有益齋朱述之跋。

洪武京城圖志一卷　史部地理類

影鈔本。首有洪武二十八年承直郎詹事府丞杜澤序，又承務郎右春坊右贊善王俊華記，又《皇都山川封域圖考》。末有承直郎南京户部主事王鴻儒識。凡宫闕、城門、山川、壇廟、寺觀、官署、倉庫、國學、橋梁、街市、樓館、厩牧、園囿十三門，首各有圖。此係由弘治刊本録下，《四庫》未收。《絳雲樓書目》載有此書，上元朱氏《開有益齋讀書志》載有明初印本。篇幅寬闊，字大悦目，與宋元佳本無異。丁氏《善本書室》著録者，亦弘治本也。

崑山郡志六卷　史部地理類

浦城楊譓纂。吴枚庵先生手鈔本。卷三以下爲他人書。首有至正四年會稽楊維禎序。前有黄蕘圃、錢辛楣跋，後有「道光壬辰歲武原馬氏漢唐齋收藏書籍」緑色木記、「結一廬藏書印」朱文方印。

黄氏跋曰：黄俞邰《補明史藝文志》「雜史類」云：「楊譓。《宋著[龜]録》[五]。本浦城人，明初徙家太倉，與秦玉、袁華爲友。」「地理類」云：「楊譓。《崑山州志》。明初修。」今讀鐵崖序亦及《著龜》，而云所著州乘，則與俞邰所云悉合矣。《著龜》不傳，獨傳《崑山州志》，亦幸矣哉。嘉慶丁丑孟秋，因書估以《雍大記》示余。余考《補志》，見有楊譓所著兩書名，遂記此于卷端，其卷數皆未詳也。宋廛一翁。

錢氏跋曰：崑山本縣也。元成宗元貞二年升縣爲州，故履詳此書有郡志之名。延祐中移州治于太倉，故志有新治、舊治之别。新治，今太倉州城，舊治則今縣也。至正中仍徙州舊治，則履詳已不見及矣。鐵崖序稱二十二卷，今按此止六卷，首尾完具，豈鐵崖所見乃别本耶？此書世罕傳本，嘉慶丁巳十月，假妙士孝廉所藏舊鈔本讀之，歎其簡而有要，因綴數言于末。竹汀叟錢大昕。

黄氏又跋曰：此楊譓《崑山郡志》六卷，予假自嘉定瞿木夫，命侍史鄒鳴皋影寫，而手校其筆誤處及舊所寫誤者。卷末有竹汀叟跋，即出傳録之手，其所跋爲陳妙士家舊鈔本也。妙士中嘉慶己未進士，歸班以知縣用，今在鴛湖掌教。所藏有此祕本，諒亦好古者。此志爲元人著。予家有《玉峰志》、《續志》，皆出于宋人。得此，則宋、元以來舊本，亦可考見崑山志乘之源流矣。壬戌九月，蕘翁黄丕烈識。

姑蘇志六十卷　史部地理類

明王鏊濟之撰。明正德刊本。每半葉十行，行二十字。白口，單邊。首列目録、府境圖、修志諸人名氏。有正德元年杜啟序、濟之自序。

金陵古今圖考一卷　史部地理類

明陳沂魯南撰。影鈔本。首有正德丙子自序。紀金陵建置，自列國以迄明代凡爲圖十有五。又作「互見圖」，以辨城郭規制隨世之異。每圖並附以説。魯南，鄞人，正德丁丑進士，官至太僕寺卿，《明史·文苑》附李夢陽傳。

朝邑縣志二卷　史部地理類

明五泉韓邦靖汝慶撰。明刊本。每半葉九行，行二十二字。白口，單邊。首有正德己卯自序、滸西山人康海序，末有高陵吕相序、山西陵川王道跋。邦靖，朝邑人，邦奇之弟。正德戊辰進士，官至山西左參議。

揚州圖經十三卷　史部地理類

紅格藁本。是書係阮文達公、伊墨卿太守禮聘江鄭堂藩、趙味辛懷玉、焦里堂循、袁壽階廷檮、臧在東庸、汪孟慈喜孫諸先生同纂。凡《事志》六卷、《藝文》三卷、《祠祀》二卷、《古蹟》二卷，爲未刻之藁本。中有文達公手校增數條。考據博洽，校訂精審，先輩遺澤，可珍也。有「文選樓」朱文長印、「阮元印」朱文方印，「喜孫祕玩」白文、「孟慈父」朱白文兩方印，「式古訓齋藏書」白文、「吳丙湘校勘經籍印」朱文兩方印。

汪氏手跋曰：嘉慶丙寅，阮撫部元、伊太守秉綬，禮致江先生藩、趙司馬懷玉、焦君循、袁君廷檮、臧君庸及喜孫同纂是書。甘泉汪喜孫題記。

水經四十卷 史部地理類

題「漢桑欽撰，後魏酈道元注」。明嘉靖刊本。每半葉十二行，行二十字。白口，單邊。首有嘉靖甲午吳郡黄省曾刻書序。

淮南水利考二卷 史部地理類

不著撰人姓氏。傳鈔明本。首有序殘缺，存其半。各家書目均不載，丁氏《八千卷樓》著録與此同，蓋明人書也。

下河水利集説一册 史部地理類

國朝劉台斗建臨編。紅格藁本。建臨，江蘇寶應人，嘉慶己未進士，官至同知。端臨先生之兄。

修攘通考四卷 史部地理考類

明何鏜振卿編。明刊鈔補本。以僞宋蘇軾《歷代地理指掌圖》與明桂蕚《大明一統輿圖》、明許論《九邊圖》三書合而刊之，名曰《修攘通考》，更無一字之論著。《提要》云：「恐鏜之陋未必至是，或坊賈所託歟？」《指掌圖》有許逸手跋一則。

許氏手跋曰：語云「天文地理，學者所宜究心」。余以爲天文非有指授，必不可曉。至于方隅界限，則按圖可考。學人苟能留心是書，朝夕觀覽，即九洲之大，何難指其掌而得之？若必沾沾焉以誦讀爲博，是書癡之譏所難免矣。雍正九年六月有六日，虞山東埜許逸識。

茅山志十五卷　史部地理類

題「上清嗣宗師劉大彬造」。元刊本。每半葉十三行，行二十三字。高七寸，廣五寸一分。黑口，單邊。前有泰定甲子集賢大學士光禄大夫西秦趙世延序、泰定丁卯特進上卿玄教大宗師吴全節序、天曆元年大彬自序。後有延祐泰年前翰林學士承旨榮禄大夫知制誥兼修國史趙孟頫序。序後有「金華道士錢唐西湖隱真菴開山何道堅施梓」一行。是書凡《副誥墨》、《三神紀》、《括神區》、《稽古蹟》、《道山册》、《上清品》、《仙曹署》、《采真游》、《樓觀部》、《靈植檢》、《録金石》、《金薤編》十二篇，小題俱與大題相連。明永樂間有姚少師刻本，胡氏儼序謂原本爲句曲外史張雨所書。又明道士張全恩刻本有舊序稱，此志編于劉大彬，傳于趙孟頫，贊于虞集，書于張伯雨，世稱四絶，即此本也。洪頤煊曰《金薤編》後有續刻三葉，又明淮南冀綺詩皆後人所附。此本亦有之。然刻工、寫手迥然不同，不待辨而知之也。《金石篇》内《舊館壇碑》、《李玄靜碑》有何義門朱筆校字，并有題語。有「晚聞道人」朱文、「檖」朱文、「嘉生」白文、「某叟」白文、「林汲山房藏書」諸方印。

何氏手跋曰：康熙丙戌，得嘉靖中錢尚仁所藏宋搨本于潘稼堂前輩，校補。序中妄删菩提句，則所謂「壇塔之間」者，讀之不可曉矣。焯記。此跋在《舊館壇碑》後，以宋拓《館壇碑》校。

又曰：此文亦以石本校正十字。此記在《李玄靜碑》後。

虎丘山志二册　史部地理類

郡人王賓撰，鄉貢進士邑後學茹昂重輯，（致）［知］安仁縣事邑人謝縉書，知長洲縣事孝感劉輝入梓。長洲吴枚庵先生翌鳳手鈔本。首有成化丙午郡人徐源序、王賓自序。末有劉輝後序。是書不分卷，分二十一門，曰山，曰泉石，曰寺，曰殿閣亭臺，曰冢墓，曰廟，曰名公祠，曰庵院，曰溪塘，曰土産，曰異僧，曰名僧，曰異人，曰名人，曰名賢，曰異蹟，曰異聞，曰雜志，曰文詞，曰書翰，曰繪塑。原本爲成化刊本，首有「虞山錢曾遵王述古堂藏書」一行，後歸士禮居。枚庵借而録之，誠祕册也。有「古歡堂鈔書」白文方印，「徐康」白文、「太平草木」朱文兩方印。

吴氏手跋曰：余舊藏文肇祉《虎丘山志》四卷，已佚。此王賓元本茹昂重修者，係《山志》祖本。成化刊板，字法圓美，不讓宋槧。流傳絶少，士禮居主人向以二十金購之白隄錢聽默。嘉慶乙亥秋七月假歸展玩，恐傷元紙，不敢映摹，但遵其行款，用别格謄寫云。七十四叟勾吴枚庵氏并識。

又跋曰：茹昂此志本于王高士賓，是爲祖本。士禮居黄氏藏有明初刊本，字迹渾厚，紙墨古雅，不異宋槧，蓋以兼金一鎰購于白隄錢聽默者。予借以傳鈔，既逾半，目力昏眊，不能復作，屬黄氏之戚丁生足成之。前此甲戌秋，嘗借録王仲光所輯《虎丘詩集》，計四十九番，係天籟閣項氏藏本，朱竹垞跋之，見《曝書亭集》中，顧闕其卷首。今閱此志，前後增多詩五十六番，知竹垞當日亦未見是書，則吴越藏書家無二本可知矣。集中詩不盡佳，并有絶可笑者。虎丘築城吴中，地志略不之及，非得是書何以知之邪？其有補于掌故非淺也。嘉慶二十三年六月廿九日，枚庵鈍叟吴翌鳳書于古歡堂，時年七十有七。

武夷山志二卷 史部地理類

武夷山人徐表然德望甫纂集，邑人孫世昌登甫剛梓。明刊本。每半葉九行，行二十字。白口，單邊。首有武林柴世珽序，又陳鳴華序，又朱文公舊序。

石湖志略文略二卷 史部地理類古蹟之屬

明盧襄師陳編。明刊本。每半葉八行，行十六字。白口，單邊。師陳，吴人，官至職方司郎中。《志略》前有江陰張水南、平湖屠應埈二序，末有崑山周鳳鳴跋。共分十篇，一本志，二流衍，三諸山，四古蹟，五靈稟，六物産，七靈栖，八梵宇，九書院，十游覽，每篇之後綴一小跋。《文略》起隋嚴德盛，迄明釋妙聲止。此書傳本甚稀，《四庫》未收。黄蕘圃曾見二本，一全者在常熟，一配全者即此本也。《文略》印本較舊，且有盧氏鈐記，蓋猶當時初本，亦足寶貴。有「盧印吴謙」白文方印、「奠尚」朱文圓印、「越溪盧氏圖書」朱文方印、「芝秀堂」朱白文方印，「張印紹仁」白文、「學安」朱文兩方印，「訒庵珍藏」朱文方印、「蘇臺逸史」白文方印、「訒庵寓目」朱文方印，「黄印丕烈」、「復翁」、「士禮居藏」白文三方印，「顧開增字康侯號聽安一號子康藏書之印」朱文長印。

黄氏手跋曰：余占籍古吴邑，石湖在邑境中，童子時釣游地也。初不知其有志，近書友攜一《石湖志》來，裝一册，分二種，《志略》、《文略》各一是也。同人詫爲希有，未及買成，即轉相傳録。枚庵首先鈔之，余亦影鈔一副本。後坊友聞之，又攜一《文略》來，雖朱墨亂塗，印本較舊，且鈐有盧氏圖記，蓋猶當時初本也。余友訒庵張君見之，屬爲代購，而鈔《志略》以補之。此又一本也。後書友應常熟人之求，遂從余索還前帙，而别以《志略》一册歸余。余遂乞諸訒庵，以《文略》補之，復成合璧。自是所見兩刻本，一全者，在常熟；一配全者，在余家。三鈔本，一枚庵，一訒庵，一余也。己卯中伏日裝成并記，民山山民丕烈。

又曰：吴中藏書家余所及見而得友之者，首推香嚴周氏，其顧氏抱沖、袁氏綬階皆與余同時。彼此收書，互相評騭，倘有不全之本，兩家可以合成，必爲允易。周、顧、袁三君皆如是也，故一時頗稱盛事。今抱沖殁已二十餘年，綬階殁已數年，香嚴殁亦百日外矣，感何如之！猶幸近年復友張君訒庵，雖宋、元版刻(本)[不]甚儲蓄，而名校、舊刊時一收之。又肯踵互相評騭、允易之事，故知交中最爲莫逆焉。此《石湖文略》顛末已詳前跋，兹不悉著。己卯中伏，復翁。

文村居士手跋曰：明盧師陳職方，其名襄。撰《石湖志略》、《文略》兩卷，簡而有法，尚無浮冗之習。顧姜堯章《除夜自石湖歸苕溪》詩有十首，而《文略》僅存其三，豈以餘盡無關石湖而置之歟？又危太樸《游寶積寺》詩，臚其目于《游覽篇》中，而《文略》顧遺之，則蒐輯容有未備也。此書傳本甚稀，黄復翁云一本在常熟，今又不知何往，而復翁配全之書乃爲升蘭李君所得。然則常熟之宜有是書，其亦有數存乎其間耶？略讀一過，漫書數語以歸之。文村居士識。

按：文村居士姓王氏，名振聲，字寶之，常熟人。瞿子雍《鐵琴銅劍樓書目》，文村實與讐校之役。

北湖小志六卷　史部地理類

國朝焦循里堂撰。藁本。里堂因北湖自明嘉靖以來，奇士偉人相繼而起，深惜載筆之無人，致先正遺編消亡八九，因采輯軼事舊聞，徵諸文獻，凡敘六、記十、傳二十一、書事八、家述二，共四十有七篇，次爲六卷，圖序俱全。爲先生手訂藁本，洵足重也。有「今之揚州人」白文方印，「半九書塾」白文方印，「真州汪氏研山所讀」、「儀徵汪氏珍藏」白文兩方印。

汪氏手跋曰：「里堂先生子廷琥撰先生《事略》云：『北湖自嘉靖以來，偉人奇士相繼而起，惜載筆無人，遂難徵考。歲丁卯，府君理輯舊聞，搜訪遺籍，雖蟲嚙鼠傷，片紙隻字，必檢閱而采擇之。成《北湖小志》六卷，凡敘六、記十、傳二十一、書［事］八、家述二，共四十有七篇。舅父阮公芸臺謂此書數卷足覘史才，遂序而書刻。』此草訂一本，圖序並原六卷全，尚是先生手藁，彌足重矣。光緒八年冬重裝并記，儀徵汪鋆。」

揚州賦一卷　史部地理古蹟類

宋將仕郎守大理寺丞知揚州江都縣事王觀撰。傳鈔明本。首有張槩述觀本傳、嘉靖乙巳儀真張槩序。觀，字通叟，如皋人，嘉祐二年進士，事蹟具本傳。

續揚州賦一卷　史部地理類

宋揚州學正江都陳洪範撰。傳鈔明本。首有張榘述洪範本傳。

雍録十卷　史部地理類

宋新安程大昌著，明新安吴琯校。明刊本。每半葉十行，行二十字。白口，單邊。即吴氏《古今逸史》本也。

歷代山陵考二卷　史部地理類

明王在晉明初編。舊鈔本。按：明初，濬縣籍太倉人，萬曆壬辰進士，官至太子太保、南京兵部尚書，著書甚衆。此書鈔本甚舊，《四庫》未收。

金陵梵刹志五十三卷　史部地理類

南京禮部祠祭司郎中錢唐葛寅亮編輯。明萬曆刊本。每半葉十行，行二十二字。白口，單邊。首有南京禮部祠祭清吏司主事建德鄭三俊序，又凡例、目録。寅亮，字屺瞻，萬曆庚子解元，辛丑進士。此志以靈谷、天界、報恩三大寺統次，大寺五，中寺三十二，小寺百二十，其最小不入志者百餘。冠以御製、欽録之集，末附南藏目録及各寺租額、公費、僧規、公産諸條例。目録後有「萬曆三十五年正月日發南京僧録司刊」一行，後附印書紙價四行。有「裕經堂」朱文長方印。

金陵玄觀志十三卷　史部地理類

不著撰人姓氏。傳鈔明本。前後無序跋。如《梵剎志》例，以大觀統攝小觀，惟租額、公費、道規則繫于各觀之下。古蹟、詩文附焉。

皇明寺觀志一卷　史部地理類

傳鈔明本。是志係《明一統志》「寺觀」一門録出者，明人刊而單行之。《千頃堂書目》載《皇明寺觀志》，亦無撰人。

帝陵圖說三卷　史部地理類

國朝南豐梁份質人撰。傳鈔本。首卷爲《鍾山全圖說》、《孝陵圖說》，有目無書。卷二爲《天壽山諸陵圖說》，卷三爲《金山圖說》、《景皇帝陵圖說》，附《十三陵》上、下兩記。質人學于寧郡魏禧，著有《秦邊紀略》、《懷葛堂文集》。

岳陽風土記一卷　史部地理類

宋宣德郎岳州在城酒税務范致明撰，明進士岳州府通判錢唐許嶽重梓。明藍格鈔本。首有吳郡徐學謨序。後有嘉靖甲辰嘉禾陸琊跋。鈔字古雅，爲明鈔無疑。有「棟亭曹氏藏書」朱文長方印、「長白敷槎氏堇齋昌齡圖書印」朱文方印。

黄山游紀一册 史部地理類

國朝虞山錢謙益蒙叟撰。傳鈔本。首有自序。後有同治二年管廷芬跋。

管氏跋曰：游山須招高人韻士、羽客緇流，方得窮岩壑之勝。士大夫烏能窮幽縋險，以臨不測之區哉，惟遥睇煙霞，施之文藻而已。雖謂之游在濟勝，則終無具也。虞山蒙叟與松圓詩老爲莫逆交，想當因錢千秋之獄罷閒家居，往訪松圓，并爲此記。尚能笠杖親攜，領略黄海游迹，實異于達官貴人之誇曠覽矣。殆後出仕新朝，并婎柳伎渭城之唱，亦匆匆不暇也。時聞大兵剿賊富春失利，退守臨安，爲之悵然。同治二年癸亥二月二十七日，庭芬。

唐六典三十卷 史部職官類

唐玄宗明皇帝御撰，李林甫奉敕注。影鈔明嘉靖本，迴出埽葉山房刻本之上。首有正德乙亥户部尚書王鏊序。楮墨有古色，甚足悦目。

作邑自箴十卷 史部職官類

宋李元弼持國撰。影宋鈔本。每半葉十一行，行十九字。每葉口上有刻工姓名。《四庫》未收。有「虞山張蓉鏡庚申重□後考藏」朱文方印。

牌子：

淳熙己未中元
浙西提刑司刊

五代會要三十卷 史部政書類

推忠協謀佐理功臣光禄大夫守司空兼門下侍郎同中書門下平章事修國史上柱國太原郡開國公食邑一千户食實封四百户臣王溥纂，前將仕郎試祕書省校書郎守秦州天水縣令臣宋璋校勘。舊鈔本。首有目録。

漢制考四卷 史部政書類

浚儀王應麟伯厚撰。元刊本。每半葉十行，行二十字。高七寸，廣四寸四分。白口，單邊。口上有字數，下有刻工姓名。首有深寧居士自序。《玉海》附刻本也。

增入諸儒杜氏通典詳節四十二卷 史部政書類通制

不題撰人姓氏。元刊本。每半葉十四行，行二十三字。黑口，單邊。首有唐李翰序《新纂圖譜》一卷，佑自序。每門後附録宋儒議論之文，所列諸儒姓氏自歐陽文忠公至水心葉氏，凡二十一人。目録一卷，後有「至元丙戌重新繡梓」一行。是書無撰人姓氏，惟諸儒姓氏下俱注有「文集見行」，當是南宋人所輯科舉之書也。

禮儀定式一卷 史部政書類

明李原名等奉敕撰。明嘉靖刊本。每半葉九行，行十六字。黑口，雙邊。首有李原名序，又董倫序，又劉三善後序。序後有「成化二十年秋九月吉旦開封府陳州知州盱眙朱祥校正重刊」二行。末有「嘉靖乙巳徽藩芸窗道人重刊」牌子。《詩話總龜》亦芸窗道人刊，明宗室也。

牌子：嘉靖乙巳歲仲春月 徽藩芸窗道人重刊

大明一統官制十六卷 史部政書類

明刊本。每半葉十三行，行三十二字。白口，單邊。首有目録、輿圖，嘉靖辛丑户部右侍郎葉相序，禮部尚書張璧序。《千頃堂書目》有《官制大全》十六卷，即此書也。

應天府鄉試録四册 史部政書類

明弘治十四年刊本。每半葉九行，行十八字。大黑口，雙邊。首有奉直大夫右春坊右諭德王華序，後有翰林院侍講劉忠後序。首載各經題目，後載前十名應試之文。是科第一名上海陸深，即儼山先生也。吾邑縣學生崔雲中一百一十一名。

新刊真楷大字全號搢紳便覽三册 史部政書類

明萬曆十二年刊本。首册藍印，每半葉十行。二、三册墨印，每半葉十六行。首題「新刊南北直隸十三省府州縣正佐首領全號宦林備覽」，每册後有「北京宣武門裏鐵匠衚衕葉鋪刊行麒麟爲記」一行。字體清晰，紙張闊大，與今之《搢紳》迥不相同。是書在當時斷無人珍惜，而數百年後轉成希世珍，亦奇遇也。此書本阮文達公孔夫人奩中物，《瀛洲筆談》記之。有「揚州阮氏」朱文、「瑯嬛仙館」朱文兩方印，

「文選樓」朱文長印，「孔子七十三代長孫女」朱文、「闕里」朱文兩方印。

繆氏手跋曰：丙辰十二月十九日，消寒弟三集同人集余雲自在堪，兼祝蘇文忠公生日。余懸公象，以宋刻《東坡後集》、新刊明弘治《七集》、徑山石屋洞題名陳列左右。積餘攜明萬曆十二年春季《搢紳》三册見眎，是阮文達公孔夫人之物，《瀛洲筆談》、《冬青館集》詳考之。時劉君翰怡重刻《京師坊巷志》，原仿《東西京城坊巷考》爲之。此書刊于西城鐵匠衚衕葉鋪，亟亟補入，與崇禎癸未《登科録》在正陽門裏東城牆下張家、順治十七年《搢紳》在西河沿洪家一例。自中葉迄今，此等刻字書鋪均在琉璃廠矣。

又曰：迺時萬曆十二年，遼東二州屬之山東，舊例也。開原設安樂州，遼陽設自在州，均以處邊外之人。迨我朝舉兵西向，安樂不安樂，自在不自在，此猶太平之制也。江陰繆荃孫。

曹氏手跋曰：此書首册每半葉十行，題「新刊真楷大字全號搢紳便覽」，爲内閣、詹事府、翰林院、六部以至五城兵馬司，用藍印者，皆京官也。二、三册每半葉十六行，題「新刊南北直隸十三省府州縣正佐首領全號宦林便覽」，爲各省布按經歷、照磨、府州縣官，用墨印者，皆外官也。《瀛（舟）［洲］筆談》略言之矣。顧順天府尹、府丞、治中、通判、推官、經歷、知事、照磨、檢校以及大興、宛平知縣、縣丞、主簿、典史，則《搢紳》、《宦林》兩册悉同，豈以京尹、京縣介于京官、外官之間，義取互見乎？若京官尚有南京諸官，外官尚有十三省布政按察各道參議、副使、僉事、太僕、苑馬、都轉等官，當是别在一册，此適亡佚。《冬青館集》有此書《書後》，以爲未全册，是也。又《書後》、《筆談》均定此書爲萬曆十二年春季官册，校以《明史》七卿年表，兵部尚書張學顔以十二年二月加太子少保，而册止稱兵部尚書者，十二年春季官册必在十一年冬印成，學顔于十二年二月所晉之階自不及載。惟萬曆九年裁革，至十一年復設之官，當得悉載無遺，故王廷瞻爲户部總督倉場左侍郎，辛應乾爲兵部協理京營戎政左侍郎，毛綱爲提督軍務撫治鄖陽左副都御史，册皆與《職官志》密合。而又知其必非十一年冬季官册者，以册中癸未科庶吉士之稱非所施于本年，則其爲十二年春季官册明矣。此書本阮文達公夫人奩中物，故《筆談》云「吾搜孔夫人闕里舊書」，而《書後》亦云「今藏瑯嬛仙館」，今《搢紳》册有「揚州阮氏」、「瑯嬛仙館」諸印，《宦林》册有「孔子七十三代長孫女」、「闕里」諸印可證。丙辰涂月十三夕，爲積餘觀察兄識此。時嚴寒凛冽，窓外郭索作蟹爪聲，海上猶頭番雪也。元忠。

李氏題詩：廣招重友舊藏書，新市平林過眼虛。不與萇林同化碧，故應值得百車渠。此書本君舊藏，經端忠愍假去，今復以餅金六十輾轉購歸，可謂好古雅談。　春官桃李一時春，三百餘年跡已陳。若問先公門下士，蛟門猶是二流人。書中沈一貫、王家屏、于慎行、陳于陛皆先文定隆慶戊辰典試春闈所得士，先後入相。東阿、山陰、南充咸著正聲，惟蛟門微玷耳。一貫字蛟門，僅見于此。　堂堂坊局氣初回，踣後神羊倦眼開。臘肉板扉千古事，翰林真足傲南臺。時右中允兼編修爲吴中行，右贊善兼檢討爲趙用賢，兩先生當由江陵没後起用，並轉坊局。今觀其姓名，猶令人太息。　輦下懲姦宰相兒，治中不受大璫欺。欲回梅里長蘆叟，述祖同當宣統時。《宦林便覽》載順天府治中李茂德，興化人，官生。案先訥齋公爲文定公中子，官治中時，曾治一富人獄，首發其姦，有大璫爲之關説不行。朱文恪國祚時官修撰，去登第僅一年。竹垞老人善述祖德，若見此書，必有詩文著《曝書亭集》中矣。　積餘觀察以舊藏《明萬曆十二年縉紳宦林便覽》屬題，謹獻右詩。時丙辰十二月六日，興化李詳。

鮑氏題詩：《徐使君得明真楷大字本〈縉紳便覽〉索詩》第一册記京朝各官，曰《縉紳》。二、三册各行省流官，曰《宦林》。　縉紳便覽傳自明，徐侯得之索我吟。京朝縉紳重首善，流官官外曰宦林。雕槧歲月莫可測，請以史文證脚色。端揆第一申時行，次余有丁次許國。粤稽三相同枋權，時維神宗萬曆年。余壬午相甲申卒，此册定爲癸未編。千佛名經職官志，蕭艾椒蘭共一器。陟歷氏貫與體裁，異同瑣屑無足異。瑣屑不足異，大事自可記。貞符蕩蕩祚聖清，實于是歲基龍興。誓師布告七大(垠)[恨]，專征直下圖倫城。　陰陽消長日一瞬，閱六十年開景運。風虎雲龍會正長，螢火黿聲去必迅。其人已去書獨存，剥復微意歸乾坤。揚州阮氏曲阜孔，百年授受唯善人。今侯寶書藏，去聲。願侯毋多讓。記取温公諫院題名心，領袖人倫崇令望。　光緒三十四年太歲在戊申秋九月，泉唐鮑毓東謹題。

又曰：是書較今世坊行本體例既別，版亦較大。至官制、行省，今昔殊度，自有專書可考。唯史稱申時行字汝默，長洲人。《便覽》稱字瑶泉，吴縣人。余有丁史稱字丙仲，《覽》稱字同麓。許國史稱字維禎，《便覽》稱字潁陽。豈皆别一字耶？而申之異縣，抑又何説？客笥無他籍印證，姑從蓋闕。總之，書有孔、阮兩家圖記纍纍，故是驚人祕笈，世無第二本也。承令次日再記，毓東。

七録一册　史部目録類

梁阮孝緒撰。亡友吴次瀟先生丙湘手鈔本。首有自序。是書久佚，序及總目見《廣弘明集》，而以《隋志》梁有者注于下。分合去取，不甚碻也。

郡齋讀書志四卷後志二卷附志二卷考異一卷　史部目録類

宋晁公武子止撰。海寧陳氏刊本。子止，號昭德先生，鉅野人，官至敷文閣直學士，臨安少尹。《前志》四卷，爲子止原編。《後志》二卷，亦子止所撰，趙希弁所重編。《附志》二卷，則希弁所續編也。首有自序。希弁，袁州人，宋宗室子，江西漕貢進士，祕書省校勘。始，子止得南陽井憲孟之書，躬自校讎，疏其大略。時方守榮州，故名《郡齋讀書志》。後書散志存。淳祐間，鄱陽黎安朝守袁州，令希弁即其家所藏書目删校，益以《附志》而刻之，是爲袁州本也，即此本也。外尚有二十卷本，乃子止門人姚應績所編，南充游鈞守衢州時所刊，即世所謂衢州本也。是書爲周星詒季貺手校本，手書提要于卷首。

周氏手跋曰：詒少無他嗜，惟書是好。年十二三歲，即有志于目録之學，嘗手録各史經籍志、簿録一類爲小册，出入恒以自隨，欲遍購求，以考古今書籍存佚。每見諸家公私目録，輒不惜重價買得。或不可購，輒輾轉訪借，付之寫官，必得後已，數十年所得不下二千餘部。辛酉越中之變，所藏悉爲劫灰。無論其他，如張氏金吾《藏書志》者，向極易得，今求之十年，卒艱一覯，甚可歎恨也！此書與李氏富孫所刊衢本舊皆有之，嘗手校異同，列之書顔，今俱佚失，無從問矣。此爲己巳年正月在福州南後街購之書攤者，即余丙午在玄妙觀所得海寧陳氏刻也。有手鈔提要在卷首，故而識之。不知何時失去，又不知何時流轉入閩。重爲少時瀏覽所及，因以白金五星得之。赴官汀州，攜之行篋，冬夜無事，燈下翻閱一過，爲誌之如右。憶舊事二十四年矣，頭白將半，汗青無成，重見此編，能無背冷？星詒。

又曰：姚應績編衢本二十卷，爲嘉興李氏刻本。顧澗薲先生集中有跋云：「李氏手校，汪氏刻之，爲正其錯簡，著之跋中。」是一是二，疑不能明也。近新城楊卧雲舍人得一舊寫本，爲黄氏[士]禮居舊藏，有復翁手跋，以即李氏所據。然紙墨甚舊，似又非顧先生所云鈔之瞿氏以授復翁者也。

又曰：己巳十一月十一日，始以馬氏《通考·經籍志》所録本書，參以《直齋書録》校勘于汀州丞署之清福齋，凡□日而竟。周星詒記。

又曰：《郡齋讀書志》有衢本、袁本之别，《通考》所引衢本也，故與此往往不合。鈔本僅傳，乾隆間極爲罕見，顧澗薲先生得舊鈔本，始轉録流布。嘉興李富孫校勘以授山塘汪氏梓行，世乃盛傳。

瞿木夫嘗爲《考異》，極著其本之善，見澗翁集中，訪求未得。今冬校勘《通考》，以此佐證其中脱舛，及道家《大洞經》識語云：「次《度人經》。」而目不載。此類往往都有，其不如衢本，意想可得。惟趙氏此志多爲晁氏未有而《通考》亦未及，且間爲陳氏所未著録。南宋簡編，藉以考見，亦目録家所不可廢，正未當得彼置此也。

重編紅雨樓題跋二卷　史部目録類

明徐𤊹撰，江陰繆荃孫輯。傳鈔本。後有林佶、鄭杰二跋，又光緒丁未繆藝風跋。𤊹，字興公，閩縣人也。

絳雲樓書目一册　史部目録類

國朝錢謙益受之編。舊鈔本。受之，號牧齋，又號蒙叟，虞山人。藏書最富。有陳景雲批注本，此篇似其初藁。

曝書亭藏書集目偶存一卷　史部目録類

國朝秀水朱彝尊錫鬯編。傳鈔本。此目分漢魏六朝集、唐人集、宋人集、金人集、元人集，爲目凡五。

文宗閣四庫裝函書目一册　史部目録類

傳鈔本。

振綺堂書目六册　史部目録類

國朝仁和朱文藻暎漘輯。傳鈔本。振綺堂爲錢唐汪魚亭比部憲藏書之所，暎漘爲輯書目，摭其要旨，載明何[人]撰述，何時刊本，何人鈔、藏、校、讀、評、跋，手編十册。此編乃殘帙，經部全佚，史部存其半，子、集二部完全不缺。

鑒止水齋書目一卷　史部目録類

國朝德清許宗彦積卿撰。傳鈔本。後附莫子偲友芝書慕園遯叟汪士驤跋。是書鈔自余外舅許從如先生善登處。積卿，號周生，嘉慶己未進士，官兵部主事，著《鑒止水齋詩文集》，從如外舅之祖也。

映雪樓藏書目考十卷　史部目録類

國朝秀水莊仲方芝階撰。傳鈔本。首有道光戊子桂林吕璜序、宜興吳德旋序、陽湖吳敬承序。末有自跋。所藏凡五萬卷，訂爲十卷，注爲三編。内編有醇無疵，外編醇疵參半，僞書淺陋，不足觀者别爲附編。仲方，嘉興庚午舉人，官中書科中書。著述宏富，有《南宋文範》、《金文雅》、《碧血録》、《映雪齋文鈔》、《古文練要》等書，博學好古之士也。

集古録跋尾十卷　史部目録類

宋歐陽修永叔撰。明刊本。每半葉十行，行二十字。白口，單邊。前後無序跋，乃文忠公全集中所抽出者。首行大題下題「歐陽文忠公文集」，板心作歐文卷一百三十四至四十三，凡十卷。是書明刊有單行本，又有影元本，皆與此仿佛。京師圖書館有宋刊宋印本，精善絶倫，亦全集中所抽出也。

金石録三十卷 史部目録類金石

宋趙明誠德父撰。舊鈔本。德父，密州諸城人，趙挺之之子，歴官知湖州軍州事。首有自序。是書宋本止存十卷，今在潘文勤家。國朝刻本均出於𦍩竹堂。向以雅雨堂刻爲最精，近朱子涵得汲古閣本付刻，精于盧氏矣。順治庚寅謝世箕本出於澹生堂鈔本，此本紙墨皆古，惟李易安後序已失去，蓋國初鈔本也。有「徐經和印」白文、「豫九」朱文兩方印，「歙鮑氏知不足齋藏書」朱文方印，「悳夫」白文、「子有藏淼」朱文兩小方印。

籕史一卷 史部目録類

宋黄鶴山人瞿耆年伯壽述。懷寧方氏鈔本。首有小東分書題簽，守山閣曾刻之。

方氏手跋曰：同治元年夏四月，借宫子行大令所得濟南藉書園藏本鈔于僊蝶嘉蓮之館。懷寧方朔小東記。

隷釋二十七卷 史部目録類

宋鄱陽洪适景伯撰。明萬曆刊本。每半葉九行，行二十字。白口，雙邊。首有乾道三年自序，又萬曆十六年戊子秋八月後學夏邑王雲鷺翀霨刻序。（是書自汪氏影宋本出，此刻久不爲士林所重。然古氣盎然，亦有佳處，未可一概抹摋。）〔六〕後有牌子。

牌子：萬曆戊子余爲廣陵守偶得隸識一集于真州僧舍乃寫册也或曰此元人手鈔亡其姓氏余素未覩此集詢之博雅者皆云坊肆間並未刊布余因命工依宋板字梓之以與好古者共（空字元本殘缺）〔七〕

輿地碑記目六卷　史部目録類

宋王象之撰。舊鈔本。陳先生壽祺手校。此從《輿地紀勝》中録出單行，相傳已久。以碑刻、地志之目分郡編次，而注其年月、姓氏大略於下。起臨安，迄龍州，共六卷。《四庫書目》作四卷，瞿氏《書目》亦作四卷，蓋改編也。有「吴潘祖蔭審定金石書籍印記」朱文方印、「墨妙亭」朱文長方印、「蓬萊閣」白文長方印，「伯寅」、「鄭庵所藏」朱文兩方印，「白鳳碧犀之室」朱文方印。

陳氏記曰：同治癸亥秋孟，陳壽祺以上元車秋舲持謙所刻本謹校一過。

寶刻類編八卷　史部目録類

不著撰人名氏。舊鈔本。首載《提要》。是書《宋史·藝文志》、馬氏《經籍考》俱未載，從《永樂大典》中録出。考其次第，始周、秦，迄五季，並記及宣和、靖康年號，蓋宋人所撰也。中有以瑞州標目者，瑞州初名筠州，宋理宗寶曆初所改，按此，著者當爲宋末人，是在陳思、王象之之後矣。此書鈔自知不足齋鮑以文校李南澗本，嚴修能、趙晉齋、盧抱經校記。嘉興沈匏廬藏書，有「十經齋」朱文長方印。

石鼓文音釋三卷附録一卷 史部目録類

明嘉靖刊本。首有正德辛巳楊慎升庵序，吳郡徐縉後序，嘉靖戊寅莆田洪珠序，永昌軍民府知府嚴時泰序。書凡篆文一卷、音釋一卷、今文一卷，附録韋應物、韓退之、蘇子瞻歌三首，唐愚士古詩一首，李文正公東陽歌一首。

金薤琳琅二十卷 史部目録類

明都穆元敬撰。舊鈔本。元敬，吳縣人，弘治己未進士，官至太僕寺少卿，著有《南濠集》。有「御賜玉箴堂」朱文長方印，「陳印崇禮」白文、「敦厚」朱文兩方印。

元牘記一卷 史部目録類

明盛時泰仲交撰。舊鈔本。首有嘉靖丙辰自序。仲交，上元人，貢生。是書又名《蒼潤軒題跋》。按仲交以畫名，善倣倪迂、文衡山，取沈石田題倪畫「筆縱要是存蒼潤」之句以名之。有「孫印文川」白文方印、「金陵孫氏」朱文長印。

孫氏手跋曰：光緒辛巳季秋，尚仰山大兄于友人處借得此書鈔本以示余。余以大城山樵著作傳世甚少，因囑吳君鶴儔照鈔藏之，凡二万二千字。惜原本已有誤字，暇當再校也。耐冷居士記。

寒山堂金石林時地考三卷 史部目録類

明趙均靈均撰。傳鈔本。首有萬曆己未自序。是書分上、下二卷，又卷首載《石經》。仿陳思《寶刻叢編》之例編次，郡省分别時代，較陳思所載多可依據。靈均，號墨丘子，吳縣人，寒山趙凡夫宧光之子也。

石墨鐫華八卷 史部目録類

明盩厔趙崡子函撰。明刊本。每半葉八行，行十八字。白口，單邊。有萬曆戊午子函自序，又康萬民序，又陳組綬序。子函，盩厔人，萬曆乙酉舉人。

古鳳氏跋曰：此傲山樓原刻也，繭紙甚佳，惜非初印本，字跡漶漫矣。然亦不可多得。道光壬辰，購于席氏埽葉山房書肆，喜出望外。鮑以文《知不足齋叢書》中有重刊本，失去陳組綬序。古鳳記。

金陵古金石考一卷 史部目録類

明江寧顧起元泰初輯。舊鈔本。首有萬曆庚申自序。又引用書目末有樂巢居士跋，又有過録跋一則，題名「儒字」，不知誰氏。

天下金石志一册 史部目録類

明于奕正司直編。傳鈔本。首有崇禎壬申自序，古農楊補跋，亭州社(第)[弟]劉侗略述，社(第)

[弟]金鉉序。司直初名繼魯，宛平人，諸生，著有《樸草》一卷。

求古録一卷 史部目録類

國朝顧炎武寧人撰。傳鈔本。首有自序。寧人周游天下，搜采金石之文，得五十五種，均前人所罕見者。志其地理，考其建立之由，官職年月，多可與正史相參也。是編爲亡友凌子與手校本。

嵩陽石刻集記二卷 史部目録類

楚黄葉封井叔氏編次，同學俞汝言右吉氏參訂。傳鈔本。首有康熙十二年自序，又俞汝言序，又耿介序、焦賁亨後序。有慕盧氏自訂凡例七則，次目録，次選目，末有紀遺、補遺。

扶風縣石刻記一卷 史部目録類金石

錢唐黄樹穀撰。舊鈔本。樹穀，字松石，錢唐人。少耽經史，于六書尤有神悟。詩文詞翰，名重公卿。父歿于外，松石跣負親骸于三千里外而歸，繪《涉水負骸圖》以志痛，時人重之。尤好金石之學，搜訪不遺餘力。此扶風石刻，均親至碑下拓之，足見其好古之勝。子小松司馬，亦以金石名家，蓋其淵源有自也。有「上海徐紫珊所藏」朱文長印、「還硯堂考藏金石書畫」白文方印、「潘氏桐西書屋之印」朱文長方印、「茮坡藏書」朱文方印。

興平縣金石志一卷 史部目録類金石

錢唐黄樹穀輯。舊鈔本。後有潘筠庵手記。有「潘氏桐西書屋之印」朱文長印、「茮坡藏書」朱文方印。

潘氏手記曰：丁亥中秋三日，薄游虎阜，讀于舟中。是日得鄭庵叔都中書，并寄惠《淮源桐柏廟碑》，又近今出土之《郭有道碑》。水窗展視，心目俱爽。笏庵手識。

寰宇訪碑録十二卷補録五卷　史部目録類

賜進士及第署山東提刑按察使分巡兖沂曹濟黄河兵備道陽湖孫星衍、賜進士出身浙江湖州府長興縣知縣潛州邢澍同撰。吴縣朱槐廬刊本。亡友蔡賓臣先生源清過録江陰繆藝風先生校本。

汪本隸釋刊誤　史部金石類

國朝吴縣黄丕烈蕘圃撰。傳鈔士禮居本。前後有自序，又蔣鳳藻序，又金壇段玉裁序，又陽湖錢竹汀序〔八〕。後有元和顧廣圻跋。錢唐魏稼孫先生手校。

魏氏手跋曰：右《汪本隸釋刊誤》，吴郡黄氏得昆山葉氏鈔本《隸釋》，據之以勘汪本者也。葉鈔原本由譚仲修見視，余爲季貺録副。此書刻本亦見之仲修所，因乞鐃君□□録此，并貽季貺。按鈔本《隸釋》十行廿字，遇宋諱缺筆。第四、五、六缺卷，以袁本鈔補、周本勘正，亦如黄序所云。其第十卷中有「此葉《孫根碑陰》九來校」數字，差訂正誤裝之葉，本出葉氏，賴有此證。唯第七卷有「泰定乙丑寧國路儒氏䲠所得已缺三卷，以王雲鷺刻本校一過」。逮入黄氏，顧氏始加圈抹，并于卷尾綴語，正王、汪兩刻之失，實爲此書創藁。顧校葉本在嘉慶二年八九月，黄序《刊誤》在十一月，差數月成書。

黄氏續得汲古閣毛氏影宋本，袁壽階以他書易葉本，在嘉慶六年。復校列毛本于上，所缺三卷，影鈔毛本。餘卷就葉本改潤。今影鈔之卷散佚，所存乃黄氏鈔補舊物，無袁校。葉本草。袁謂毛鈔更精，然如《唐公房碑》「莫」下亦衍「知」字，遜于葉非此一端。嗣歸侯官問經堂陳氏，别無辨證。其流傳端緒如此。《刊誤》之作，雖云據葉，以葉本驗之，或不盡然。本條並以加按。袁、周、毛原鈔足本今不可見，大抵黄氏此書以字源爲主，取葉本者十七八，取他本者十二三，序在嘉慶丁巳，刊在丙子，中閲十八年，所羼他本必書成後增入，取省易，不復識别耳。間或臆爲潤色。其最易者，此處横畫多作波發，毛、葉兩本所無。必書歸美于葉，亦稍失真矣。其中譌刊之條，如汪本《堂邑令費(騰)[鳳]碑》洪跋「復截經校」，葉作「經杖」，循文義必是汪誤，略未之及。此類甚多。至「延」、「延」等字之歧出，「方」、「乃」二字之倒置，則由繕時筆誤，刊成失校。黄、顧號精審，且所刊之誤專在偏旁點畫，猶疏舛如此，著書豈易言哉！若其正譌訂謬，爲洪氏功臣，凡究心隸古者固當是正，未可執一二疵纇概之。乙丑端五前二日，錫曾以刻本校，因識。

又曰：凡涉辨别點畫之字，今所誤寫，字旁加△，于上方摹刻本字。刻本之誤，纖悉仍之，别加按語。其他字之無關體勢者，鈔本小有出入，不悉更正，以原刻彔、隸，誤、誤之類，本非一律也。原本鉛槧極精，以仿宋故，時入行押，轉掣牽絲，易啟訛謬，此亦好古之蔽。

法帖釋文十卷 史部目録類

山左徐朝弼右亭集釋。傳鈔本。首有嘉慶十七年自序。是書首卷爲《歷代帝王書》，二卷至四卷爲《名臣》，五卷爲《諸家》，六卷至八卷爲《王羲之書》，九、十二卷爲《王獻之書》。

泰山石刻記一卷 史部目録類

國朝陽湖孫星衍淵如撰。傳鈔本。首有自序。是書未有刻本，自原藁録出。

竹崦盦金石録二册 史部目録類金石

國朝仁和趙魏晉齋編。舊鈔本。專記自藏搨本，頗有他處罕見者，《寰宇訪碑録》據此著録甚多。晉齋，號菉森，一號洛生，貢生。好學，精篆籀，酷嗜金石文字，阮文達許爲「歐、趙著録不是過也」。著書甚富。

嵩洛訪碑記一卷 史部目録類金石

國朝黄易小松撰。魏稼孫非見齋鈔本。小松，錢唐人，松石之子，官山左運河司馬。與翁覃谿閣學、阮芸臺相國、孫淵如觀察結金石文字交，郵簡往來無虚日，而小松蒐輯爲尤勤。此記分地，小松自繪游記二十四幀，覃谿幅幅題之，今在費屺懷所。粤雅刻本則逐日游記，與此不同。首有山陽魯一同序。後有楊鐸石卿跋。有「稼孫」朱文方印。

武林訪碑録一卷　史部目録類

錢唐黄易小松録。傳鈔本。

武林金石記十卷　史部目録類金石

國朝錢唐倪濤山友編。傳鈔本。烏程凌子與霞先生校録，泉唐魏稼孫先生錫曾校本。首有丁傳《武林金石記殘本弁言》，又記，又里人趙一清《武林金石録敘》。後有子與過録稼孫書《丁魯齋金石録跋》。

魏氏跋曰：此書山友倪先生著。希曾丁先生得殘本録副，今存丁氏當歸草堂。此本丙寅旋里時所鈔，入閩迺大蠹損。近凌君子與書來索觀，將寄邗江，始手爲裝治，距始鈔時十有六年。辛巳五月十二日三更，鶴廬識。

又曰：册尾附《武林金石録跋》并《擬補碑目》，乃希曾先生得父書後屬藁。原夾倪記中，本不相聯屬者。倪所著爲《武林金石記》，丁所著爲《武林金石録》，署名不同。往歲余以書目寄子與，誤認此記爲丁撰，蓋胸中有此跋稿，記憶不真，遂率爾涉筆也。丁録傳本絶少，惟二十餘歲時偕張孚吉、黄成甫同訪姚再洲若，得見鈔本，并即假歸，翔擷首卷，亦備記御碑，其體例行式正與此書相類。惜其時未曾録副，今遂不可得矣。錫曾又識。

又曰：丙寅五月二十日，雞籠山王承榮家坐，兩對五老峰校。魏錫曾手識。

又曰：此二葉原本以零楮寫，夾記中，附録於此。乃《武林金石録跋》稿，與倪書不相屬也。辛巳五月十三日，錫曾記。

崇川金石志一卷 史部目録類

國朝通州馮雲鵬晏海撰。藁本。此書專收通州金石，詳載全文。起周瓦當，迄國朝止。

漢碑録文四卷 史部目録類

濟上邑人馬邦玉荆石甫輯。傳鈔本。刻入《連筠簃叢書》，初印本有之。

題名集古録一册 史部目録類金石

國朝劉喜海燕庭編。傳鈔本。燕庭，諸城人，文正曾孫，文清孫，文恭子也。癖嗜金石，有《長安獲古編》、《三巴孴古志》、《蒼玉洞題名》、《海東金石志》，統名之曰《金石苑》。此編專取題名，考其年月，志其姓名，訂爲目録，以備史宬家稽考。前有序一則，不著姓名。亡友章碩卿校過，末有「光緒癸巳蒲月校於滬上宛委山館」朱書一行，碩卿手筆也。有「會稽章氏式訓堂藏書」朱文長印。

朝鮮碑全文目二册 史部目録類

傳鈔本。是書爲漢陽相國之父葉東卿先生志詵手輯，從繆氏藝風堂手藁録出。

江左石刻文編四册 史部目録類

國朝元和韓崇履卿編。傳鈔本。首有道光壬寅自序，又道光二十二年蘭坡朱珔序。履卿爲司寇桂舲尌之弟，搜拓吳中金石自漢至元凡二百另九通，録其全文，編爲十卷。此本尚未分卷，自序中言之，止録大篇，不録造象、題名、橋記、井闌，殊未賅備，止先生自見之品。此時已多湮没爲可貴耳。

滄州金石志二卷 史部目録類

國朝州人于光褒編。傳鈔稿本。是書未經刊佈，中有夾籤甚衆，爲俞恒農孝廉手校。考據精確，可傳之作也。

台州金石録十三卷附闕訪目二卷 史部目録類

臨海黄瑞子珍編輯，黄岩王棻子莊校正，張濬子遠補輯。傳鈔本。首有黄岩王蚬《徵刻台州金石録啟》，光緒三年津門徐士鑾序，又例言，又校正例言。後附《闕訪目》二卷。

有萬憙齋石刻跋一卷 史部目録類

國朝大興傅以禮節子撰。傳鈔稿本。

史通二十卷 史部史評類

唐劉知幾子玄撰。明嘉靖刊本。每半葉九行，行十八字。白口，單邊。是書係嘉靖乙未雲間陸儼山深爲蜀王取舊本重校付梓，是明時第一刻本。内《因習篇》、《曲筆篇》有兩跋。首有王閣序。末有儼山後序，高公韶、彭汝寔、李佶、楊名四跋。此書訛處極多，張之象本轉多改正。

千百年眼十二卷〔九〕 史部史評類

瀟湘張燧和仲纂。明鈔本。首有萬曆甲寅和仲自序，又曜農鄒元標序。是書有明萬曆刊本。

校注

〔一〕按：原書夾籤條云：「考藏」當是「收藏」。

〔二〕按：原書夾籤條云：「公臣」當是「功臣」。

〔三〕按：原書夾籤條云：「則《困學記聞》而已」，「則」字不可解，「記」字當是「紀」字。

〔四〕按：原書有籤條云：「案此書乾隆間曾列入《違礙書目》及《應燬書目》。」

〔五〕按：《千頃堂書目》卷五作：「楊譓。《宋蓍龜録》。」

〔六〕按：括號中文字，稿本已勾去。

〔七〕括號中文字，稿本已删。

〔八〕按：竹汀嘉定人。

〔九〕書中有籤條云：「案此書乾隆間列入《全燬書目》。」

積學齋藏書記　子部

南陵　徐乃昌積餘撰

六子全書〔二〕

明刊本。每半葉八行，行十七字。白口，單邊。殆出於吳縣顧春世德堂本，刷印精良，楮墨一律如新，非配合者可比。

老子道德經二卷，河上公注。
莊子南華真經十卷，郭象注。
荀子二十卷，唐楊倞注。
列子沖虛道德真經八卷，張湛注。
揚子法言十卷，五臣注。
文中子中説十卷，阮逸注。

孔子家語十卷 子部儒家類

明刊本。每半葉九行，行二十字。白口，雙邊。首有目録、魏王肅注《家語》序、孔安國傳略、漢集《家語》序。

纂圖互注荀子十卷 子部儒家類

宋刊殘本。每半葉十一行，行大二十一字，小二十五字。高五寸六分，廣三寸八分。黑綫口，單邊。口上書「荀幾卷」。葉後有小耳，書篇名。下有「某卷幾葉」三字〔二〕。存第七、第八、第九、第十、第十一、第十二、第十三、第十八、第十九、第二十十卷。印本尚佳，惜不全耳。

繆氏手跋曰：《荀子纂圖互注》，宋刊有四子本，有六子本，有元翻本，有明翻本。每半葉廿二行，行廿一字。此本行款面目頗似四子本，而尺寸較小長。字數有廿字，小字二十五字，不盡二十一字。孫氏《平津館目》有所謂宋刻别本者，亦坊本也。惜首册失去，無可考證。壬子冬月，繆荃孫識。

新語二卷 子部儒家類

漢陸賈撰。明胡維新《兩京遺編》本。每半葉九行，行十七字。白口，雙邊。是書刻於萬曆十年，其中《述事篇》「至要」不作「致要」、「資質篇」不作「資執」，猶是舊本，較他刻爲善。

鹽鐵論十卷 子部儒家類

漢桓寬次公撰。明胡氏《兩京遺編》本。每半葉九行，行十七字。白口，雙邊。仍有弘治辛酉吴郡都穆跋、新淦涂禎跋，而與涂本影宋本不同。有「樂意軒吴氏藏書」朱文方印。

鹽鐵論十二卷 子部儒家類

漢汝南桓寬著，明雲間張子象注，新安程榮校。明刊本。每半葉九行，行十七字。白口，單邊。無序跋，有目録。

新序十卷 子部儒家類

漢劉向子政撰。明刊本。每半葉十行，行二十字。白口，單邊。刻印俱佳。首有曾鞏序。有「王鳴盛印」白文、「鳳喈」朱白文兩方印。

新序十卷 子部儒家類

明經廠本。每半葉十行，行十九字。黑口，雙邊。首列目録，有曾鞏進書序，序接目後，猶宋刻舊式。

説苑二十卷 子部儒家類

漢劉向子政撰。明經廠本。每半葉十行，行十九字。黑口，雙邊。首有南豐曾鞏序，連屬篇目及劉氏進書狀，舊式也。字大悦目，楮墨俱精。

纂圖互注揚子法言十卷　子部儒家類

晉李軌、唐柳宗元注，聖宋宋咸、吳祕、司馬光重添注。元刊本。每半葉十一行，行二十一字。高五寸七分，廣三寸八分。黑口，雙邊。每葉後有小耳。首有元豐四年十一月己丑涑水司馬光序，序後載篇名。又景祐四年十月十六日給事郎守祕書著作佐郎宋咸進書表，又《五聲十二律圖》。此元翻宋本，故宋咸上冠以「聖宋」字樣。楮墨並妙，佳書也。

纂圖互注揚子法言十卷　子部儒家類

題「晉李軌、唐柳宗元注，聖宋宋咸、吳祕、司馬光重添注」。元刊本。每半葉十二行，行二十六字。高六寸三分，廣四寸二分。黑口，雙邊。首有景祐三年宋咸序及進書表，又司馬光序，又《渾儀圖》、《五聲十二律圖》，與世德堂本同。惟宋序後有「本宅今將監本《四子》纂圖互入重言重意，精加校正，並無訛謬，謄作大字刊行。務令學者得以參考，互相發明，誠爲益之大也。建安□□□謹咨」三行。據此，則是本依宋監本授梓，故卷首宋咸題名上冠以「聖宋」字樣。

揚子法言十卷　子部儒家類

明刻本。每半葉十二行，行二十四字。黑口，單邊。口上有「六子全書」四字，是明坊間本也。首有景祐宋咸序表。有「林希賢印」白文方印、「邇安」朱文方印、「松年」白文方印、「丘印克茂」朱文小方印、「□□南閣」朱文方印。

申鑒五卷 子部儒家類

漢荀悦撰，明黄省曾注。明胡氏《兩京遺編》本。每半葉九行，行十七字。白口，雙邊。首有王鏊序、何孟春序、省曾自序，又喬宇後跋。

中論二卷 子部儒家類

漢徐幹偉長撰。明胡氏《兩京遺編》本。每半葉九行，行十七字。白口，雙邊。首序無姓名，又紹興戊寅石邦哲識，又平原陸友記。此書與《申鑒》以小萬卷樓刻本爲佳，《群書治要》多逸文一篇。

仲長統論一卷 子部儒家類

漢仲長統撰。明胡氏《兩京遺編》本。每半葉九行，行十七字。白口，雙邊。印本精雅。

篆忠經一卷 子部儒家類

漢馬融撰，明益藩舒城王永仁道人篆書。明刊本。是書《隋志》、《唐志》皆不著録，《崇文總目》始有其名，《提要》定爲宋代僞書無疑。篆書極古雅，與楊升庵篆石鼓相類，刻本甚精。案《明史·宗室表》，益端王祐檳，憲宗庶六子，成化二十三年封。子厚炫恭王，二子。舒城王載琉，恭王第三子，嘉靖三十八年封。有「皇明宗室」朱文大方印、「永仁」朱文長印、「舒城王圖書」朱文大方印。

文中子中説十卷 子部儒家類

隋王通撰，阮逸注。元刊本。每半葉十一行，行二十一字。高五寸七分，廣三寸九分。黑口，雙邊。

每葉後有小耳，作某篇第幾。首有阮序、文中子纂事年表。末有通子福時序。書分《王道》、《天地》、《事君》、《周公》、《問易》、《禮樂》、《述史》、《魏相》、《立命》、《關朗》十篇。印本清析，爲元本之佳者。有「知不足齋鮑氏藏書印」白文長方印、「鋤經閣珍藏書畫印」朱文方印、「笠澤見山樓王氏家藏」朱文長方印，「雲舫」白文、「恩溥私印」朱文、「見山樓藏」朱文三方印，「朱氏桂馨」白文、「階平」朱文兩方印，「歸安沈韵鏘字笈雨鑑藏金石祕籍印」白文長印。

麗澤論説十卷　子部儒家類

宋吕東萊門人雜録其師之説也。舊鈔本。目録後有東萊從子喬年題云：「先君子嘗所裒輯，不可以不傳。」蓋喬年之父祖儉所蒐録，而喬年又補綴次第之也。有「歙鮑氏知不足齋藏書」朱文方印。

真西山讀書記乙集上三十四卷乙集下二十二卷　子部儒家類

宋真德秀希元撰。宋刊本。上即《大學衍義》，下《論歷代輔臣》。乙上每半葉十行，行二十字。高七寸，廣五寸。白口，單邊。上魚尾下「大學衍義乙上幾卷」，下魚尾下記字數，再下綫，綫下有記字數者，有單刻一「學」字者，又單舉刻工一字者。乙下每半葉九行，行十七字。高七寸，廣五寸。上魚尾下有作「讀書記乙集幾」者，有作「乙集幾」者。葉數在下魚尾上，有有刻工姓名并字數者，有俱無者。此書即湯漢東澗刻於三山學宫，板入南監，遞次修補，此亦明初印本。

呂氏鄉約鄉儀一卷 子部儒家類

宋呂大忠和叔撰。宋刊本。每半葉七行，行十二字至十五字不等。高五寸四分，廣四寸五分。白口，單邊。口上題「鄉約」二字，上有字數，下有刻工姓名。《鄉約》、《鄉儀》後俱有淳熙乙未四月甲子朱熹序，又嘉定壬申長至前十日郡文學李大有刻書跋。有「安樂堂藏書記」朱文長方印。

讀書録十一卷續録十二卷 子部儒家類

明薛瑄德温撰。明嘉靖刊本。每半葉十行，行二十字。白口，單邊。德温，河津人，永樂辛丑進士，謚文清，事蹟具《明史》本傳。首有嘉靖乙酉建安田賦序。首葉有德温識語，《續録》同。有「黄復之印」白文方印、「習未氏」白文方印。

性理大全書七十卷 子部儒家類

明胡廣等奉敕撰。明永樂刊本。每半葉十二行，行二十二字至二十四字不等，小字雙行。白口，雙邊。首有永樂十三年成祖自製序，次廣等進書表，次目録，次先儒姓氏，次纂修銜名，自胡廣、楊榮、金幼孜以下凡三十九人。有「孔氏家藏」朱文橢圓印。

大學衍義補一百六十一卷 子部儒家類

明閣臣前國子監祭酒丘濬進呈，經筵日講官左諭德陳仁錫評閲。明刊本。每半葉十行，行二十七字。白口，單邊。首有濬自序，又成化二十二年進書表，又弘治元年禮部尚書周洪謨等進呈書籍奏。是書凡百六十卷，其卷首一卷爲誠心正意之要，係補真西山前書之缺，故另題曰「卷首」云。

六韜六卷　子部兵家類

不著撰人姓氏，舊題「周太公望撰」，相傳復不一辭，未敢定也。影宋鈔本。每半葉十行，行二十字。宋諱悉缺筆。此從瞿氏藏錢孝修影宋本録出。

孫子三卷　子部兵家類

周孫武撰，魏武帝注。明刊本。每半葉十行，行二十字。白口，雙邊。有「孫振之印」白文、「偉男」朱文兩方印，「威如之章」白文方印。

吳子二卷　子部兵家類

周吳起撰。明刊本。每半葉十行，行二十字。白口，雙邊。與《孫子》三卷同刻。有「偉男氏」白文方印。

直説素書一卷　子部兵家類

影元鈔本。每半葉十行，行十八字。黑口，雙邊。首有至正十四年廣陵寡學王氏序。後有音釋。元本今藏瞿氏鐵琴銅劍樓。

素書一卷　子部兵家類

相傳以爲黄石公撰，漢韓人張良傳，明吳人慎懋賞解。明刊本。每半葉九行，行十六字。白口，單邊。首有懋賞編輯黄石公評語，又《素書考》，又《黄石公傳》。《四庫》著録題黄石公撰，唐張商英著，是又一本也。

虎鈐經二十卷　子部兵家類

宋許洞淵夫撰。明刊本。每半葉十行，行二十字。白口，單邊。首有《上虎鈐經表》，又自序。淵夫，吴興人，咸平三年進士。是書上采孫子、李筌之要，明演其説；下撮天時、人事之變，備舉其占。至於六壬遁甲、星辰日月、風雲氣候、風角鳥情，莫不備載。凡三百十篇，分爲二十卷，誠一家之言也。刻本亦極精，明本之可貴者。

武經七書　子部兵家類

影宋鈔本。每半葉十行，行二十字。口上有字數，下有刻工姓名。不著編集姓氏，無序跋。《宋史》謂何博士去非爲武學教諭，校《兵法七書》。蓋出何氏手也。晁氏《讀書志》曰：「元豐中，以《六韜》、《孫子》等書頒行武學，號曰『七書』。」此本疑刊於其時。凡《孫子》三卷、《吴子》二卷、《司馬法》三卷、《唐太宗李衛公問對》三卷、《尉繚子》五卷、《黄石公三略》三卷、《六韜》六卷。《四庫》未收，只著録《何博士備録》一卷。此本爲張蓉鏡影摹宋本，手書題簽并小跋。有「曾藏張蓉鏡家」朱文方印。

張氏手跋曰：此書原本是宋刻初印本，道光乙巳秋，郡城汪閬原所藏散出，爲鮑芳如轉售上海郁泰峀處。此由鮑氏影摹宋本印寫，今宋本不得見矣，閲此如唐橅晉帖，宜珍也。蓉鏡誌。

江南經略八卷　子部兵家類

明鄭若曾伯魯撰。明刊本。每半葉十二行，行二十二字。白口，雙邊。首有隆慶戊辰自序，又林潤序。伯魯，號開陽，崑山人。是書爲江南倭患而作，兼及防御土寇之事，蓋專就當時時勢而言者。伯魯有《鄭開陽雜著》十一卷，亦邊防之書也。

何將軍兵録十四卷　子部兵家類

明吳郡何汝濱仲升撰。舊鈔本。首有萬曆丙午自序，又陳元素序，劉鳳序，崇禎壬申魏浣初序，俞琬珍序，陳子北序。首論將，末論地(刊)[利]天時，凡二十六門，分十四卷，皆用兵之指要也。

讀史方輿紀要一百三十卷〔三〕　子部兵家類

國朝常熟顧祖禹復初撰。舊鈔本。首有總序三篇，又南昌彭士望序，又寧都魏禧序，又凡例二十六則。是書與顧亭林《天下郡國利病書》並行于世，故後人合而刊之。此本楮墨尚舊，蓋乾嘉時鈔本也。

韓非子二十卷　子部法家類

周韓非撰。綿紙藍格明鈔本。書凡五十五篇，是本係由《道藏》本録出，末缺五篇。首有序，不著姓名。有朱筆圈點，朱、藍、墨三色校改，不知誰人手筆。有「竹香齋」白文方印，「大成」白文、「韶九」朱文兩小方印。

折獄龜鑑二卷 子部法家類

不著撰人姓氏。舊鈔本。首有萬曆甲戌邊維垣序，隆慶庚午周希尹重刊序，次元虞應龍序。《提要》載《折獄龜鑑》八卷，宋鄭克撰。疑即此書。而此書不著姓氏，只上、下二卷，蓋希尹并卷改編也。

黄帝素問十三卷遺篇一卷 子部醫家類

唐啟玄子王冰注，林億、孫奇、高保衡奉敕校正，孫兆重改誤。明趙王府刊本。每半葉八行，行十七字。白口，單邊。上有「趙府居敬堂」字樣。是書元本二十四卷，此本併爲十二卷。首有王冰、高保衡二序。有朱筆批點，不著姓名。

黄帝素問靈樞經十二卷 子部醫家類

明刊本。每半葉十一行，行二十一字。白口，單邊。首有宋紹興乙亥錦居史崧序。

鍼灸甲乙經十二卷 子部醫家類

晉玄晏先生皇甫謐撰。明新安吳氏勉學《醫統》本。每半葉十二行，行二十字。白口，單邊。首有自序，又（唐）[宋]高保衡、孫奇、林億序。

金匱要略三卷 子部醫家類

漢張仲景述，晉王叔和集，尚書司封郎中充祕閣校理臣林億等詮次。日本刊本。首有目録，又林億等序，又俞橋跋，又平安滕直惟寅序。有「唐棲朱氏結一廬校藏經籍印」朱文大方印。

注解傷寒論十卷 子部醫家類

仲景述，王叔和撰次，成無己注解。日本翻元刻本。首有洛陽嚴器之序，又漢長沙守南陽張機著《傷寒卒病論集》。有目録，目録後有「天保乙未秋躋壽館刻梓」牌子，日本坊刻也。

脈經十卷 子部醫家類

晉太醫令王叔和撰，明晉安袁景從甫類校。明刊本。每半葉九行，行十八字。白口，單邊。首有舊刻書序六則，又叔和舊序。末有萬曆三年景從自序，後有「福建布政使督糧道刊行」一行。

劉涓子鬼遺方五卷 子部醫家類

齊龔慶宣編。影宋鈔本。每半葉十三行，行二十三字。白口，單邊。板心但一「鬼」字。首有自序。是書爲各家書目所無，惟錢遵王有宋鈔本，《敏求記》云「此書極爲奇祕，收藏家罕見之」。宋刻今藏瞿氏鐵琴銅劍樓。

重刊孫真人備急千金要方三十卷 子部醫家類

朝奉郎守太常少卿充祕閣校理判登聞檢院上護軍賜緋魚袋臣林億等校正。元刊本。每半葉十二行，行二十二字。高五寸九分，廣四寸。黑綫口，單邊。首有太子右贊善大夫臣高保衡、尚書散官員外郎臣孫奇、尚書司封郎中充祕閣校理臣林億、尚書工部侍郎兼侍講臣錢象先等上序，次凡例，無名序，次綱目，次目録。後有行書牌子。有「六合徐孫麒氏珍藏書畫印」。

牌子：

醫家之書不爲不多獨孫真人千金方決不可闕古賢以千金名之則其珍之也明矣脉證方論鍼灸孔穴瘡毒制度靡所不載近得前宋西蜀經進官本不敢私祕重加校正一新繡梓與世共之凡以醫鳴者將見家扁鵲人叔和孰不曰衛生之一助云耳

日本伊氏跋曰：右元板《千金方》三十卷，與唐、宋二《志》及晁、陳諸家所録卷數相符。余所嘗閲尚有三種，一者明正德中刻，卷數、體裁與此本同，世不多有，而字形陋拙，刻録樣麤惡，蓋爲坊本。一者嘉靖中刻，分卷九十三，此出于《道藏》中。道家者流要抗佛藏之浩瀚，自嫌其書寡少，妄析其卷，虚張其目，如他《素問》舊二十四卷分爲五十卷、《玄珠密語》十卷分十七卷之類。皇朝萬治中翻刻，清舶亦多將來，是爲今世普通本。而方法脱落，字句舛誤，不爲不多。一者天明中京師某氏刻，題曰「元板翻刻」，即從舊式爲三十卷，世稱善本。然熟檢其本，則字畫及方藥品味次序全與嘉靖本同，此據元本而補正嘉靖本者，藏頭露尾，殆不可掩，故屬僞本也。按清錢曾《讀書敏求記》云：「《千金方》三十卷新刻本，攙改謁謬，不可是正。此猶是原書也。」張璐著《千金方衍義》，所據之本亦同，則雍正、康熙之際尚有善本矣。乾隆中編《四庫全書》，其所著録爲嘉靖九十三卷本，且謂考諸家者著録《千金方》及《翼》各三十卷，後列《禁經》二卷，合二書計之，止六十二卷。此本增多三十一卷，疑後人併爲一書，而離析卷帙。嘉慶己未，錢侗(臣)[㠯]《崇文總目》亦襲此説，其言雖妄，實因不見正本耳。夫漢晉以來，醫藥方法之集成，其最宜尊奉者莫若《千金方》，而善本絶少既已如此。此本章句方彰全整，而筆勢生動，盈滿行界，錢氏所稱原書是也，可謂希世之本哉！吁，余一陋醫，而能獲斯希珍，幸亦甚矣。乃記概略，以詒同好，又以告子孫。文政癸未孟春廿二日，伊澤信恬識。

又曰：此本二十年前友人狩谷卿雲爲余購得之于書賈英平吉，簡編蠹蝕，古色可愛，不欲繕修改舊。但平生披閲，怕愈就壞爛。頃日，倩開定能背裝綴緝，跋以數語。吁，余與卿雲今俱爲頒白翁，而尚孜孜讀書，不異少年之態，則其迂闊于世，固不復疑，每相對笑耳。信恬又識。

孫真人千金方三十卷　子部醫家類

日本翻元刊本。首有林億等進書序，又自序，又凡例，又治平三年奉旨鏤板後旨并銜名，又天明乙巳平安後藤敏序。目録後有牌子。

重修政和經史證類備用本草三十卷　子部醫家類

宋唐慎微審元續證類，中衛大夫康州防御使句當龍德宫總轄修建明當所醫藥提舉入内醫官編類聖濟經提舉大醫學臣曹孝忠奉敕校勘。明繙金泰和本。每半葉十二行，行二十三字。高八寸三分，廣五寸六分。黑口。首有淳安商輅序。是書係明山東都御史原傑翻刻平陽張氏本，即所謂《政和本草》也，世傳《本草》當以此帙爲最古。《四庫》著録泰和本，而以大德本附之，即所謂《大觀本草》是也。

舊刻牌子：

此書世行久矣諸家因革不同今取證類本尤善者爲窠模增以寇氏衍義别本中方論多者悉爲補入又有本經别録先附分條之類其數舊多差互今亦考正凡藥有異名者取其俗稱注之目録各條下俾讀者易識如蚤休云紫河車假蘇云荆芥之類是也圖像失真者據所嘗見皆更寫之如竹分淡苦堇三種食鹽者古今二法之類是也字畫謬誤殊關利害如升斗疸疸上下千十未末之類無慮千數或證以别本質以諸書悉爲釐正疑者闕之敬俟來哲仍廣其脊行以便綴緝庶歷久不壞其間致力極意諸所營制難以具載不敢一毫

重修本艸之記（白文篆書）

苟簡與舊本頗異故目之曰重修天下名賢士夫以舊鑒新自知矣泰和甲子下己酉冬日南至晦明軒謹記

目録後牌子：

嘉祐補注本草藥品一千一百一十八種
證類本草新增藥品六百二十八種
總一千七百四十六種

重刊經史證類大全本草三十一卷 子部醫家類

目録前題「唐慎微纂」。卷一首葉題「知南陵縣事楚武昌後學朱朝望重梓，春穀義民王秋原刊，庠生王大獻引禮、程文繡仝校」。卷二題「春穀王秋捐貲命男大獻、大成同校録」。以下均無題字。明萬曆刊本。每半葉十二行，行二十三字。白口，單邊。首有彭瑞吾、金勵、梅守德三序，又艾晟舊序。序後有「大德壬寅孟春宗文書院刊行」牌子，次劄付寇宗奭，次補注《本草》奏敕，次圖經《本草》奏敕，次目録。末有萬曆丁丑歲春中月春穀後學王大獻後序。三十一卷末有萬曆庚子刊行牌子。（余藏有萬曆丁丑王大獻刊三十卷本，行款與此相同，惟每卷首有子目，卷二以下大題作「重修政和經史證類備用本草」，下有「己酉新增衍義」六小字，又題唐慎微證類，又曹孝忠結銜。卷末有政和六年校勘銜名，又宇文虛中、劉祁二跋，嘉靖崇本書院刊行牌子。行次間有參差，陰陽文亦復不一。按丁丑距庚子相去二十三年，此蓋萬曆間第二刻本,《天禄琳琅》所收即此本也)〔四〕。《平津館》、《八千卷樓》均有著録。有「蘭暉堂王氏家藏」朱文長方印。

牌子:萬曆庚子歲秋月
重鍥于籍山書院

仁齋直指二十六卷附醫學真經七卷小兒方論五卷　子部醫家類

宋楊士瀛登父撰,明朱崇正宗儒附遺。明刊本。登父,號仁齋,福州人。宗儒,號惠齋,新安人,即刊此書者也。首有景定五年登父自序,徽郡余錂序。《醫學真經》、《小兒方論》均有登父序。書中「丸」字均作「圓」,從宋本出。前有「周氏暴書之印」朱方文印。

儒門事親十五卷　子部醫家類

金戴人張子和著,新安吳勉學校。明刊《醫統》本。每半葉九行,行二十字。白口,雙邊。首有目録。子和,名從政,睢州考城人。

濟生拔萃方十九卷　子部醫家類

元杜思敬輯。元刊本。每半葉十二行,行二十四字。高六寸三分,廣四寸一分。黑綫口,單邊。首有延祐二年思敬自序。卷一曰《鍼經節要》,卷二曰《雲岐子論經絡迎隨補瀉法》,卷三曰《鍼經摘英集》,卷四曰《雲岐子七表八裏九道脈訣論并治法》,卷五曰《潔古老人珍珠囊》,卷六曰《醫學發明》,卷七曰

《脾胃論》，卷八曰《潔古家珍》，卷九曰《海藏老人此事難知》，卷十曰《醫壘元戎》，卷十一曰《海藏老人陰證略例》，卷十二曰《雲岐子保命集論類要》卷上，卷十三曰《保命集論類要》卷下，卷十四曰《海藏癍論萃英》，卷十五曰《田氏保嬰集》，卷十六曰《蘭室祕藏》，卷十七曰《活法機要》，卷十九曰《雜類名方》，缺第十八《衛生寶鑑》一卷。是書陸氏《皕宋樓書目》著録，與此悉合。陸本缺第十三《保命集類論要》一卷。《四庫》未收。有「五萬卷藏書樓」朱文方印、「藥龕珍玩宋元祕本」朱文長印。

序曰：醫之爲業，切于用世，而學士大夫目爲工，攻賤不之省。業其家者，又或不能至到，苟焉以自肥。此醫道之晦而不弘也。若乃發於論注，開惠後學，則安得不資於前人也？《素問》述鍼刺，仲景始方論，今諸家所集浩繁，孰能遍覽校試？而果適用者，固在乎明者之擇焉也。昔嘗聞許文正公語及近代醫術，謂潔古之書，醫中之王道。服膺斯言，未暇尋繹。潔古者，張元素也，潔古其號也。雲岐子璧，其子也。東垣李杲明之、海藏王好古進之，宗其道者也。羅天益謙夫，紹述其術者也。皆有書行于世。往年致政中書，家居沁上，因取而讀之，大抵其言理勝，不尚幸功，圓融變化，不滯一隅，開闔抑揚，所趣中會中要，以扶護元氣爲主，謂類王道，良有以也。于是擇其尤切明者，節而録之，門分類析，有論有方，詳不至冗，簡不至略，仍首鍼法，以倣古制，併及餘人之不戾而同者，以示取舍之公。釗爲五帙，帙其如書，總名之曰《濟生拔粹》，蓋不敢執己見，謏以此書爲是。自度行年八十有一，目力心思不逮前日，從事簡要，庶于己便。復思刻板廣傳，嘉與群人同兹開惠。雖然，醫不專于藥，而舍藥無以全醫；藥不必于方，而舍方無以爲藥。若夫學究天人，洞識物理，意之所會，治法以之者，將不屑于此。是書也，雖于大方之家無所發揮，苟同余之志者，亦未必無所補也。延祐二年十月初吉，寶善老人銅鞮杜思敬序。

丹溪心法五卷　子部醫家類

元朱震亨彦修撰，古歙敬通程衍道校，門人奠乙鄭康宸訂。明嘉靖刊本。每半葉十行，行二十二字。白口，雙邊。末附録宋景濂撰先生《石表辭》、戴九靈撰《丹溪翁傳》。先生義烏人，所居曰丹溪，學者尊之而不敢字，故因其地稱之曰丹溪先生云。首有嘉靖甲寅蔣奎序。後有蔣大欽跋。《四庫》未收。

脈訣刊誤二卷附録一卷　子部醫家類

龍興路儒學教授戴起宗同父學，翰林侍講學士休寧朱升允升節鈔，祁門朴墅汪機省之補訂，許忠誠之校録，嫡孫邦鐸振玉鐫。明刊本。每半葉九行，行二十字。白口，單邊。首有嘉靖癸未汪機序、嘉靖壬午休寧程魯曾師魯序。末有許氏刻書跋。附録一卷，汪省之自集也。

嬰童百問十卷　子部醫家類

題「魯伯嗣學，明許讃上」。明嘉靖刊本。每半葉十行，行二十四字。白口，單邊。首有嘉靖壬寅嚴嵩序、許讃《進嬰童百問疏》。是書范氏《天一閣書目》列爲五卷，此則析爲十卷。有「虞山錢曾遵王藏書」朱文長方印、「顧印嗣□」白文方印。

醫學綱目四十卷 子部醫家類

明蕭山樓英全善輯。明刊本。每半葉十三行，行二十一字。白口，單邊。眉端有批語。首有自序并序例，又嘉靖乙丑履齋曹灼序。末有邵弁偉元甫跋。

攝生衆妙方十一卷 子部醫家類

明張時徹維靜編。明衡府刊本。每半葉十行，行二十字。白口，雙邊。首有嘉靖二十九年自序、衡王樂善子序。後有馬崇儒跋。維靜，號四明芝園主人，鄞人，嘉靖癸未進士，官至南京兵部尚書，事蹟附見《明史·陸邦奇傳》。

扶壽精方二卷 子部醫家類

明吴旻近山輯。明刊本。每半葉十一行，行二十三字。白口，雙邊。首有江夏吴旻序，序後有牌子。

牌子：金陵三山街書舍李惟德繡梓

吴序：近山子曰，嘗聞司馬公，達則爲良相，不達則爲良醫。夫豈不義而互言之？蓋造命于相，寄命于醫，匪良則病，夫人人一也。道之不同何啻千百，而所以行吾之仁無少異焉，此心此理同也。竊見曹輩獲一試方，珍如拱璧，藴櫝索價。夫人壯，而行之將以醫天下，而期躋人于壽域，匪直利執一方而已。況南北稟賦不同，氣運感召亦異，然東垣、丹溪同方異治，率有足徵，豈可恃一人一時手段，遂泥以眩人耶？ 粤自軒、岐及俞、華、盧扁諸名家，盡平生所得傾之載籍，惟恐人不之知，亦獨何哉？ 愚自結髮事師，讀書史漫無嗜，惟好諸方書，亦以切人實用，而事親者不可不知。 積之見聞，彙以成書，雖不敢自擬于醫之良，將以廣吾心焉耳矣。 嘗欲鋟梓，公之若人以祖采，而力費弗逮。 暇因手録備忘，若更充之歲月，或有進于此者，俟之。 歲嘉靖甲午端一日，江夏近山吴旻書于仰北堂。

周髀筭經二卷音義一卷附數術記遺一卷　子部天文筭法類

趙君卿撰，甄鸞重述，唐朝議大夫行太史令上輕車都尉臣李淳風奉敕注釋。 影宋鈔本。《音義》題「假承務郎祕書省鈞考筭經文字臣李籍撰」，《數術記遺》題「徐岳撰，漢中郡守前司隸臣甄鸞注」。 首有君卿自序，不著年月。 又嘉定六月年括蒼鮑澣之序。 按《隋書·經籍志》、《唐書·藝文志》均載《周髀》二卷，趙嬰注，甄鸞重述。 而《崇文總目》、《中興館閣書目》則均題趙君卿。 鮑序云君卿名爽，君卿其字也。 則趙嬰、趙爽是否一人未敢臆斷。 且趙、甄二人年代俱無可考。 鮑又云甄鸞出於宇文周之時。 則君卿其亦魏、晉之間人乎？ 是亦疑詞也。《四庫》著録，而于諸人始末亦付缺如，迨無可考證矣。 此本凡「國家」、「中興」等字樣均跳行頂格，蓋自宋本傳録也。

天元一釋二卷　子部天文筭法類

國朝焦循里堂撰。 稿本。 里堂，江都人。 有「式古訓齋藏書」白文方印。

割圜通解一卷　子部天文筭法類

國朝甘泉徐鳳誥香谷撰。稿本。首有自序。香谷先生爲昔年談筭老友，此其遺著之一。已刻成者有《筭學啟蒙通釋》。

校九章筭術細草圖説九卷　子部天文筭法類

魏劉徽注，唐朝議大夫行太史令上輕車都尉臣李淳風等奉敕注釋，鍾祥李潢雲門撰。嘉慶庚辰語鴻堂刊本。有劉徽元序，又開化戴敦（源）［原］序。後有雲門自跋。中有圈點校改，眉端亦注筭法，惟不著姓氏、不紀年月，不知誰氏筆也。編中紀述徵引以焦氏里堂爲最夥，吳氏子登次之，而羅氏茗香《玉鑑》、李氏尚之《遺書》、朱氏松亭《啟蒙》以及虞山屈氏均一見焉，蓋咸同間篤志好學之士所輯録也。

開方補記九卷　子部天文筭法類

國朝陽城張敦仁古餘撰。原書九卷，只刻五卷，爲卷一、卷二、卷三、卷四、卷九，餘第五、六、七、八四卷未刻。此鈔本四卷，其稿本也。有「吞雲閣癸丑劫餘藏書」、「張氏吞雲閣癸丑丙辰兩次兵燹後所存」朱文兩方印。按張氏吞雲閣不知其名字、籍貫，然所云癸丑、丙辰兩次兵燹，其爲揚人無疑。顧千里後序在《思適齋集》。

太玄經十卷　子部術數類

晉范望叔明解贊，郝梁子高校刊。明刊本。每半葉十行，行十八字。白口，單邊。首有陸績《述玄》，後附唐宰相王涯廣津纂《説玄》五篇。末有郝梁刻書跋。

太玄闡祕十一卷附編一卷　子部術數類

國朝陳本禮嘉會撰。原稿本。嘉會，號素村，又號耕心老農，江都人。首有汪硯山手書李兆洛中耆序。是書乃推尋揚子雲所歷時變，原其忠義憤鬱之微旨，故題曰《太玄闡祕》，非徒揆日星、察時序、明曆紀，爲占筮之資而已也。是書爲陳氏家藏藁本，有素村子逢衡手跋。

陳氏手跋曰：衡道光辛卯攜此書出游濟寧，舟次失落卷一、卷二一本，懊恨之至。先是，衡于二年前託友人寫一副本，未曾寫完，鈔有一、二、三、四四卷，存于匣中，幸亦帶出，即檢取卷一、卷二以補足之，暗中疑有神靈呵護，抑亦先君子之苦心不可没也。歲乙未，復攜之歸郡城，是至又九年矣。愧衡研耕餬口，不能付梓，又無後人付託，黯然流涕而已。黄生匯川聞而傷之，欲請爲鄴架之儲。因取出底稿本，校其訛字，用相持贈，匯川幸爲我寶之。道光二十四年歲次甲辰三月上巳日，略識顛末于右，時年六十有七。

汪氏手跋曰：陳本禮，字嘉會，號素村，江都人，先世由西鄉陳家集遷郡城南之甪里莊。幼好學詩文，吐棄一切。雅好書籍，收藏至十餘萬卷。所著有《屈辭精義》、《漢樂府三歌注》、《協律鉤元》、《急就探奇》，曰《瓠室四種》。其未刻者《焦氏易林考正》，即此書也，《續彙刻書目》亦謂未刻而載其名。按素村先生是書，大抵博引各家注釋，其有義理者，一一發明。又于先賢所繪諸圖中，復究精義，製《方圓一氣圖》，並附《筮儀集説》及《漢書雄傳年考》。力爲雄白其《太玄》之作，刺姦邪也，曲體子雲之心而抉幽摘伏，爲此《闡祕》一書，素村先生之本意也。書成于嘉慶二十二年，先生七十九矣。零紙存李申耆先生一序。次年先生卒，未及刻。其子逢衡保愛先人手澤，舟車南北，未嘗暫離。迨穆堂既老且貧，又無子，舉以付匯川黄生，冀黄可以刻之也。蓋匯川曾購《册府元龜》板以印書侔利，而兹書想是因其太冷而終置之。咸豐癸丑之亂，匯川死于難。越二十餘年，此藁流落于市。光緒四年三月，鋆適見之，以番蚨買歸，并將零紙李序録於卷首，姑爲什襲存，俟博雅慷慨君子閔而刻之，未始非闡發幽光之一事也，鋆蓋有厚望焉。光緒四年四月初七日，儀徵汪鋆謹識。逢衡，字穆堂，江都老明經。曾著《竹書紀年集證》、《逸周書補注》各書。

元包經傳五卷附元包數總義二卷 子部術數類

後周衛元嵩述，唐祕書少監武功蘇源明傳，唐國子監四門助教趙郡李江注並序。舊鈔本。首有政和元年楊楫序，紹興三十一年南陽張洸跋。《總義》二卷，則蜀臨卭張行成所補撰也。首有紹興庚辰張行成序。

皇極篇三十卷〔五〕 子部術數類

明西極文翔鳳天瑞撰。明刊本。每半葉九行，行二十字。白口，單邊。首有自序，又萬曆己未新都畢懋康孟侯序。是書分《伊》、《洛》二書，每書分詩、文、子、史四部。《伊書》凡十八卷，《洛書》凡九卷，共二十七卷，並綱目三卷，合三十卷。《四庫》未收。天瑞，號太清，三水人，萬曆庚戌進士，官至太僕寺少卿。尚著《太微經》二十卷，亦術數書也。

天原發微五卷　子部術數類

宋鮑雲龍景翔撰。明刊本。每半葉十一行，行二十二字。黑口，雙邊。題「魯齋鮑雲龍景翔編著，虛谷方回萬里校正，謐齋鮑寧庭謐辨正」。首有至元辛卯方回序，次總目，次凡例，次圖，次篇目名義，次問答節要。末有元貞丙申曹涇跋，大德己亥剡源戴表元後序。

天文精義賦四卷　子部術數占候類

宋岳熙載撰。汲古閣鈔本。是書見《國史經籍志》，不著撰人，卷數亦不合。然各家書目均不載，疑即此書。首葉次行署「管勾天文岳熙載撰」。管勾天文，是宋時官名，則熙載爲宋人無疑。

觀象玩占四十八卷拾遺一卷　子部術數占候類

不著撰人姓氏。舊鈔本。（案：南京盋山圖書館藏有《觀象玩占》刻本四十八卷、《拾遺》一卷，無序跋及著者名。皮紙印。每半頁十四行，行二十七字。黑口。版心題「玩占卷幾」。有版匡，無行綫。爲袁氏卧雪廬舊藏物。考《四庫存目》，《觀象玩占》五十卷，浙江吴玉墀家藏本，《浙江採集遺書總録》，進呈寫本十二册。舊本題唐李淳風撰。又《傳是樓書目》，藏《觀象玩占》五十卷四部，均鈔本。又《京師圖書館善本書目》，《觀象玩占》五十卷，明鈔紅格本，歸安姚氏舊藏。兩本卷數不同，未知内容異同若

何。)〔六〕

易林四卷　子部術數類占卜之屬

漢焦贛撰。景陵鍾伯敬評閲本。徐紫珊取士禮居所刻影宋本校改，錯訛者正之，脱失者補之，然宋刻差誤亦不免也。伯敬，名惺，明末人。有「徐印渭仁」白文方印。

徐氏手跋曰：《易林》爲占驗之學，一字之錯，吉凶相背。兹本别風淮雨，顯然刊誤之處點改之。或有文字深奥，不能强通，以存蓋闕之意，不敢附宋本爲金玉科律也。

又曰：此本幾不可讀，幸士禮居所刻宋本校之。然宋本亦錯訛不可讀，故點改之成善本矣。其注復見之卦詞，脱失甚多，當細校補之。

又曰：楊簡在曰，今人重宋槧本書，謂必無錯誤，卻不盡然。陸放翁《跋歷代陵名》曰，近世士大夫所至，喜刻書版，而略不校讎，錯本書散滿天下，更誤學者，不如不刻之愈。

按：簡在，名名寧，江陰人。楊文定公之弟，盧抱經婦翁也。

焦氏易林十六卷附易林元籥十測一卷　子部術數類

縮刻《士禮居》本。眉間有墨筆校語，卷末書「咸豐五年九月，避亂于鳳臺官署，校對一過。邠原記」。

夢占逸旨八卷　子部術數類

題「前進士應城陳士元撰，男階注，門人祝汝器、周俯、范圍校」。明刊本。每半葉八行，行二十字。

白口，單邊。是書分内篇、外篇。内篇凡十篇，外篇凡二十篇。首有自序。《四庫》未收。

五行精紀三十三卷 子部術數類

宋清江鄉貢進士廖中撰。張氏小瑯嬛福地鈔本。首有聞箏樓主人識語，周益公序、引用書目均佚。是書《文獻通考》載三十四卷，錢遵王《讀書敏求記》載三十二卷，此本存三十三卷，第三十四卷有目無書，是較《通考》缺一卷，較《敏求記》則多一卷。蓋此書在錢氏時已罕全帙，況又二百餘年之後，復多第三十三卷，豈不更可寶乎！有「小瑯嬛福地繕鈔珍藏」白文、「成此書費辛苦後之人其鑒我」朱文兩大方印，「張蓉鏡印」白文方印、「小琅嬛清祕張氏考藏」朱文橢圓印，「張蓉鏡印」白文、「芙川」朱文、「蓉鏡」白文、「蓉鏡珍藏」朱文、「琴川張氏小琅嬛清祕精鈔祕帙」朱文、「張氏蓉鏡」白文、「曾藏張蓉鏡家」朱文、「小琅嬛清祕藏書」白文、「芙川居士」朱文、「虞山張氏」朱文、「墨莊」朱文諸方印。

三曆撮要一卷 子部術數類

不著撰人姓氏。影宋鈔本。每半葉十行，行十九字。白口，單邊。是書按月具載吉日、利日，後載《萬通曆》、《集正曆》、《具注曆》等圖説，故曰《三曆撮要》。是書元本爲士禮居藏書，錢竹汀先生定爲南宋刊本，今歸罟里瞿氏。

三臺通書正宗四卷 子部術數類

題「潭城寒竹山人林紹周纂輯，男承竹林維松重編，書林文臺余象斗繡梓」。明刊本。每半葉十行，行三十字。白口，雙邊。是書明刻本甚多，各不相同，蓋皆當時各書林所刻。

法書要録十卷　子部藝術類

唐河東張彦遠集。明刊本。每半葉十一行，行二十字。白口，單邊。首有自序，後有《畫譜》本傳。

宣和畫譜二十卷　子部藝術類

不著撰人姓氏。明刊本。每半葉九行，行十九字。白口，雙邊。首有宣和庚子夏至序文。是書刊本罕覯，此乃明刻之最精者。首序只書歲月，不稱御製，自是古本，印本亦足。有「華亭顧谿翁藏」朱文方印，「星橋子印」朱文、「顧氏世維」白文兩方印，「六合徐孫麒氏珍藏書畫印」朱文、「孫麒氏使東所得」白文兩方印。

鐵網珊瑚十六卷　子部藝術類

明吴郡朱存理性父集録。明萬曆刊本。每半葉十行，行二十一字。白口，單邊。凡《書品》十卷、《畫品》六卷。後有海虞清常道人趙琦美跋。

畫史會要五卷　子部藝術類

厭泉山人朱謀垔隱之撰，男朱統鉷發若重校。明刊本。每半葉十行，行二十字。黑口，單邊。首有隱之自序，有引用書目。隱之，寧藩支裔。是書全用陶九成宗儀《書史會要》之例，故名亦因之。

王氏書苑十卷補益十二卷　子部藝術類

明王世貞元美撰，詹景鳳東圖補益。明刊本。每半葉十行，行二十字。白口，單邊。首有元美序。《王氏》凡五種，曰張彦遠《法書要録》十卷、米芾《海嶽書史》一卷、蘇霖《書法鈎玄》四卷、黄伯思《東觀餘論》二卷、黄訒《東觀餘論附録》一卷。《補益》凡九種，孫過庭《書譜》一卷、姜夔《續書譜》一卷、米芾《寶章待訪録》一卷、歐陽修《試筆》一卷、宋高宗《翰墨志》一卷、曹士冕《法帖譜系襍説》二卷、吾丘衍《學古編》二卷、劉惟志《字學新書摘鈔》一卷、董逌《廣川書跋》十卷。各書俱有單行本，王氏特彙刻之耳。《四庫》著録《補益》只八卷，缺《廣川書跋》一種，蓋殘帙也。

王氏畫苑十卷補益四卷　子部藝術類

明王世貞元美撰，詹景鳳東圖補益。明刊本。行款同《書苑》。首有自序。所録爲謝赫《古畫品録》一卷、沙門彦悰《後畫録》一卷、姚最《續畫品》一卷、裴孝源《貞觀公私畫史》一卷、沈括《圖畫歌》一篇、荆浩《筆法記》一篇、王維《山水論》一篇、張彦遠《歷代名畫記》十卷、劉道醇《宋朝名畫品評》三卷、朱景元《唐朝名畫録》一卷、陳詢直《五代名畫補遺》一卷、鄧椿《畫繼》十卷、黄休復《益州名畫録》三卷、米芾《海嶽畫史》一卷，凡十五種。《補益》爲梁元帝《山水松石格》一篇、王維《畫山水祕訣》一篇、荆浩《論畫山水賦》一篇、李成《山水訣》一篇、郭熙《林泉高致》一卷、郭思《畫論》一卷、《紀藝》一卷、《宣和論畫雜評》一卷、韓純全《山水純全集》一卷、李澄叟《畫山水訣》一卷、無名氏《論畫山水歌》一篇、李廌《畫品》

一卷、華光和尚《梅譜》一卷、李衎《竹譜詳録》一卷、張退公《墨竹記》一篇、董逌《廣川畫跋》六卷，凡十六種。

郁氏書畫題跋記十二卷續記十卷　子部藝術類

檇李郁逢慶叔遇甫編。舊鈔本。甚佳。

鐵函齋書跋六卷　子部藝術類

國朝山陰楊賓可師撰。傳鈔本。首有康熙四十七年大瓢山人自序。

復初齋題跋三卷　子部藝術類〔七〕

國朝翁方綱正三撰。傳鈔本。正三，號覃谿，大興人。乾隆十七年進士，官至内閣學士。覃谿工箠札，善題跋，于金石考據尤精。此三卷爲方小東所輯。首二卷刻入《涉聞梓舊》，想道咸中有鈔本流傳。末卷是小東從刻本《復初齋集》補之。小東，懷寧人，亦善分書，著有《枕經堂題跋》。

快雨堂題跋八卷　子部藝術類

國朝丹徒王文治夢樓著，休寧後學汪承誼桐生訂。傳鈔本。首有道光辛卯武進李兆洛序。李序云：夢樓太守以能書名海内，心農中書以收藏甲吳下，遂相契厚。中書所藏，太守必加墨焉。中書令子桐生裒集成帙，并搜太守他所評識，輯而刊之爲《夢樓題跋》。持論婉孈，不循常流，神理時出元章、山谷之外，讀者當自得之。而汪君鑒别之精審，藏弆之美富，令人歆羨。桐生之勤流播是書，其必知所以慎守之者矣。

别下齋書畫録七卷　子部藝術類

海昌放庵主人蔣光煦編，寵花居士許光治校。傳鈔本。首有同治四年芷湘老人管廷芬序。光煦，字生沐。光治，字羹梅。俱海鹽人也。此書爲許羹梅茂才手纂，未竟而殁。嗣後遭粤逆之亂，生沐所弆一旦盡歸劫火，其未録者竟付闕如。芷湘得其草稾，分爲七卷而序之焉。湯壎伯藏書。有「經常之印」白文、「壎伯」朱文兩方印。

朱卧庵藏書畫目一卷　子部藝術類

朱之赤卧庵編。傳鈔錢唐丁氏八千卷樓藏本。卧庵，休寧人，雅善收藏。

伯牙心法四册　子部藝術類

題「金陵楊掄輯」。明刊本。每半葉八行，行十六字。白口，雙邊。曲名在葉數之下。每序目跋刻頗精。掄，字桐庵，號鶴溆，江寧人。精于琴學，所著尚有《太古遺音》一卷。

集古印譜六卷　子部藝術類

太原王常延年編，武陵顧從德汝脩校。明萬曆刊本。每半葉四格。白口，單邊。口下有「顧氏芸閣」四字。首有萬曆三年汝脩自序，隆慶六年沈明臣序、黄姬水序，又舊序，又題辭，又凡例。是書初名《集古印譜》，王伯穀復嘉其名曰「印藪」，即《四庫書目》所著録者也。搜羅古印，摹刻成譜，首尚方諸璽，次官印，次私印，以沈約韻爲次。凡所收録，自其家以及好事者所藏曾經寓目者，咸以朱摹其文，而詳載其釋文、形制于其下。至前人所譜，如趙子昂之《印史》、王順伯之《復齋印譜》、吾子行之《印式》、楊宗道之《集古印譜》，皆散佚，鮮傳本，而此編並采綴以備考訂，謂之「印藪」，誠不虚矣。然甘旭《印正》序云，顧氏《印藪》摹勒精工，第翻摹兹多，舍金石而用棃棗，令古人心畫神跡湮没失真。此又一説也。

忘憂清樂集一卷　子部藝術類

影宋鈔本。每半葉十行，行二十五字。無標題，不著撰人姓氏。首載皇祐中張學士擬撰《棊經》十三篇，後有徽宗御製詩。詩後有「前御書院棊待詔賜緋李逸民重編」一行。案陳氏《書録》有《忘憂清樂集》，題棊待詔李逸民撰。而徽宗詩首句即曰「忘憂清樂在枰棊」，則此書之名《忘憂清樂集》無疑。錢遵王《讀書敏求記》有李逸民《棊譜》一卷，與此相合，則此書之爲李逸民撰更無疑矣。後有劉仲甫撰《棊訣》四篇、張靖撰《論棊訣要雜説》一篇，又列孫吴至宋舊圖若干局，又列棊勢若干局。末有黄蕘圃跋一則、《讀書敏求記》一則。宋本今在鐵琴銅劍樓。

玄玄棊經一卷　子部藝術類

元廬陵晏天章撰。元至正刊本。每半葉十二行，行十八字。高八寸一分，廣七寸七分。白口，雙邊。有至正七年歲在丁亥邵庵老人虞集序，又至正九年平心老人歐陽玄序，又自序。首列皇祐張學士擬《棊經》十三篇，又皮日休《原弈》、班固《弈旨》、馬融《圍棊賦》、吕公《悟棊歌》、《四僊子圖序》，又劉仲甫

《棊訣》，後附棊勢若干局。是書元刊元印，精雅無二，而篇幅闊大，字體明晰，誠爲珍品。錢遵王得此書，詫爲鮮有之祕，況又二百年之後，其可寶更當何如耶！

考古圖十卷　子部譜録類

宋吕大臨與叔撰，默齋羅更翁訂。元刊本。高六寸，廣四寸四分。黑口，雙邊。首有元祐七年汲郡吕大臨自序，次大德己亥古迂陳才子序，次茶陵陳翼子翼偁序，次爲《考古圖》所藏姓氏，除祕閣、太常、内藏外，有三十七家，皆北宋時收藏名家也。是書爲獨山莫氏舊藏，著録于《宋元舊本經眼録》。此本與藝風堂繆氏藏同出一本。無「重修」二字，此是元刊的證。瞿氏收明本標「重修」二字，即弘治間鄭宏經所刊本也。首有二卣主人廿一歲小像，嚴可均題篆書。後有倪稻孫題記云：「學有獲得古人之面目，利長年，惟不足以金吉而石樂」二行。按二卣主人即歸安陳抱之先生，刻《求古精舍金石圖》者。抱之，名經，字辛彝，著有《霅南唱和集》。稻孫，字穀民，號米樓，仁和人。工倚聲，與郭頻伽齊名，著有《翦雲樓詞》。有「鹿岩山人」白文方印。

嘯堂集古録二卷　子部譜録類

宋王俅子弁撰。影宋鈔本。首有雲龕山隱李邴漢老序。後有淳熙丙申廬陵曾幾伯虞後序，又元統改元吳郡干文傳跋。是書宋本在端忠愍公處，忠愍首録元人跋于後，故此本亦影之。

至大重脩宣和博古圖三十卷　子部譜録類

不著撰人姓氏。元至大刊本。每半葉八行，行十七字。高九寸二分，廣七寸。白口，單邊。按晁氏《讀書志》作王楚撰，錢遵王《讀書敏求記》作王黼撰，并云至大刊本凡「臣王黼」云云均削去，殆以人廢書，其爲王黼明矣。又考蔡絛《鐵圍山叢談》云，徽宗藏古器書畫于宣和殿，大觀初作《博古圖》一書。遵王謂成于宣和年間，則誤殿名爲年號，考之未審。是書字大及寸，古氣盎然，每品下俱注「依元様製」或「减小様製」，悉仍宋本款式，其爲元本無疑。明刊概爲减小，失其真矣。

古今錢略三十四卷　子部譜録類

望江倪模預掄述。大雷岸經鋤堂稿本。末有道光元年自序。預掄，一字迂村，居望江之大雷岸，嘉慶己未進士。其讀書草堂距家三里，正面建德諸山，屋旁即雷港也，顔以「三水山房」。草堂後小屋七間，積書至五萬卷，金石千餘卷。平生嗜古錢，書已刊行，此其原稿。摹搨古錢，依其輪廓翦之粘貼于上，而注其釋文、年載于下。卷首載國朝錢制，卷一爲國朝制錢，次古布幣、古刀、古布、古圜錢、古錢僞品、外國品、古錢奇品、雜品、古錢存疑、古錢存異、錢範。凡二十六卷，後六卷則論楮幣源流、歷代譜録、歷代錢制、古錢，附録古今收藏姓氏、師友題贈。卷末爲自撰《錢略序述》，洵錢譜中大觀。經鋤堂乃兒寬事，其書目則曰《江上雲林閣》，皆倪氏典也。

奕載堂古玉圖録一册　子部譜録類

國朝瞿中溶木夫編。傳鈔本。首有道光十二年自序。是書未有刻本，不分卷數。其自序云，書凡六卷，玉器共三百六十有五，適合乎周天之度數云。木夫之書大半數散佚，所著尚有《漢石經補正》、《官印考證》、《集古虎符魚符考》。

酒經三卷　子部譜録類

題「大隱翁撰」。按大隱翁，宋黄翼中别號也。影宋鈔本。每半葉十行，行十八字。高六寸五分，廣四寸八分。有宋刻本，乃絳雲樓藏書，爲六丁所遺，今歸鐵琴銅劍樓瞿氏，後有蒙叟手跋。此本即由原本影出。

錢氏跋曰：《酒經》一册，乃絳雲未焚之書。五車四部，盡爲六丁下取，獨留此經，天殆縱余終老醉鄉，故以此轉授遵王，令勿遠求羅浮鐵橋下耶。余已得脩羅采花法，釀仙家燭夜酒，視此經又如餘杭老媪家油囊俗譜耳。辛丑初夏，蒙翁戲書。

飲膳正要三卷　子部譜録類

元忽思慧撰。影元鈔本。每半葉十行，行二十字。首有天曆三年虞集序、忽思慧進上表文，又編集校正諸臣官銜，又一序，不著姓氏。此書詳列補氣血湯膏煎造之法，禽魚草木之類，均繫以圖。陸氏皕宋樓有元刻元印本，瞿氏鐵琴銅劍樓有明景泰内府重刊本。

東籬品彙録二卷 子部譜録類

明盧璧國賢撰。明嘉靖刊本。每半葉八行，行十八字。白口，單邊。又有嘉靖癸亥國賢自序、許穀序、張祥後序。《四庫》未收。按菊之有譜自宋人始，宋有劉彭城、范石湖、史吳門三譜，明有《德善齋譜》、沈重濵《菊品》。國賢以前人多未從事于手植，類多疏略，于是錯綜斟酌，或合或分，參考舊編，增以新得，萃而爲録，凡二百有餘品，較前人爲詳密矣。

於陵子一卷 子部雜家類

舊題「齊子終仲子，實明姚士粦叔祥僞撰」。舊鈔本。首有漢劉向校語、元鄧文原題辭，均僞也。有姚士粦、沈士龍、胡震亨三序。後有趙開美、施承芳後序。此書鈔自《祕册彙函》，書法極工整。有「毛晉之印」白文方印、「太倉畢氏靜逸庵圖記」朱文方印，「秦恩復印」白文、「敦夫」朱文兩方印。

吕氏春秋二十六卷 子部雜家類

高氏訓解。明萬曆刊本。每半葉十行，行十八字。白口，單邊。首有高誘序，嘉靖戊子關中許宗魯東侯序。目録後有鏡湖遺老記。

重刊吕氏春秋姓名

明文安蒲汀姜　壁重訂

義烏紹東虞德燁重刊

臨桂一軒左懋貞校正

江陵雲谷樊大通同校

［牌子］：萬曆己卯孟夏梓於維揚資政左室

畢校呂氏春秋補正二十二卷 子部雜家類

國朝畢沅秋帆校，日本東都松皋圃補正。傳鈔本。首有文化十四年迂齋松皋圃自序。

淮南鴻烈解二十八卷 子部雜家類

題「漢太尉祭酒許慎記上，後學劉績補注，後學王溥校刊」。明弘治刊本。每半葉九行，行十七字。黑口，雙邊。首有高誘舊序。末有弘治辛酉劉績跋。沈子培方伯云，明刊《淮南子》以此本爲最佳。

人物志三卷 子部雜家類

題「魏散騎常侍劉劭撰，涼儒林祭酒劉昞注」。明隆慶刊本。每半葉八行，行十六字。白口，雙邊。首有阮逸序。末有文寬夫跋，宋庠記，劉劭、劉昞傳，王三省跋，隆慶壬申揭陽鄭旻重刊跋。卷第、行款悉仍古本，萬曆間河間劉用霖所刊即出自此本。有「于氏東始山房印記」朱文長方印、「于熙學印」白文方印、「秋溟」朱文方印，「司空尚書郎」朱文、「損堂圖書」白文、「樹筆堂印」朱文三方印。

人物志三卷　子部雜家類

明刊本。每半葉八行，行十六字。白口，單邊。首有阮逸序、劉劭自序。末有文寬夫記、宋庠記、王三省後序。有「古鹽張氏」白文、「宗橚之印」白文、「一字思嵒」朱文三方印，「古瀛施振成人韶氏所見」白文方印、「劫餘古豔」白文方印。

顏氏家訓二卷　子部雜家類

北齊黄門侍郎顏之推撰，皇明蘇州府同知嗣孫如瓌校刊。明刊本。每半葉十行，行二十字。白口，單邊。末有正德戊寅冬十月望日如瓌後序。有「□瀚之印」白文、「王穉登印」朱文兩方印，「晉安徐興公家藏書」朱文長方印，「鄭杰之印」、「注韓居士」白文兩方印，「鄭氏注韓居士珍藏記」朱文長方印，「欒庭之印」朱文、「馬本林」白文兩方印，「梁印章鉅」白文方印、「茝林珍藏」朱文長方印、「閩中十五代讀書之家梁章鉅印」朱文方印、「藤花吟館」白文方印。

顏氏家訓二卷　子部雜家類

明建寧府同知績溪程伯祥刊。卷下書「建寧府通判廬陵羅春刊」。每半葉十行，行十九字。白口，單邊。首萬曆甲戌仲秋之吉翰林國史修新安張一桂稚圭序〔八〕，又萬曆三年歲次乙亥孟春之吉復聖六十四代嫡孫世襲翰林院博士不肖嗣慎序，又賜進士翰林院修撰承務郎同修兩朝國史魯人于慎行後序。末有牌子。

牌子：

是書歷年既久翻刻數多 其間字畫頗有差謬今據 諸書暨取證於 先達李蘭皋諸公尤有未 盡姑闕以俟知者

白虎通德論十卷 子部雜家類

題「臣班固纂集」。影鈔元大字本。每半葉九行，行十七字。白口，雙邊。首有大德九年東平克齋張楷序，又東平嚴度恪齋序。是書原本爲元大德丁未劉平父刊本，與《風俗通》合刊，字大而精，與十行本不同。

縮寫元大德本白虎通德論十卷 子部雜家類

書種軒張氏縮臨本，黄琴六先生廷鑑手校。首有大德九年四月旦日東平克齋張楷序、大德乙巳四月望日中奉大夫雲南諸路行中書省知政事東平嚴度恪齋題，又無名氏序。首有黄琴六撰校例七則。有羅紋箋封，篆書「元大德合刻白虎通風俗通縮臨本」，後書「道光辛丑閏月書種軒張氏鈔藏」。有「書種軒後人」朱文方印、「蟠庵」白文小方印，「琴六手校」朱文、「古書誤亦好」朱文兩方印。

黄氏手跋曰：子慎主人屬校二《通》書既畢，其中朱墨雜施，注記紛如，恐覽者或未能了然，輒書校例七則于首。拙經叟手識。

白虎通德論二卷 子部雜家類

明刊本。每半葉十行，行十六字。白口，單邊。首有大德九年東平克齋張楷序，又東平嚴度恪齋題，又嘉靖改元夏五月壬申後學蜀昌冷宗元序。

西溪叢語二卷 子部雜家類

宋剡川姚寬撰。明嘉靖鶫鳴館刊本。每半葉十行，行二十一字。白口，單邊。口下有「鶫鳴館刻」四字。首有紹興昭陽作噩寬自序。寬，字令威，嵊縣人。又嘉靖戊申錫山俞憲汝成氏刻書序。是書錢氏述古堂有手鈔校本，即從鶫鳴館録出。黄氏士禮居亦有此本，均視爲難得而登諸舊刻之列，不得以明刊而輕視之也。

演繁露十六卷續六卷 子部雜家類

宋新安程大昌撰，明建安鄧渼校。明刊本。每半葉十行，行二十字。白口，單邊。首有淳熙庚子大昌自序，萬曆丁巳鄧渼刻序。有本傳。江都焦里堂先生循手校，《續集》六卷亦里堂手書也。有「焦氏藏書」白文方印、「焦循閱」白文長印、「半九書塾」白文方印，「焦循私印」白文、「理堂」朱文兩方印。

焦氏手跋曰：《演繁露》十六卷，乾隆丁未年所得也。嘉慶戊午年于市上見鈔本，止十四卷，而後有《續集》六卷。時與黄春谷同行，趣之買回。越一年己未之冬，於市上又見之。蓋市賈索春谷重價，不果買而返諸市耳。鄭耀廷於次日遂購得，余因假歸，與此本相較而互標其異同。復手録《續集》附于後，共成一帙。校讎之力，吾弟季蕃有功焉。嘉慶庚申上巳日，江都焦循記。

困學紀聞二十卷　子部雜家類

浚儀王應麟伯厚卷二以下有「甫」字。撰。元刊本。每半葉十行，行十八字。高六寸七分，廣四寸三分。黑口，雙邊。首有至治二年秋八月壬辰隆山牟應龍序，泰定二年冬十月門人袁桷序，又深寧叟自序。序連目録，目後有「伯厚甫」、「深寧居士」二墨記。卷末有「孫厚孫寧孫校正」、「慶元路儒學學正胡杲監刊」二行，又泰定二年十二月癸卯慶元路儒學教授吴郡陸象之後序。有「孔繼涵印」白文、「南洲」朱文、「紅櫚書屋」朱文三方印。

經籍志鈔不分卷　子部雜家類

元馬端臨貴與撰。舊鈔本。首有自序。此書即《文獻通考》中之《經籍考》，明人天順中有刻以單行者，此即從單行本所録，不著卷數，《通考》作七十六卷。有「錢湖之印」白文、「玉山」朱文兩方印，「玉山珍玩」朱文、「綺望樓藏書記」朱文兩方印。

丹鉛總録二十七卷　子部雜家類

博南山人升庵楊慎用脩著集，滇南心泉梁佐應台校刊。明刊本。升庵著有《丹鉛餘録》十七卷、《續録》十二卷、《閏録》九卷、《摘録》十三卷，此《總録》乃其門人梁應台所重編也。首有嘉靖升庵自序，應台序。末有靖安趙文同後序。

信摭一卷〔九〕　子部雜考類

國朝章學誠實齋撰。傳鈔本。

風俗通十卷　子部雜家類

題「漢太山太守應劭撰」。影鈔元大字本。每半葉九行，行十七字。白口，雙邊。首有自序，大德乙巳謝居仁顯卿序，大德丁未李果序。末有嘉定十三年東徐丁黼跋。後有過録黄廷鑑跋二則。余藏有琴六先生手校張氏種書堂縮臨大德本二《通》，蓋即出此本也。

縮寫元大德本風俗通十卷　子部雜家類

書種軒張氏鈔藏本，黄琴六先生手校。首有應劭自序，大德丁未中和節太中大夫行都水監李果序，大德乙巳陽月中議大夫江南浙西道肅政廉訪副使謝居仁顯卿題。後有嘉定十三年秋七月庚子東徐丁黼序。鈔寫秀雅，校刊詳審，精品也。

黄氏手跋曰：余向知《白虎》、《風俗》二通有元人合刊大字本，嗣于嘉慶初元得見吴門士禮居所藏本，而《風俗》已失，心耿耿者四十餘年。去秋，聞吾里瞿子雍明經得此二書，欣然拏舟造觀，并假歸攜至寶閒書館。子慎主人見之，驚爲希有，爰命仲子琪縮寫爲巾箱本，行款、字數及漫漶處殘闕字畫悉依摹寫，諸序之行草書則手自彷臨，惟恐失真，譬之人形體不同而精神面目惟妙惟肖，觀者幾咤丈人之化侏儒也。此大字本其自來脱誤者與明刻雖無甚異，而班書之篇目舊第未改，書中如「八妾于皇明周」之類，盧氏《校勘》已著其善，不復論。至應氏書目，世尤罕見。卷七「孟某」條「出晝」字三見，而一作「畫」，即此一字，已足顯元本之善。詳見本條附注。〔一〇〕他如青菁、訊誶、哲誓、京原（㝩）、飾飭、齋資，古書通假之字，今人晢爲訛謬而竄改者，皆可據此本正定之，益信元刊之勝俗本多也。噫，古刻日亡，子雍之通假，子慎之愛古，其志均堪嘉尚，而余更幸元刻之得重度一種子也。寫竟屬校，爰書其顛末于後，餘别詳校例。道光辛丑歲小春月既望，八十拙叟黄廷鑑跋。

夢溪筆談二十六卷　子部雜家類

題「沈括存中」。元刊本。每半葉十四行，行十八字。高六寸六分，廣四寸九分。黑口，單邊。首有自序，目録連屬序後。每條次行低二格，宋諱或避或不避。後有乾道二年左迪功郎充揚州州學教授湯脩年跋。中有明人字跡，後人又以汲古閣本校誤，以朱書之。是書爲南昌彭氏知聖道齋舊藏，相傳以爲宋本，實元刊也。考黄蕘圃《筆談》跋云，《筆談》于宋人説部中最爲賅備，故世尤珍之。然宋刻絶少，所見惟元刻小匡子本爲最古，此外則皆黑口本爲好本子矣。黑口本亦有二，一闊板子，世以爲贋宋刻。一狹板子，此其是也。觀者可以證宋本爲白口，而黑口本決非宋板也。孫氏《平津館藏書記》有元刊本，與此毫釐不爽，益信此爲元本無疑。然世鮮宋本，即元刊小匡子本亦不多見，自不得不以此黑口本爲佳本矣。此書已贈劉氏楚園。有「民信」朱文方印、「十竹主人圖史記」朱文方印、「南昌彭氏」朱文方印、「知聖道齋藏書」朱文長方印、「遇讀者善」白文方印、「獨山莫氏藏書」、「莫氏祕笈」朱文兩方印。

彭氏手跋曰：此書的係宋本，避諱字皆合。上有成化以前人朱墨字蹟。芸楣記。乾隆甲辰暮春。

又曰：朱書乃近人校琴川毛氏刻本所注。墨書則自署化治年號，其別號曰海岳。考閩人郭造卿建初有此號，或其人也。嘉慶丙辰再記。

夢溪筆談二十六卷 子部雜家類

元刊本。每半葉十四行，行十八字。高六寸五分，廣四寸九分。白口，單邊。首有自序。後有湯脩年跋，蓋出於宋本。惟只存二十卷，後六卷影鈔前本補足。書中間有補葉，字作方體，蓋明補也。此本爲各家書目所無，然其中可以證明宋本之訛者甚多，亦一善本也。有「春遠樓」朱文方印、「有宜軒」白文長方印，「何印述禹」白文、「功遠」朱文兩方印。

夢溪筆談二十六卷補筆談三卷續筆談十一篇 子部雜家類

明翻宋刊本。每半葉九行，行十八字。白口，單邊。存中，錢唐人，寄籍吳縣，晚卜居潤州，夢溪即其所居地也。首有自序、崇禎四年馬元調巽甫重刊序。《補筆談》有巽甫序，又乾道二十年湯脩年序。宋諱俱缺筆。封面下有「字畫悉照宋刊」字樣。

東坡先生志林五卷 子部雜家類

題「琅琊焦竑弱侯評」。明套紅刊本。每半葉八行，行十八字。白口，單邊。首有《志林總論》，又西吳沈緒蕃弱瞻序。

石林燕語十卷 子部雜家類

宋葉夢得少藴撰，子棟、桯、模編。明刊本。每半葉九行，行十八字。黑口，單邊。首有石林人自序。後有正德元年督清軍政監察御史楊武跋。提行空格，俱依舊式，蓋宋本所出，爲明刻之最上本也。

辯言一卷 子部雜家類

宋員興宗撰。舊鈔本。首有小引云：「今觀歷世經解傳注之言，有出入道者。退且懼其不純也，約衆萬之指，示精一之義，隨意而訂正。余非以侈吾辯也，求以辯道云耳。訓諸理，作《辯言》。」首載《提要》：「興宗，字顯道，仁壽人。未第時讀書九華山，因以自號。著有《九華集》。」

鶴林玉露十六卷 子部雜家類

廬陵羅大經景綸甫編輯，松陵王叔承承父校訂。明刊本。每半葉九行，行十八字。白口，單邊。首有景綸三引，又目録。

藏一話腴四卷 子部雜家類

宋陳郁仲文撰。舊鈔本。首有岳珂序，又《提要》。有「結一廬藏書印」朱文方印。

焦氏筆乘二卷 子部雜家類

明秣陵焦竑弱侯撰。明刊本。每半葉十八行，行二十字。白口，單邊。首有自序、豫章鄒德溥序。

尖陽叢筆十卷 子部雜家類

國朝吳騫槎客撰。傳鈔本。槎客，號兔牀，海寧州人，家有拜經樓，藏書所也。

春明日鈔三卷 子部雜家類

國朝仁和朱文藻朗齋撰。傳鈔稿本。中有「戊戌中春長至，京師寓齋校書隨録」一行。

聽雨録一卷 子部雜家類

國朝陳撰楞山撰。傳鈔本。楞山，號玉几山人，鄞縣人。

東坡先生物類相感志十八卷 子部雜家類

傳鈔本。首有崇禎丁丑年四月八日記云：「向于眉公祕笈中見《東坡物類相感志》，疑是贋本。今春又得兹本，絶不相得，想即僧贊寧所採，託蘇長公名耳。閲其《摭録》諸則，頗有雅韻，並存之以備參考。」

多能鄙事十二卷 子部雜家類

括蒼誠意伯劉基類編。明嘉靖刊本。每半葉十二行，行二十四字。黑口，單邊。首有嘉靖十九年季冬吉青田縣儒學訓導浮梁魯軒程法拜序。分春、夏、秋、冬四卷，每卷三子卷，凡飲食、服飾、器用、百藥、農圃、牧養、陰陽、占卜、占斷、十神十類。《平津館鑒藏書籍記》著録此書云，黑口巾箱本，每葉廿四行，行廿三字。較此本少一字，多嘉靖癸亥范惟一序。分飲食、服飾、器用、百藥、農圃、陰陽六類，較此本少四類。蓋另一刊本也。

秦漢圖記 子部雜纂類

題「萬曆壬寅中秋陝西布政使司重刊」。凡《三輔黄圖》六卷，不著撰人。《西京雜記》六卷，題丹陽葛洪稚川集。明刊本。每半葉九行，行十八字。白口，單邊。首有萬曆乙酉廬陵郭子章《合刻秦漢圖記序》。序云：「二書皆未著作者。《黄圖》記關中宫室苑囿，或謂出梁、陳間，或謂出漢、魏間，新安程泰之辨其有唐邑名，直以爲唐書。《雜記》載西漢遺事，或謂出劉子駿，或謂出葛稚川，而晁氏又謂吴均依託爲之，俱未可知。然二書實記二代之故實，故命别駕梁君質夫總付剞劂，名曰《秦漢圖記》」云云。《黄圖》首有原序，無姓氏。又嘉靖己未白川劉景韶序。後有通州江一山跋。《雜記》首有嘉靖十三年吴郡黄省曾序，又萬曆乙亥莆田柯茂竹序。有黄再同立像大長方印。

新增格古要論十三卷 子部雜家類

雲間曹昭明仲著，雲間舒敏志學編校，吉水王佐功載校增，新都黄正位、黄叔重校。明刊本。每半葉十行，行二十字。白口，單邊。首舒敏序。首論琴，次論墨蹟、法帖、古畫、珍寶、古銅、硯石、窯器、漆器、古錦、木竹、文房、誥敕題跋、雜考，凡十三卷，亦藝林之要書也。原書三卷，流傳甚稀，所見皆新增本矣。

雅尚齋遵生八牋十九卷　子部雜家類

古杭高濂深甫氏編次。明刊本。每半葉九行，行十八字。白口，單邊。首有分書自序。是書分八門，其一曰《清修妙論牋》二卷，皆養身格言；其二曰《四時調攝牋》四卷，皆按時修養之訣；其三曰《起居安樂牋》二卷，皆寶物器用可資頤養者；其四曰《延年卻病牋》二卷，皆服氣導引之方；其五曰《飲饌服食牋》三卷，皆飲食品名目，附以服餌諸物；其六曰《燕閒清賞牋》三卷，皆論賞鑒清玩之事，附種花卉法；其七曰《靈祕丹藥牋》二卷，皆經驗方藥；其八曰《塵外遐舉牋》一卷，皆敘歷代隱逸事蹟也。是書首行題曰「雅尚齋遵生八牋」，原本也。其後尚有弦雪居重訂本，則景陵鍾伯敬惺所校閱者也。

欣賞編十集　子部雜家類

明吳郡沈津潤卿編集。明正德刊本。首有正德六年靜庵沈杰序。分甲、乙、丙、丁……十集，每集首行下書「欣賞編某集」五字，凡「甲」、「乙」等字均作陰文。甲集爲《玉古考圖》，元朱德潤澤民撰。有至正自序，後有吳匏庵跋。乙集爲《漢晉印章圖譜》，臨川王厚之順伯考，古邨李宗吕迂叟編。後有崑山黄雲跋。丙集爲《文房圖贊》，宋林洪龍發撰。有自序，後有祝允明跋。丁集爲《續文房圖贊》，宋羅先登瑞卿撰。有自序、樊士寬序，後有沈周跋。戊集爲《茶具圖贊》，題審安道人撰。首有自序，後有朱存理跋。己集爲《研譜》，題高氏似孫修。後有文徵明跋。庚集爲《燕几圖》，宋黄長睿伯思撰。首有自序，後有陳植跋。辛集爲《古局象碁圖》，司馬温公述。首有無名氏序，後有徐禎卿跋。壬集爲《譜雙》五卷，宋洪邁撰。首有自序，後有唐寅跋。癸集爲《打馬圖》，宋易安居士李清照。首有自序，後有朱凱跋，又邢參跋。是書世不多見，爲各家書目所無。《四庫》收入《存目》，云明沈津編，徐中行序。序稱書十卷，然實八册，不分卷數。序稱始於詩法，終於修真。而書中詩品、詞評乃在第三册下，尤顛舛無緒。所載出陶宗儀《説郛》者十之八九，皆移易其名。至於改竄居隆《碑帖考》，尤多舛戾。按《四庫》所云與此全不相類，無一毫脗合者，蓋僞書也。此書傳本稀若晨星，後人但知其名，而妄剽竊他書以充之，以冀魚目之混珠，則中行之序亦僞託無疑。今幸出真本，足以證之。明人作僞，往往如此，雖曰小技，亦藝林之勝賞也。有「六合徐孫麒珍藏書畫印」朱文長印。

山居雜誌二十集（二）　叢書類

明新安汪士賢伯仁編。明萬曆刊本。每半葉九行，行二十字。白口，單邊。首有萬曆癸巳新都謝陛序。缺首二葉。首晉嵇含《南方草木狀》三卷，次吴僧贊寧《筍譜》一卷、晉戴凱之《竹譜》一卷、宋范成大《梅譜》一卷、宋歐陽修《洛陽牡丹記》一卷、宋邱璿《牡丹榮辱志》一卷、宋陸游《天彭牡丹譜》一卷、無名氏《亳州牡丹志》一卷、宋王觀《芍藥譜》一卷、宋陳思《海棠譜》三卷、宋蔡襄《荔枝譜》一卷、宋韓彦直《橘譜》三卷、宋史鑄《百菊集譜》六卷《補遺》一卷、唐陸羽《茶經》、明汪士賢《茶譜》《茶經外集》各一卷、明徐炬《酒譜》一卷、宋陳達叟《蔬食譜》一卷、宋陳仁玉《菌譜》一卷、明王槃《野菜譜》一卷、宋傅肱

《蟹譜》二卷、明袁達德《禽蟲述》一卷，凡二十集三十五卷，中有十三集與《百川學海》同者。伯仁刻有《漢魏六朝二十一家集》，後(有)又刊此集，可謂富矣。朱氏《彙刻書目》有此書。

筆叢三十二卷續集十六卷　子部雜家類

明安定胡應麟著，新城鄧渼、殷城黄吉士、泌水孫居相同校，新安吴勉學閲刊。明刊本。每半葉十行，行二十字。白口，單邊。首有萬曆黄吉士序，又孫居相序，又陳文燭《少室山房集序》。應麟，字元瑞，蘭溪人。《少室山房集》，其文集也。是書分甲、乙、丙、丁……十部，曰《經籍會通》，曰《史書佔俾》，曰《九流緒論》，曰《四部正譌》，曰《三墳補逸》，曰《二(酉)[酉]綴遺》，曰《華陽博議》，曰《莊嶽委譚》，曰《玉壺(暇)[遐]覽》，曰《雙樹幻抄》，凡三十二卷。明人講究目録之學，首推是書。又《續集》二部，曰《丹鉛新録》，曰《藝林學山》，凡十六卷二種，則皆駁楊升庵作也。

群芳清玩四册　子部譜録類

吴門李璵惠時編。[明]刊本。每半葉八行，行十八字。白口，單邊。首有己巳中秋徐亮序。所編凡梁虞纂《鼎録》、陶弘景《刀劍録》、宋米芾《研史》、湯垕《畫鑒》、杜綰《石譜》、明袁宏道《瓶史》、明王思任《弈律》、宋王貴學《蘭譜》、明屠本畯《茗笈》、毛晉《香國》、馬宏(衡)[衜]《采菊雜詠》、嚴澂《蝶几譜》十二種。

群書治要五十卷 子部類書類

唐祕書監鉅鹿男臣魏徵等奉敕撰。日本刊本。首有徵自序，有日本天明七年丁未四月朝散大夫國子祭酒林信敬序，又尾張國校督學細井德民《刊群書治要考例》。後有「尾張國校藏板」朱文大圓印。

龍筋鳳髓判注四卷 子部類書類

唐浮休子張鷟著，明小隱子劉允鵬注，濟南生張延庭校，金陵周曰校刻。明刊本。每半葉十一行，行二十字。白口，雙邊。鷟，字文成，號浮休子，深州陸梁人，事蹟《唐書》附其孫張薦傳中。允鵬，字敬虛，武定人，嘉靖辛卯舉人。是書首有嘉靖二十七年劉允鵬自序，又萬曆乙酉長山劉一相序，又張延庭序。末有金陵周對峰重刊跋。

藝文類聚一百卷 子部類書類

唐太子率更令弘文館學士歐陽詢撰，明秣陵王元貞校。明刊本。每半葉十行，行二十字。白口，單邊。首詢自序，天水胡纘宗序，長洲湯聘尹序，又無名氏序。

初學記三十卷 子部類書類

唐光禄大夫行右散騎常侍集賢院學士副知院事東海郡開國公徐堅等奉敕撰。明寧壽堂刊本。每半葉八行，行十八字。白口，單邊。口上有「寧壽堂」三字。目録前有「大明萬曆丁亥太學生徐守銘重校于寧壽堂梓行」一行，首有宋紹興四年福唐劉本序。《初學記》均出於安桂坡館本，九洲書屋、寧壽堂、陳大科各本脱葉訛字均仍之，嚴鐵橋曾以元本校補，爲最佳。

唐宋白孔六帖一百卷 子部類書類

不著撰人姓氏。明刊本。每半葉十行，行十八字。白口，單邊。按《文獻通考》，《六帖》三十卷，唐白居易撰。《後六帖》三十卷，宋知撫州孔傳撰。此本合而爲一，又以六十卷增作百卷。首有韓駒序，殆出于南宋人之手乎？

事類賦三十卷 子部類書類

題「宋博士渤海吳淑撰注」。元刊本。每半葉十一行，行二十字。高六寸五分，廣四寸八分。黑口，單邊。首列紹興丙寅邊惇德序，次《進注事類賦狀》，次目録，末列銜名三行。《平津館鑒藏書籍記》有此書。

宋紹興丙寅右迪功郎特差監潭州南嶽廟邊惇德

右儒林郎紹興府觀察推官主管文字陳　綬

右從政郎充浙東提舉鹽司幹辦公事李端民校勘

藏印有「長白覺羅崇恩仰之氏鑒藏圖書印」朱文方印，「禹舲」朱文、「玉牒崇恩」白文兩小方印，「語鈴道人」白文方印，「徐氏樹銘」朱文、「壽蘅」白文、「徐氏伯子」朱文、「壽蘅」朱文四方印，「湘潭袁氏藏書之印」白文長方印。

事類賦三十卷　子部類書類

明刊本。皇明都事錫山華麟祥校刊。明崇正書院刊本。每半葉十二行，行二十字。白口，單邊。口上有「崇正書院」四字，下有刻工姓名。每葉有小耳。首有紹興丙寅邊惇德序，又《進注事類賦狀》。後有嘉靖丙寅句吳華雲跋。

銜名

宋紹興丙寅右迪功郎特差監潭州南嶽廟邊惇德

右儒林郎紹興府觀察推官主管文字陳　綬

右從政郎充浙東提舉茶鹽司幹辦公事李端民校勘

皇明嘉靖壬辰常州府無錫縣學生倪奉／施漸／浦錦／陸子明／苗子寔／秦采／俞寰／華復初／安如石重校

太平御覽一千卷　子部類書類

宋李昉等奉敕撰。明活字本。每半葉十一行，行二十二字。白口，單邊。首有《太平御覽小引》，又萬曆改元常郡黄正色序，稱宋世刻本俱已湮滅，近世雲間朱氏僅存者亦殘缺過半。海内鈔本雖多，傳寫輾轉，訛寫益甚。吾錫士大夫有好文者，因閩省梓人用活字校刻。始事於隆慶二年，至五年纔印其十之一二，浩瀚苦難，閩人散去。於是潮人倪炳伯文篤心好古，居業于錫，謀於郡邑二三大夫，協力鳩工，鋟諸梨棗。孫國子虞允一元力任讎校，忽於隆慶六年捐館，弗克終事。薛憲副應登有校得善本，藏諸家塾。其仲子庠生名逢者，善繼先志，出所藏本，俾倪氏繕寫付刻云云。

錦繡萬花谷前集四十卷後集四十卷續集四十卷別集三十卷　子部類書類

不著撰人姓氏。首有淳熙十五年自序。明刊本。每半葉十二行，行二十二字。白口，單邊。別集三十卷，口上有「嘯石書堂」四字，下有一「別」字。別集不見於自序，蓋明人所續編也。黄氏《千頃堂書目》著録《前》、《後》、《續》、《別》四集，與此相合。

新編古今事文類聚前集六十卷後集五十卷續集十八卷別集二十二卷新集三十六卷外集十五卷　子部類書類

宋祝穆和父編。元刊本。每半葉十四行，行二十八字。高六寸，廣四寸。黑口，雙邊。前有淳祐丙午和父自序。是書《前》、《後》、《續》、《別》四集爲和父所編，《新集》、《外集》則元南江富大用時可編。明刻本又有《遺集》十五卷，則元祝淵宗禮所編也。元印本《新集》、《外集》有「泰定丙寅武溪書院刊本」牌子兩行，此本無，然確是一版。有「祥符瑞瓜堂圖書」朱文方印、「詒印」白文小長印、「季貺」朱文方印。

鮑氏手跋曰：《新編古今事文類聚》，《前集》六十卷、《後集》五十卷、《續集》十八卷、《別集》二十二卷，題建安祝穆和父編。《新集》三十六卷、《外集》十五卷，題南江富大用時可編。前有淳祐丙午祝穆序。每集前俱有目録。《外集》引元官制書稱爲「大元」，富大用本元人，此蓋元刻本黑口版。

每葉二十八行，行二十八字。爲周季貺先生星詒舊藏。有「祥符周氏瑞瓜堂圖書」方印、「詒印」長方印、「季貺」方印。

又曰：按此書明内府有大字刻本外，又有明刻本二，一金谿唐氏重刻本，一建陽知縣鄒可張訂本，均每葉二十八行，行二十八字。唯行款雖同，而字體方整，神采遠遜矣。今世行多鄒、唐二本。又明本有《遺集》十五卷，元祝淵撰。元刻本則無《遺集》也。宣統三年歲次辛亥四月，仁和鮑毓東謹識于白門懷豳園。

新編古今事文類聚前集六十卷後集五十卷續集二十八卷別集三十卷新集三十六卷外集十五卷遺集十五卷　子部類書類

建安祝穆和父編，知建陽縣事南海鄒可張訂。《新》、《外集》南江富大用時可編集，《遺集》建安祝淵宗禮編。明萬曆安正堂刊本。每半葉十四行，行二十八字。白口，單邊。首有淳祐丙午和父自序。分禮、樂、射、御、書、數六號。《前集》目録首葉有「是編告成，惟本朝諸賢所著之文不敢僭書其諱，謹依文送，各以字書。又有不以字顯者，未免直以諱書之。并誌篇端，庶知凡例云」三行。末有牌子。有「秦中王氏雪飄藏書記」朱文方印，「王氏珍藏」朱文、「雪帆」朱文兩方印。

牌子：

萬曆歲次丁未季冬月 書林安正堂劉雙松梓

新編事文類聚翰墨大全後集六十三卷 子部類書類

宋劉應李希泌撰。元刊本。每半葉十二行至十四行不等，行二十四字。高五寸三分，廣三寸三分。黑口，單邊。按《提要》云，宋劉應李撰。自稱鄉貢進士，其里籍未詳。考《千頃堂書目》云，字希泌，建陽人，咸淳中進士，授本邑主簿。入元不仕，講學于洪源書堂。是書《前集》分甲至癸十集，《後集》分甲、乙、丙、丁、戊五集，卷數各不同。此本甲集缺卷五，丁集缺一、二、八、九四卷，戊集缺八、九二卷，乙、丙兩集完善。印本甚精，惟殘缺爲憾耳。

古賢小字録一卷 子部類書類

題「成忠郎緝熙殿國史實録院祕書省搜訪官陳思纂次」。張氏研古樓鈔本。首有崑山吴大有序。思，字續芸，臨安人。世爲書賈，著名于時，設書肆于睦親坊棚北大街。喜文章，好撰述，著有《寶刻叢編》二十卷，尤爲淵博。此外尚有《書苑菁華》十二卷、《海棠譜》二卷，今皆存。有「古鹽張氏」白文方印，「宗橚之印」白文、「一字思喦」朱文聯珠印，「緑蓑青笠村居」朱文長印、「研古樓鈔本」白文方印。按，宗橚，涉園曾孫，海鹽世家也。

全芳備祖前集二十七卷後集三十一卷 子部類書類

天台陳景沂編，建安祝穆訂正。傳鈔本。首有寶祐丙辰自序，又寶祐元年安陽老圃韓敬序。明王象晉《群芳譜》即采自此書也。景沂，號江淮肥遯愚[一]子。

山堂考索前集六十六卷續集五十六卷别集二十五卷　子部類書類

題山堂先生章俊卿編集，建陽知縣區玉刊行，縣丞管韶校正，羅源知縣徐珪校正。明正德慎獨齋刊本。每半葉十四行，行二十八字。前有正德戊辰鄉貢進士莆田守素軒鄭京序，有山堂先生小像。目録後有慎獨書齋刊行木記。有「秀水朱潛采堂圖書」朱文方印、「北平翁方綱藏書印」朱文長方印、「顧廣圻印批校藏書」白文長方印、「陳寶儉藏印」朱文方印。

牌子：

皇明正德戊寅 慎獨書齋刊行

玉海二百卷附詞學指南四卷　子部類書類

宋王應麟伯厚撰。元刊明補本。每半葉十行，行二十字。白口，單邊。上有字數，下有刻工姓名。是書乃至元六年浙東宣慰使司都元帥也乞里不花刊板于慶元路儒學，并刊《詩考》、《詩地理考》、《漢藝文志考》、《通鑑地理通釋》、《王會篇》、《漢制考》、《踐阼篇》、《急就篇》、《小學紺珠》、《姓氏急就篇》、《六經天文篇》、《周易鄭康成注》、《通鑑荅問》十三種附于後。當時修改未竟，迨至正十二年，慶元路總管阿殷圖復命公之孫厚孫校正誤漏六萬字，遂爲完書。明代以板置國子監，遞加修補，此本補至萬曆十七年止。首有胡助序、李桓序、阿殷圖序、王介序、咨請刊行呈子、明國子監監丞戴鏞修板跋，又萬曆己丑國子監祭酒趙用賢修板跋并校刊人姓名。有「蔚光印信」白文、「吳悊甫氏」朱文、「武英殿纂修官」朱文、

「海虞吴氏擁書樓圖史」朱文、「蔚光之印」白文、「庚子翰林」朱文方印，「别郡司馬」、「折衝將軍章」白文兩漢印。

新鍥簪纓必用增補祕笈新書十三卷别集三卷 子部類書類

宋先賢謝疊山公編次，明翰林吴曙谷公增補。明萬曆刊本。每半葉十一行，行二十二字。白口，雙邊。首有萬曆戊申羊城吴道南序。《四庫存目》著録定謂吴道南編，并云是書所載皆職官故實，故標題有「簪纓必用」字樣。别集首卷爲《君道》，二、三卷爲《類姓》，割裂瑣碎，尤多掛漏，斷非謝枋得所作，蓋後人假其名以取重。道南，未及詳考耳。

天中記六十卷 子部類書類

朗陵陳耀文晦伯甫纂，四明屠隆緯貞甫校。明刊本。每半葉十一行，行二十一字。白口，單邊。首有隆慶己巳子褎子田序。按：耀文，字晦伯，確山人。隆，字緯貞，一字長卿，鄞縣人。

名物考二十卷 子部類書類

明海虞陳禹謨錫玄輯，友人陳以敬仲儒校。明刊本。每半葉十行，行二十二字。白口，單邊。首有馮後原序。

三體摭韻十二卷 子部類書類

國朝朱昆田西畯撰。舊鈔本。西畯，秀水人，竹垞子也。是編仿陰氏《韻府》之例，惟取騷、賦、詩三

文方印。

體，故以爲名。此本不分卷數，惟《四庫》作十二卷。有「澤園」朱文長印、「聽雨樓查氏有圻珍賞圖書」白

考事新書十五卷　子部類書類

朝鮮正憲大夫吏曹判書兼知經筵春秋館事藝文館提學徐命膺撰。朝鮮刊本。首有徐命序。有凡例十五則，分天道、地理、紀年、典章、儀禮、行人、文藝、武備、農圃、牧養、日用、醫藥十二門，凡十五卷。末有司準禦侮將軍行忠武衛副司果張文郁等五人同校銜名。

世説新語八卷　子部小説家類

宋臨川王劉義慶撰，明吳興凌氏批點。五色套本。每半葉八行，行十八字。白口，單邊。首有凌瀛初自序，王世懋序，劉應登、袁褧、喬樹敬三舊序，又舊題，又董棻、陸游舊跋。前列《世説》名字異稱。此書以袁氏佳趣堂影宋本爲最佳，坊間即有繙刻萬曆周氏博古堂本，孫淵如所藏本已是重刻矣，唯舊序尚存耳。

教坊記一卷　子部小説家類

唐著作郎崔令欽撰。傳鈔本。首有自序。

北里志一卷附録一卷　子部小説家類

唐内翰孫棨撰。傳鈔本。有自序，又中和甲辰無爲子序。是書《四庫》未收，此從錢唐丁氏八千卷樓藏本録出。

雲仙散録一卷　子部小説家類

唐金城馮贄撰。影宋鈔本。每半葉九行，行十八字。白口，單邊。口上有字數，下有刻工姓名。首有天成元年十二月自序。有目録，每條子目均作陰文。後有開禧元禩三月己卯臨江郭應祥跋，又過録咸豐四年十一月三日徐渭仁跋。《四庫書目》著録《雲仙雜記》十卷，唐馮贄撰。書名、卷數與此不符，是一是二未可知也。

中朝故事一卷　子部小説家類

南唐尉遲偓撰。影宋鈔本。是書《四庫》作二卷，首題云「朝議郎守給事中修國史驍騎賜紫金魚袋臣尉遲偓奉旨纂進」。偓，履貫未詳，是書蓋爲史官時所纂集也。

開元天寶遺事一卷　子部小説家類

宋太原王仁裕撰。日本寬永十六年刊本。首有自序。後有宋紹定戊子桐江學宫山陰陸子遹跋。《四庫》未收。

鑒誡録十卷　子部小説家類

蜀何光遠輝夫撰。舊鈔本。此書世鮮傳本，惟朱竹垞先生有宋刻本，後轉輾歸士禮居，今歸常熟翁氏。此舊鈔本極精雅，各藏書[志]所著録者大抵皆鈔本，蓋宋刻難見，則舊鈔不得不珍視之矣。

南唐近事三卷　子部小説類

宋鄭文寶仲賢編。明鈔本。從《祕笈》本出。仲賢，寧化人，仕南唐爲校書郎。入宋，舉太平興國八年進士。《東都事略》載入《文藝傳》。是書起烈祖，迄韓熙載止，分上、中、下三卷。前有太平興國二年丁丑自序。

南部新書十卷　子部小説類

宋錢易希白撰。舊鈔本。希白，吴越王倧之子，官至翰林學士。首葉題箋後人，蓋以《姓譜》載錢氏出籛鏗也。首有嘉祐元年希白子明逸序。有「潤州蔣氏藏書」朱文長方印。蔣氏號西圃，佚其名。

青箱雜記十卷　子部小説類

宋吴處厚伯固撰。舊鈔本。伯固，邵武人，皇祐五年進士。此書皆采摭當代見聞，間有詩話。此本爲士禮居舊藏，楮墨俱古。有朱筆增附《小兒》詩一首，不知誰氏筆。末有「俞子容守約齋藏書，正德辛巳夏六月，晉昌唐寅勘畢」二行，係從原本過録。有「黄印丕烈」、「復翁」白文兩方印，「平江黄氏圖書」朱文方印、「士禮居藏」白文方印。

黄氏手跋曰：余向藏《青箱雜記》，近爲友人易去。適小讀書堆有此種，因復收之。其鈔手似不及舊藏之精，而此亦出能書者手，非惡鈔可比。通體無一舊人圖書，然中有紅筆增附《小兒》詩，知非俗筆，其爲名家儲藏决矣。末有俞子容云云，當從原本録出，非真跡也。己卯八月四日，天氣驟涼，晨起展卷及此。復翁書。

揮麈前録四卷後録十一卷第三録三卷餘話二卷　子部小説類

題朝請大夫主管台州崇道觀汝陰王明清。影宋鈔本。每半葉十一行，行二十字。白口，單邊。首有慶元元年實録院牒文，有目録。末有乾道丙戌自跋，又乾道己丑程迥、郭九惪二跋，李賢□簡，又淳熙乙巳自跋。《後録》有紹熙甲寅自跋，又王禹錫跋。《第三録》有慶元初元自跋。《餘話》目録後有牌子，末有慶元庚申浚儀趙不讁跋。明清，字仲言，汝陰人，銍之子也。

牌子：

> 此書浙間所刊止前録四卷學士
> 大夫恨不得見全書今得　王知府
> 宅真本全帙四録條章無遺誠冠世
> 之異書也敬三復校正鋟木以衍其
> 傳　覽者幸　鑒龍山書堂　謹咨

歸潛志八卷　子部小説類

元劉祁京叔撰，何義門校。舊鈔本。書凡十四卷，此本缺後六卷。京叔本金人，元兵入汴，遁歸鄉里，集聞見而成書。首有乙未自序，故曰「歸潛」。後又出仕于元，故後人謂其西山之節不終。有「潤千」朱文方印，「何焯之印」、「屺瞻」朱文兩方印，「和氣」朱文圓印，「貞志齋」朱文長印。

何氏手跋曰：《歸潛志》凡十四卷，此非完書也。庚寅冬日，從汲古閣借得鈔本，乃洞涇柳僉大中物，亦止八卷，因而對校。柳本僞謬甚多，亦非佳本，當更從藏書家訪之。焯記。

青樓記一卷 子部小説類

題「雪蓑釣隱輯」。傳鈔本。首有至正甲辰觀夢道人隴右朱經序。後有至正丙午夏邦彦跋。

録鬼簿一卷 子部小説類

元鍾嗣成繼先撰。舊鈔本。繼先，號醜齋，大梁人。此編皆本朝顯宦名公詞章行于世者，恐後湮没姓名，故編排類集，記其出處、才能于其前，度以音律，樂章于其後，使已死、未死之鬼作不死之鬼，得以傳遠，此即命名之義也。首有至順元年自序。末有朱士凱後序、邵元長序并題詞、周誥未經題詞、洪武戊寅吳門生跋、萬曆甲申夢覺子跋。有「古香樓」朱文圖印、「休寧汪季青家藏書籍」朱文方印、「抱經樓」白文方印。

南村輟耕録三十卷 子部小説類

元天台陶宗儀九成撰。明玉蘭草堂刊本。每半葉十行，行二十一字。白口，單邊。口下有「玉蘭草堂」四字。首有至正丙午江陰孫作大雅序，萬曆丙寅華亭徐球序，又大雅撰傳。又《青溪野史》，邵亨貞撰疏。

埭川識往一卷 子部小説類

長洲時傳相之撰。舊鈔本。是書裒輯聞見，并寓勸懲之意，觀其筆墨，疑是明初人。首葉有延陵白沙山人端木氏大章敘。末有延陵曲江黄弘業跋。士禮居舊藏，有蕘圃手跋，惜已不全。有「壹是堂讀書記」朱文方印、「平江黄氏圖書」朱文方印、「士禮居藏」朱文長印。

黄氏手跋曰：此書余得諸郡故家，藏篋中久矣，无别本可對也。甲戌四月，路過玄妙觀前，有友人出一書相示，云是外所罕有者。余取視之，蓋即《埭川識往》也。因謂友人曰，此書原本余得之，請攜歸一對。果自余本出，特傳録又不無少誤耳。唯是余本本有原誤，而校正者痕跡宛然，末一跋中所改有正有誤，「壬午」二字原作「辛巳」，如據卷端弁言，「壬午」为正。「白沙公」三字原作「二月余」，「予」字原作「中」字，「曲江黄弘業」原作「白沙貢大章」，此原正而校誤也。觀卷端弁言云「與客至吳門」，客即指野（下缺）。〔一二〕

桐薪三卷　子部小説類

明錢希言簡栖撰，新野馬之駿校。舊鈔本。首有自序。有京山李本寧維楨來書。有「不夜于氏藏書印」朱文長方印，文登于氏藏書也。

何氏語林三十卷　子部小説類

明華亭何良俊元朗撰。明刊本。每半葉十行，行二十字。白口，單邊。中有補版。首有文徵明序。有「竹垞藏本」朱文長方印、「嘉興陳其榮珍藏記」朱文長印、「荄庵曼士鑑藏」朱文方印。

世説新語補二十卷 子部小説類

宋臨川王劉義慶撰，梁劉孝標注，明何良俊增。明嘉靖刊本。每半葉九行，行十八字。白口，單邊。首有王世貞序、王世懋序，劉應登、袁褧舊序，宋董棻、陸游二跋，《何氏語林》舊序二首。末附釋名。

遺事瑣談六卷 子部小説類

國朝沈頤仙壽世輯。舊鈔本。壽世，寧國人。是書一名《破夢閒談》，俱載明末遺事。後有附記一卷，敘事無法，疑坊間鈔《綏寇紀略》、《南北事略》等書爲之。有「知不足齋主人所貽」白文長方印、「張印燕昌」白文方印。

花部農譚一卷 子部小説類

江都焦循里堂手編。藁本。花部即梨園中所稱亂彈。著其源流，證以史事。乃里堂游戲筆墨，託名村夫子之藁者。前有里堂記一則。

續幽怪録四卷 子部小説類

題「李復言編」。影宋鈔本。每半葉九行，行十八字。白口，單邊。首有目録，目録首有「臨安府太廟前尹家書籍鋪刊行」一行。是書續牛僧孺書，本名《玄怪録》，見于陳氏《書録解題》、晁氏《郡齋讀書志》。其云「幽怪」者，殆避宋諱也。陳云五卷，晁云十卷，而述古堂錢氏又作三卷，皆與此不合。而《四庫存目》著録云，《幽怪録》一卷，唐牛僧孺撰。《續幽怪録》一卷，李復言續。又一條云，《續玄怪録》四卷，唐李復言撰。是《四庫》所收之本，書名與卷數俱與此不侔。江陰繆氏藏有元刊本《幽怪録》四卷、《續録》一卷。李《續》凡十一條，其中十條出于《太平廣記》，蓋是書自宋以來編刻不一，大都采于《廣記》者爲多，尹氏所刊已非原帙矣。末過録黄蕘圃跋二則。

出像增補搜神記六卷　子部小説類

明刊本。每半葉十一行，行二十字。白口，單邊。首有萬曆癸巳羅懋登序。每卷有子目。目録前有「金陵三山對溪唐富春校梓」一行，蓋坊本也。郎園葉氏刊有《明板搜神大全》七卷，與此本互有異同，增補畫像亦不一式。葉氏曾見元刻，與此亦不同。蓋此書無定本，坊間各自增補卷數，任意改訂，故流傳之本各不相合耳。

太平廣記五百卷　子部小説類

宋翰林學士中順大夫户部尚書上柱國賜紫金魚袋李昉等編，明資善大夫都察院右都御史談愷校刊，姚安府知府秦汴、德州知州强仕石、東山人唐詩同校。明嘉靖刊本。每半葉十二行，行二十二字。白口，單邊。首有李昉上表，次同修銜名，次嘉靖丙寅談愷序，次引用書目，次目録十卷。談十山自序云，尚有闕卷，後已補足。此書明有活字本，有許自昌刻本，均在此本之後。是書紙白板新，印復精審，不易得也。

銜名：

太平興國三年八月十三日

將仕郎少府監丞臣吕文仲、臣吴淑
朝請大夫太子中贊善柱國賜紫金魚袋臣陳鄂
中大夫太子左贊善直史館臣趙鄰幾
朝奉郎太子中允賜紫金魚袋臣董淳
朝奉大夫太子中允賜紫金魚袋臣王克貞、臣張洎
承奉郎左拾遺直史館臣宋白
通奉大夫行太子率更令上柱國賜紫金魚袋臣徐鉉
金紫光禄大夫上柱國陳縣男食邑三百户臣湯悦
朝散大夫充史館修撰上柱國賜紫金魚袋臣李穆
翰林院學士朝奉大夫中書舍人賜紫金魚袋臣扈蒙
翰林院學士中順大夫户部尚書知制誥上柱國隴西縣開國男食邑三百户賜紫金魚袋臣李昉
八月二十五日奉敕送史館，六年正月奉聖旨雕印板。

周氏冥通記四卷　子部小説類

梁陶弘景撰，明胡震亨、毛晉同訂。明胡氏《祕册彙函》本。每半葉九行，行十八字。白口，單邊。有「大章」朱文方印、「觀古齋藏」白文方印。

廣異記六卷　子部小説類

唐戴君宇撰。舊鈔本。首有北苑跋，并書《讀書敏求記》一則，不著姓名，亦無圖記，只書癸丑而無紀元，俟考。有「歙鮑氏知不足齋藏書」朱文方印。

北苑跋曰：戴君宇《廣異記》六卷，《唐》、《宋·藝文志》、《讀書志》、《文獻通考》等書不列于目，即焦弱侯《經籍志》亦無之，惟錢遵王《讀書敏求記》、徐健菴《傳是樓》有是書。遵王所稱善本未知即是册否。余閲《太平廣記》中所引《廣異記》共三百六則，是册得之海虞藏書家，止一百二則，又無序目，非善本也。聞健菴司寇購書殊喜鈔本，一時書賈從大册中摘録射利，僞作舊鈔，是册得毋類是，惜無舊槧本是正也。癸丑長夏，北苑題于鷗舫。

清異録二卷　子部小説類

宋陶穀秀實撰。明隆慶刊本。每半葉十行，行十八字。白口，單邊。首有隆慶壬申俞允文序。此明單行本，刊印俱精，爲明刻之上上者。有「結一廬藏書印」朱文方印。

新刻全象三寶太監西洋記通俗演義二十卷　子部小説類

題「二南里人編次，三山道人繡梓」。明萬曆刊本。首有萬曆丁酉二南里人羅懋登序。末有豐城楊廉撰《敕建静海禪寺重修記》。每回有圖，甚精。考郎瑛《七修類藁》，永樂丁亥命太監鄭和、(三)[王]景弘、侯顯三人往東南諸國賞賜宣諭，今人以爲三保太監下西洋，不知鄭保舊名三保，皆靖難内臣有功者云云。又錢遵王《讀書敏求記》云三保下西洋，委巷流傳甚廣，内府之戲劇、看場之平話，子虚亡是，皆俗語流爲丹青耳。今閲此書，蓋即當時坊間所刊之平話耳。至於事實，則明黄省曾有《西洋朝貢典録》，詳可據依也。

黄帝陰符經演一卷　子部道家類

明虞淳熙瞖子演。明刊本。每半葉八行，行十六字。首有萬曆壁谷子序，又屠隆序。瞖子，字長孺，泉唐人，萬曆癸未進士，有《德園全集》六十卷、《灌務山房集》四十五卷。有「覃溪審定」朱文方印、「小松」朱文方印、「紫珊」朱文方印、「白下劉世銘字善夫考藏金石書畫之印」朱文方印。

纂圖互注老子道德經二卷　子部道家類

題「河上公章句注釋」。宋刊本。每半葉十二行，行大二十一字，小二十五字。高六寸，廣三寸八分。黑口，雙邊。口上作「老子上經」，或作「老子上」，或作「老上」。葉後間有小耳，書篇名。首有景定改元石廬龔士卨序，次太極左仙公葛玄撰《道德經序》。書分《道經》、《德經》二卷，目録凡八十一篇，分作四卷。次列《混元三寶圖》、《初真内觀靜定圖》、《金丹圖》，總名曰《老氏聖紀圖》。卷中凡有重言、重意、互注、解曰等字樣，均以陰文別之。按黄蕘圃《百宋一廛書録》，宋建安虞氏刊本《道德經跋》有《異俗篇》「如春登臺」尚不誤，合於易州石刻，因知此本之善云。今此書「如春登臺」四字亦與虞本同，而明世德堂本則誤「春登」爲「登春」矣。考子書宋刻板本甚多，有一子單行本，有數子合刻者，即纂圖互注者亦不止一本。《天禄琳琅》有宋板《纂圖互注六子全書》建陽麻沙本，有《纂圖互注四子》。而此書首列龔序，以《老》、《莊》、《荀》、《揚》、《文中》五子並論，絶非專序《老子》一書，疑爲五子合刻本，是又在建安、建陽二本之外，蓋均坊本也。藏印有「吳士」白文、「伯轡父」白文两方印，「琅琊王氏珍藏」朱文方印、「雲間潘氏仲履文圖書」朱文方印、「初白菴」朱文長方印、「宸翰敬業堂」朱文長方印、「曾在王氏家過來」朱文方印、「廉晉過眼」朱文方印、「泰州劉麓樵購于揚州癸丑兵火之後」白文長方印。

道德經二卷　子部道家類

影宋鈔本。每半葉十行，行大十七字，小二十四字。白口，單邊。每葉有小耳，書篇名。首有太極左仙公葛玄序。目録後有「建安虞氏刊于家塾」八字。

纂圖互注老子道德經二卷　子部道家類

題「河上公章句注釋」。元刊本。每半葉十二行，行二十六字。高六寸三分，廣四寸二分。黑口，雙邊。首有太極左仙公葛玄序及景定改元石盧龔士卨序、《老氏聖紀圖》。蓋南宋時兔園册本，元人依之重刻也。

老子道德經注四卷　子部道家類

眉山蘇轍子由注。明吳興凌氏刊本。凌以楝批點，朱色套板。首有温陵李載贄序，次河上公序，次司馬遷列傳，次隋薛道衡廟碑。末有子由二跋，《考異》一卷。

沖虛至德真經八卷 子部道家類

次行題「列子張湛處度注，目録前題唐當塗縣丞殷敬順釋文」。元刊本。每半葉十一行，行二十一字。高五寸八分，廣三寸九分。黑口，雙邊。首列湛自序，次以目録並劉向進書序。此書《鐵琴銅劍樓》著録，許爲元槧之精者。《八千卷樓》謂爲元麻沙本，莫氏《書目》定爲元刻六子本。蓋爲元刻無疑，特出于重言重意之外，自是佳本。祥符周季貺先生手校。有「西□陳氏家藏」白文方印、「慈山居士」朱文方印，「周印星詒」白文、「曼嘉」朱文兩方印，「壽潛室手校」白文長印。

周氏手跋曰：同治己巳大冬初十日，在汀州以明正德施氏刻《口義》本校，卷中著曰「林本」者是也。此本藉林本補正文二十六字，施刻《黄帝》、《力命》二篇佚文亦賴此補完，庶皆完善可讀矣。周星詒記。

列子沖虛真經八卷 子部道家類

明吴興閔氏刊本。每半葉九行，行十九字。白口，單邊。朱色套板。末有「西吴閔齊伋遇五父校」一行，「閔印齊伋」白文、「閔氏遇五」朱文兩方印，即刻是書者。

列仙傳二卷 子部道家類

漢光禄大夫劉向撰。明刊本。每半葉十二行，行二十字。白口，單邊。首有嘉靖甲午五嶽山人黄省曾序，即刻此書者也。省曾，字勉之，吴縣人，嘉靖辛卯進士，刻書甚夥。

周易參同契一卷　子部道家類

漢魏伯陽撰，黄瑞節附録。舊鈔本。伯陽，會稽上虞人。葛洪《神仙傳》稱伯陽作《參同契》，五行相類，凡上、中、下三篇，託借《易》象以論作丹之意，蓋丹經以此爲最古。有「璜川吴氏考藏書記」朱文方印，「馬印玉堂」白文、「笏齋藏本」朱文兩方印。

抱朴子内篇四卷外篇四卷　子部道家類

題「吴興郡山人慎懋官校」。明刊本。每半葉十行，行二十字。白口，單邊。首有萬曆甲申王文禄序，又《抱朴子》題辭，自序。

太上黄庭内景玉經一卷外景經一卷附五藏六府圖説一卷　子部道家類

唐梁丘子注。明刊本。每半葉八行，行二十字。白口，單邊。首有自序。《内景玉經》一卷，自《上清》至《沐浴》三十六章。《外景經》一卷，分上、中、下三篇，題梁丘子注。附刻唐胡愔《五藏六府圖説》一卷，注云：按此《圖説》係唐胡愔撰，於二經多所發明，附梓以備參考。按《唐書·隱逸傳》，白履忠，汴州浚儀人，號梁丘子。景雲中爲校書郎，棄官去。《崇文總目》、《宋史·藝文志》均載之「醫書類」。又有《黄庭内景五藏六府圖説》一卷，唐女子胡愔撰，即此圖也。鄭樵《通志》兩載，一爲梁丘子，一爲白履忠，則重出矣。此爲晉人之書，白履忠、胡愔皆唐人，書古而可寶。萬曆癸未喬懋敬刻之，程應魁書，甚精。末有程應魁、王圻跋。板心下有「黄鶴樓雕」四字。此翻刻本，無程、王二跋及「黄鶴樓雕」字樣，胡愔已誤作胡悟，特字體尚流麗耳。

太上感應篇一卷 子部道家類

西蜀李昌齡傳注。明正統刊本。每半葉八行，行二十字。白口，單邊。首有正統十年龍集乙丑長樂李達序。爲天一閣舊藏。

華山志一卷 子部道家類

蓮峰逸士王處一編。明刊本。每半葉九行，行十八字。白口，雙邊。首有唐玄宗《御製碑序略》、大定癸卯泥陽劉大用器之序、嘉靖癸丑玉房山人謝少南引、南新市人李維楨本寧父序、萬曆丙午岳伯金谿王民順續刻序。後附明王履、李攀龍、許孚遠、范守己、吳同春游記五篇。按：處一，字子淵，金人。留意神仙之學，晚入華山脩道，居山之最高處曰蓮花峰，遂自號蓮峰逸士。此書皆載華山神仙故事，《四庫》云其書蓋《道藏》之餘文，非地志之正體，故收入「道家類」存目中。黄氏《千頃堂書目》誤作明人收入，復于補元人中重出，豈未見劉大用序耶？按《甘泉仙源録》云，王處一，東牟人，號玉陽子，王重陽之弟子，七真之一。元武宗至大三年，進封八字真君。

清菴先生中和集二十一卷 子部道家類

都梁清菴瑩蟾子李道純元素撰，門弟子損菴寶蟾子蔡志頤編。元刊本。每半葉十一行，行二十一字。高五寸六分，廣四寸。黑口，單邊。首有目録。凡《前集》一卷、《後集》二卷、《續集》三卷、《別集》

四卷、《新集》五卷、《外集》六卷。《前集》曰《玄門宗旨盡前密意》，《後集》曰《金丹祕訣》，《續集》曰《問答語録全真活法》，《别集》曰《論説歌》，《新集》曰《詩》，《外集》曰《詩隱語》，凡十一門。是書傳本罕覯，惟吴氏《拜經樓書目》著録，與此悉合。汪氏《振綺堂書録》有三卷本，蓋殘帙也。此書首葉有朱文方印，首二字爲人挖去，只存「樓吴氏藏書」五字，然上二字猶有殘痕可辨，顯係「拜經」二字，蓋此本即兔牀所藏本也。

仙媛紀事九卷　子部道家類

錢唐雉衡山人楊爾曾輯。明草玄居刊本。每半葉八行，行二十字。白口，單邊。首有真實居士馮夢禎開之序、虎林次星邵于綸序、沈調元序。末有萬曆玄黓攝提格仲秋望後七日自序。每卷俱有圖。凡一百八十五人。印本清晰，圖尤精緻可愛。

法因集四卷　子部釋家類〔一三〕

太原王穉登撰，吴趍袁叔度校。明刊本。每半葉九行，行十八字。白口，單邊。每卷有目録。穉登，字百穀，一字伯固，長洲國子監生。有《王百穀全集》若干卷。此集專載佛家言，不在全集中也。

冰蓮集四卷　子部釋家類

大空居士夏樹芳撰。明刊本。每半葉七行，行十六字。白口，單邊。首有自序、鄒迪光序、南新市人李維楨序。

校注

〔一〕按：稿本原缺類目。

〔二〕按：「三字」，疑當作「四字」。

〔三〕按：此條稿本分入子部兵家類，似當歸入史部地理類。

〔四〕按：括號中文字，稿本原文均標删節符號。

〔五〕按：書中有籤條云：「案，此書乾隆間列入《全毁書目》及《違礙書目》。」

〔六〕按：括號中此段文字原寫於另紙，夾入此處。

〔七〕按：此條稿本原題「子部雜家類雜品」，當改題爲「子部藝術類」。

〔八〕按：「修」下疑脱「撰」字。

〔九〕按：書中有籤條云：「此書似有刊本，名《實齋信摭》。」

〔一〇〕按：稿本中未見「附注」内容。

〔一一〕按：此條稿本原題「叢書類」，當改題爲「子部譜録類」。

〔一二〕按：稿本原著録如此。

〔一三〕按：《法因集》四卷、《冰蓮集》四卷兩條，稿本題「子部釋家類」，而誤置「集部」《王百穀全集》條後，現據徐氏分類標識移至「子部」。

積學齋藏書記 集部

南陵　徐乃昌積餘撰

楚辭十七卷 集部楚辭類

漢劉向子政編集，王逸叔師章句，後學西蜀高弟吴郡黄省曾校正。明刊本。每半葉十行，行十八字。白口，單邊。首有正德戊寅王鏊序。有「慈谿馮可鏞藏書」白文方印、「蛟川方義路正甫氏所藏金石書畫之印」朱文方印。

楚辭十七卷 集部楚辭類

明繙宋本。每半葉八行，行十七字。高六寸六分，廣四寸五分。白口，雙邊。首有王世貞序。目録後有「隆慶辛未歲豫章夫容館宋板重雕」一行，即世所稱夫容館本是也。以《楚辭疑字直音》、史傳、《序騷》、《辨騷》附於目録之後。

楚辭集注八卷辨證二卷後語六卷 集部楚辭類

朱子集注。元天曆刊本。每半葉十一行，行大二十字，小二十四字。高六寸五分，廣四寸一分。黑口，單邊。刊印古雅，元之精本也。《後語》目録後有牌子。

牌子：天曆庚午孟夏陳忠甫宅新刊

楚辭八卷辨正二卷後語六卷 集部楚辭類

明萬曆吉藩刊本。每半葉七行，行十七字，小字雙行。白口，雙邊。首有成化乙未何喬新序，萬曆戊戌陸長庚、莊天合二序，吉藩自序。序後有「萬曆丁酉季春穀旦吉府承奉司山暘谷魏椿重刊」二行。

離騷集傳一卷 集部楚辭類

晉陵錢杲之集傳。影宋鈔本。每半葉九行，行十八字。口上有字數、刻工姓名。《汲古閣珍藏祕本書目》有宋板影鈔，云此書世間絶無，在當時已可貴矣。宋刻亦爲汲古閣藏本，有汲古閣諸藏印，後歸黄蕘圃，今在罟里瞿氏。後有蕘圃跋，又孫延跋。

篆文楚騷五卷 集部楚辭類

明熊宇篆書。明正德刊本。每半葉五行，行十字。每字下有釋文，口下有刻工姓名。首有正德庚辰宇分書自序，後附録《史記·屈原賈生列傳》。有「揚州阮氏琅嬛仙館藏書印」朱文大方印、「文選樓」朱文長方印。

反離騷一卷 集部楚辭類

漢揚雄撰。影寫宋刊本。每半葉七行，行十五字，小字雙行。白口，單邊。首有序，不著姓氏。後有丹陽洪興祖跋，又無名氏跋。前有塔影園客顧雲美分書「宋(琴)[栞]揚子雲反離騷」八字。

賈長沙集十卷 集部别集類

漢賈誼撰。明成化刊本。每半葉九行，行十八字。大黑口，雙邊。首載《洛陽賈生傳》。又目録前有成化癸卯洛陽喬紳序。是書傳本均作《賈誼新書》，惟此本首行題「賈長沙集」，弟二行題「賈誼新書卷之弟一」。明刊賈集當以此本爲最，尚有正德長沙黄氏本、郴陽何氏本、吉府本、程榮本，均在此刻之後，則此本可寶貴矣。有「新安汪氏」朱文、「啟淑信印」白文兩小方印。

曹子建集十卷 集部别集類

魏陳思王曹植撰。影宋鈔本。每半葉八行，行十五字。白口，雙邊。按：《(隨)[隋]志》作三十卷，《唐志》、陳氏《書録解題》作二十卷，《通考》作十卷，此即十卷本也。字大如錢，精妙悦目。凡賦四十三篇、詩六十三篇、雜文九十篇。書中「慎」字缺筆，而「敦」、「廓」等字不缺。原書在鐵琴銅劍樓瞿氏，瞿氏訂爲南宋嘉定以前刊本，殆無疑也。

陳思王集四卷 集部别集類

明刊本。每半葉十行，行十八字。白口，單邊。前後無序跋，觀其字體格式，當是嘉靖間刻。

左九嬪集一卷　集部别集類

晉左芬撰。精鈔本。芬，晉武帝貴嬪，齊王府記室左思之妹，事蹟具《晉書》本傳。是書《隋書·經籍志》作晉武帝《左九嬪集》四卷，新舊《唐書·藝文志》俱作《左九嬪集》一卷，原書不傳久矣。《唐前文》亦云有集四卷，目録與此並同，闕者俱闕，存者俱存。此惟多詩二首，蓋《唐前文》不録詩，疑出自馮氏《詩紀》也。後附録《晉書》本傳、《太平御覽》一則。是書諸家目録均不載，洵爲罕覯之書〔一〕。

湛諮議集一卷　集部别集類

東晉衛軍諮議參軍湛方生撰。精鈔本。《隋書·經籍志》作晉衛軍諮議《湛方生集》十卷，新舊《唐書·藝文志》俱作《湛方生集》十卷，《唐前文》亦云有集十卷。考其所存目録，此本多詩六首、「讓中」、「正篋」二句、《火論》一首、《盟社文》一首。是書與《左九嬪集》俱係從《藝文類聚》、《太平御覽》、《初學記》三書中録出，即以三書互勘，故其中有疑之處均小注，或作《類聚》，或作《御覽》，或作《初學（起）〔記〕》以志考異。然字大悦目，楮墨俱精，洵可寶也〔二〕。

陶淵明集不分卷　集部别集類

晉陶潛撰。影宋鈔本。每半葉十行，行十六字。白口，單邊。末有紹興壬子贛川曾集序。集，字致虚，章貢人。知南康軍司，以南康爲淵明先生舊游之地，因爲刊是集，表章先賢，藉以補是邦之軼事焉。宋本今藏瞿氏鐵琴銅劍樓。

陶靖節集十卷　集部別集類

明萬曆刊本。每半葉九行，行十八字。白口，單邊。首有梁昭明太子序，次本傳，次總論。凡詩四卷、雜文一卷、賦一卷、傳贊一卷、疏祭文一卷、《集聖賢群輔録》上下二卷，附録《靖節貞士誄》、《序録（集）》、《私記（集）》、書後。末有「萬曆丁亥休陽程氏刊」一行。

江文通集十卷　集部別集類

梁江淹文通撰，明吴郡胡之驥伯良彙注。明萬曆刊本。每半葉九行，行十九字。白口，單邊。首有萬曆戊戌張文光序，又胡伯良序。

王勃集二卷　集部別集類

唐王勃子安撰。明刊本。每半葉十行，行十（六）［八］字。白口，單邊。前後無序跋。

楊盈川集十卷附録一卷　集部別集類

唐盈川令華陰楊炯撰，皇明龍游童佩詮次。明刊本。每半葉十一行，行二十字。白口，單邊。首有萬曆三年童佩子鳴序。有「稽瑞樓」白文長方印。

楊盈川集十三卷　集部別集類

題「華陰楊炯」。仁和抱經盧氏鈔本。首有目録，目録前題「明閩漳張燮紹和纂，清仁和盧嗣宗改名文弨録」。有紹和自序。鈔寫秀逸有致，非俗手所能，蓋抱經氏手筆也。有「璜谿珍玩」朱文方印、「□之珍藏」朱文方印、「姜氏所藏」白文方印、「姜渭」朱文方印。

駱賓王集二卷　集部别集類

唐義烏駱賓王撰。明刊本。每半葉十行，行十八字。白口，單邊。是書與《王勃集》同一刻本，明刊有《初唐四傑集》，各上、下二卷，疑（集）［即］此本。

張説之文集二十卷　集部别集類

唐張説道濟撰。明鈔本。缺後五卷。爲南昌彭氏知聖道齋舊藏，芸楣相國以紫筆手校並跋二則。有「南昌彭氏」朱文方印、「知聖道齋藏書」朱文長方印，「唐栖」朱文、「結一廬圖書記」朱文方印。

彭氏手跋曰：唐初人文集流傳因少，此舊鈔本致難得。芸楣。庚子中秋。

又曰：近聚珍版有重輯本，不收批答、同作諸篇，然於集外補入本傳、《唐文粹》、《文苑英華》所載文六十一首，亦可喜。二本不可偏廢。芸楣再讀。己酉小雪。

沈雲卿集三卷　集部别集類

唐沈佺期雲卿撰。明晉安鄭拙卿重刊《唐十二家詩》本。每半葉十行，行十八字。白口，單邊。雲卿，相州内黄人，事蹟具《唐書·文藝傳》。

宋之問集二卷　集部别集類

唐宋之問延清撰。明晉安鄭能拙卿重刻《唐十二家詩》本。每半葉十行，行十八字。白口，單邊。

延清，汾州人，事蹟具《唐書·文藝傳》。

集千家注批點杜工部詩集二十卷　集部別集類

唐杜甫子美撰，須谿先生劉會孟評點，不著編輯姓氏。元刊本。每半葉十三行，行二十二字。黑綫口，雙邊。首有大德癸卯冬廬陵劉將孫尚友序，次年譜，次附録。尚友，須谿之子。明刊本於「批點」下多「補遺」二字。

杜少陵集十卷　集部別集類

明正德刊本。每半葉十行，行二十字。白口，單邊。首有正德七年和順王雲鳳序。

孟浩然詩集三卷附襄陽外編補遺一卷　集部別集類

題「宋廬陵劉辰翁評點，明句吳顧道洪參校」。明刻本。每半葉十行，行十八字。白口，單邊。首有宜城王士源序，又韋滔序，次顧道洪撰凡例。另立《補遺》一卷，别録本傳、《襄陽耆舊傳》、雜文、懷贈等詩爲《襄陽外編》。《補遺》後有萬曆丙子道洪刻書跋。是書宋、元刻均作三卷，元刻有須溪評點，特强分門類，與原次不合，且有脱衍，黄蕘圃跋詆之。此顧氏刻悉以宋本爲準，參以元本並吳下刻高、岑、王、孟《十二家》本，增入須溪評點，二本異同附注于下。上卷凡八十五首，中卷凡六十三首，下卷凡六十二首，共二百十首。其元本多于宋本三十三首，《十二家》本又多于元本二十首，共多于宋本五十三首，輯爲《補遺》一卷。今宋本不可見，欲得稍具典型者，舍此本其誰求？明刻又有正德活字本三卷，分類；孫仲逸本三卷，則分體。又有分四卷、二卷者，更無論矣。有「默賞齋圖書記」朱文小長印，「竹汀」白文、「辛楣」朱文兩方印，「錢氏竹汀」朱文長方印，「喬松年印」白文、「鶴儕」朱文兩方印，「曾藏張蓉鏡家」朱文方印、「小瑯嬛福地祕笈」朱文方印〔三〕。

顔魯公文集十五卷　集部別集類

唐顔真卿清臣撰。明萬曆刊本。每半葉十行，行二十字。白口，單邊。每卷首葉有「山海劉思誠刊」一行。首有萬曆趙焞序、嘉靖楊一清序、宋劉敞舊序。末附補遺、年譜、行狀、碑録、舊史本傳、新史本傳、宋留元剛後序、萬曆羅樹聲跋。按：楊序係安國本，此則繙刻安本。

陸宣公文集二十四卷　集部別集類

唐陸贄敬輿撰。明刊本。每半葉九行，行十八字。白口，單邊。是書凡制誥十卷、奏草七卷、奏議七卷。首有明沈伯咸公甫重刻序，次唐權德輿《翰苑集》序，次明胡松《讀宣公奏議説》，次蘇軾等進讀《奏議》劄子。

朱文公校昌黎先生文集二十卷外集集傳遺文　集部別集類

唐韓愈退之撰，門人李漢編，宋朱熹晦菴考異，王伯大幼學音釋。明刊本。每半葉十三行，行二十六字。黑口，單邊。元刊本作四十卷，此爲明本，併作二十卷。首有朱文公《考異》序、王留耕《音釋》序。

增廣注釋音辯唐柳先生文集二十卷别集外集附録　集部别集類

唐柳宗元子厚撰，劉禹錫夢得編。明刊本。每半葉十三行，行二十六字。黑口，單邊。首有乾道三年吴郡之淵序，劉夢得序。元刊本作四十三卷，行款亦異此本。行款與韓集同，是一人所刻。

柳河東集四十五卷外集五卷附録一卷　集部别集類

唐柳宗元子厚撰，明檇李蔣之翹輯注。明刊本。每半葉九行，行十七字。白口，單邊。首有劉禹錫序，又《讀柳集序説》。

吕衡州文集十卷　集部别集類

唐吕温和叔撰。舊鈔本。和叔，一字化光，河中人，貞元十四年進士，卒於衡州刺史。其集爲劉隨州所編。是書由浙江進呈四庫館，《提要》以爲先詩賦，後雜文，已非其舊，乃常熟馮舒所重編者。按：石研齋所刊足本係隨州之舊編，詩賦在前，與此本合。然較其目録，卷六碑銘、卷七志銘、卷八銘文、卷九頌讚、卷十雜著，此本至行狀而止，適合其半，蓋後人因其不足而重分其卷次。然官銜次第仍是舊式，亦非馮舒所重編本也。首葉有「翰林院印」、「吴」朱文圓印，「長元」白文、「太初」朱文兩小方印，「鮑以文藏書記」朱文長方印，「汪敉白」、「念翼」朱文兩小方印，「汪伯子」朱文方印、「留耕書屋」朱文長印、「未了書痴頗有山癖」朱文方印，「吴丙湘校勘經籍印」朱文、「式古訓齋藏書」白文兩方印。

張司業樂府集一卷 集部別集類

唐張籍文昌撰。明翻宋書棚本。每半葉十行，行十八字。白口，單邊。文昌，和州人，貞元十五年進士，官至國子司業，事蹟附《唐書·韓愈傳》。

李翶集十八卷 集部別集類

唐李翶習之撰。明刊本。每半葉十行，行十九字。大黑口，雙邊。首有嘉靖二年鄠都黄景夔序，又景祐三年歐陽修序。後有習之本傳，又歐陽公書後，又景泰乙亥河東邢讓跋。習之，隴西成紀人，貞元十四年進士，官至山南東道節度使、檢校户部尚書，事蹟具《唐書》本傳。

歐陽行周集十卷 集部別集類

唐歐陽詹行周撰。明繙宋刊本。每半葉十行，行二十一字。大黑口，雙邊。首有唐李貽孫序、《唐書》本傳，又弘治甲子晉江蔡清序。末有清源莊槩跋。是書係三山林瀚由館閣鈔出，莊槩於弘治甲子刊行，行款悉遵宋本，而訛字甚多。海昌陳堅齋又假傳是樓宋本對勘，以朱筆志之，亦與明本相去不遠。今以正德本、慎獨齋本校之，籤出不少。宋刻固屬罕見，明刻三次，徐興公素稱博雅，何以不知？另輯八卷本行世。道光間福鼎王氏又刻之，較徐本多一賦一詩，等自鄶以下可矣。有「古□周仲榮藏」朱文方印、「飛絮園」白文小長印、「臧氏家藏」朱文方印，「臣澂私印」白文、「子清」朱文兩方印。

沈下賢文集十二卷　集部别集類

唐沈亞之下賢撰。明藍格鈔本。凡賦一卷，雜文、雜記、雜著各一卷，記二卷，書二卷，序一卷，策問一卷，碑文、墓誌、表合一卷，行狀、祭文一卷。《四庫》載《下賢集》十二卷，凡詩一卷、雜文十一卷。余藏有明刻本，首卷爲賦、詩，下十一卷爲雜文。而此本獨無詩，其另一傳文耶？

沈下賢集十二卷　集部别集類

明刊本。每半葉九行，行二十字。白口，雙邊。首有元祐丙寅無名氏序。文連屬目録。口上不分卷數，只作「卷全」二字。葉數亦不分卷，式甚古，蓋亦舊本所出也。首卷爲賦、詩，下十一卷爲雜文。余藏有明鈔本十二卷，獨無詩，餘均同。有「璜川吴氏考藏圖書」、「陸魚亭藏閲書」朱文兩方印，「結一廬藏」朱文橢圓印，「臣澂私印」白文、「字曰子清」朱文兩方印，「惠棟之印」白文、「字曰定宇」朱文兩方印，「盧文弨印」、「[紹]弓氏」白文兩方印。

元氏長慶集六十卷補遺六卷　集部别集類

唐河南元稹微之撰，明松江馬元調巽甫校。明刊本。每半葉十行，行二十一字。白口，單邊。首有萬曆甲辰婁堅子柔重刻序，又附録宋祁撰本傳、白居易撰墓志。凡詩二十二卷、樂府四卷、賦一卷、策一卷、書三卷、表奏一卷、表二卷、狀五卷、制誥十一卷、序記一卷、碑銘六卷、墓志一卷、告贈文一卷、祭文一卷，共六十卷。又補遺六卷，首詩、賦，次啟、表、議，次判，次制，次傳，則馬巽甫所輯也。

樊川文集二十卷别集一卷外集一卷 集部别集類

唐杜牧牧之撰。傳鈔國初刻本。牧之，號樊川，京兆萬年人，太和二年進士，官至中書舍人，事蹟附《新唐書·杜佑傳》。是集係其甥裴延翰編。首有延翰序。

李義山詩集十六卷 集部别集類

唐李商隱義山撰，國朝華亭姚培謙平山箋，青浦王原西亭閲。姚氏松桂讀書堂刊本。首有北平黄叔琳序。姚氏刻書甚多，此集尤所注意。有虞山馮竇伯、錢良擇批校。按：馮武，字竇伯，虞山人。知十（字）[子]，定遠姪（孫）。錢良擇，字木菴，虞山人，著有《唐音審體》十卷。

馮氏手跋曰：午未之際重讀，幾百日而卒業，此公真是少陵後身，不可造次吟過。詩者，兩間之文，文必著詞，著詞之法，此君爲第一。不然，里巷鄙語決不可以爲詩賦也。虞山老人簡緣馮武識。

錢氏手跋曰：往聞石林師箋義山詩最佳，爲朱長孺奄有而改竄之，世莫知其原本，故吾家東澗序中有微詞焉。予評義山詩有出己意處，雖未必過得古人之心，要必近似有理，然後以己意求之，不敢妄爲穿鑿，稍涉疑似，則直以不解缺之耳。題題處多用馮氏論詩法（四），非摹定遠先生而學步也。曾見時輩於古人詩隨聲附和、吟諷嘆賞，及叩以作者之旨，往往茫然失對。況義山詩尤爲深奥難讀，故抉剔其義，以便初學，所以深絶含糊之意也。錢良擇識。

漢南真稿二卷 集部别集類

唐温庭筠飛卿撰。精鈔本。飛卿，本名岐，太原人，宰相彦博之裔。文體沈博典麗，與李義山齊名，時號「温李」。《新唐書·藝文志》、《宋史·藝文志》、《崇文總目》俱載《漢南真稿》十卷，此只二卷，已非舊編，而《郡齋讀書志》、《書録解題》、《文獻通考》均不載此集。此本蓋從《全唐文》輯出，而以《文苑英華》校勘，故其疑誤處均以《文苑英華》考異也。

李丞相詩集二卷 集部别集類

唐隴西李建勳撰。汲古閣影宋本。每半葉十行，行十八字。首有目録，分上、下二卷，卷上後有「臨安府洪橋子西河岸陳宅書籍鋪印」一行。是書原本今在瞿氏鐵琴銅劍樓，此本鈔手精絶，爲毛鈔無疑。有「西河季子之印」朱文方印，「季印振宜」朱文、「滄葦」朱文、「武陵仲子」白文諸方印。

周賀詩集一卷 集部别集類

汲古閣影宋鈔本。每半葉十行，行十八字。末有「臨安府棚北睦親坊南陳宅書籍鋪印」一行。是書與《李丞相詩集》同一人鈔，亦季滄葦所藏。《滄葦書目》有鈔唐人詩集，未知即此書否。有「西河季子之印」朱文方印，「季印振宜」朱文、「滄葦」朱文、「武陵仲子」白文諸方印。

周賀詩集一卷 集部别集類

明翻(詩)[宋]書棚本。每半葉十行，行十八字。白口，單邊。與《張司業樂府》同一刊本。

文泉子一卷附校記一卷　集部别集類

唐劉蜕復愚撰。舊鈔本。首有自序。復愚，長沙人，大中四年進士。舊有集十卷，今已失傳。此本爲明崇禎間閩人韓錫所編，僅得一卷，蓋從《文苑英華》諸書采出，非舊帙也。後附吴丙湘次瀟校記。次瀟，儀真人，光緒己丑進士，河南候補道。所據《全唐文》，兩書互勘。有「曹」朱文圓印、「曹溶之印」白文方印、「安樂堂藏書記」朱文長印。

李群玉詩集三卷又後集五卷　集部别集類

舊無題名。影宋鈔本。每半葉十行，行十八字。首載目録。《後集》有群玉進詩表、延英口宣敕旨、令狐綯薦狀，又制詞。表後與卷五後俱有「臨安府棚北大街睦親坊南陳解元宅書籍鋪印」一行，亦書棚本也。後有黄蕘圃二跋。宋刊今歸群碧樓鄧氏，鐵琴銅劍樓瞿氏有影鈔本，即自士禮居原本影寫。此書分前、後集，卷數均係舊訂。以後刻本統前後爲三卷，失本來之面目矣。

朱慶餘詩集一卷　集部别集類

舊無題名。影宋鈔本。每半葉十行，行十八字。首有目録，末有「臨安府睦親坊陳宅經籍鋪印」一行，南宋書棚本也。末有「泰興季滄葦氏珍藏」一行，黄蕘圃跋二則，瞿木夫跋一則。宋刊今藏鐵琴銅劍樓瞿氏。

曹鄴詩集二卷　集部別集類

唐祠部郎中曹鄴撰。明翻宋書棚本。每半葉十行，行十八字。白口，單邊。與《張司業》等集同刻，蓋明坊間所翻也。

項斯詩集一卷　集部別集類

明翻宋書棚本。每半葉十行，行十八字。白口，單邊。與《張司業樂府》同刻。按：斯，字子遷。〔五〕

甫里先生集二十卷　［集部別集類］

唐笠澤陸龜蒙魯望著，明甫里許自昌玄祐校。明刊本。每半葉九行，行二十字。白口，單邊。首有成化陸釴重刊序，又寶祐林希逸序。是書前十九卷爲先生詩文，末一卷乃附録也。

碧雲集三卷　集部別集類

唐李中有中撰。汲古閣刊本。有孟賓于序。繆藝風先生録顧澗蘋臨何義門校本。此書《四庫》未收，有宋陳道人本，在群碧樓鄧孝先處。

顧氏原跋曰：此臨何義門校也，得自揚州坊間。旋晤敦夫先生，談次及之，因以爲贈。時嘉慶乙丑三月，澗蘋顧廣圻記。

繆氏手跋曰：光緒丙午中秋，荃孫過。原書今歸積學軒。

又曰：徐積兄得此書，假荃孫過臨。遲日，積兄即以畀我，今已四年。忽見此過本，仍歸積兄插架。識此，以志兩人交誼。宣統紀元己酉五月，荃孫記。

司空表聖文集十卷 集部別集類

唐司空圖表聖撰。舊鈔本。表聖，河内人，事蹟具《唐書·卓行傳》。此集又名《一鳴集》。所著詩集別行於世。首有黄海□漫漢手書各家題識。有「黄氏借竹宧藏書」白文方印、「借竹宧」白文長方印。

黄氏手跋曰：是集得之海州板浦鎮，疑許氏故物。無自序及連珠，而録題要於首。不知鈔自何所，亦無題跋。訛字頗多，原闕未補。案《書目答問》云有席氏刻本，未見。《四庫》所録乃馬氏玲瓏山館家藏本，未知是鈔是刻。此書傳世無多，故備載各家題識，并志得書歲月於册端。光緒丙申冬仲，漫漢記。

按：席氏《唐百家詩》例不收文，止刻詩三卷。此集有結一廬刻本。

翰林集四卷附録一卷香匳集三卷附録一卷 集部別集類

唐韓偓致堯撰。傳鈔本。致堯，京兆人，自號玉山樵人，登龍紀元年進士。按《唐書·藝文志》載偓集一卷、《香匳集》一卷。晁氏《讀書志》載韓偓詩一卷、《香匳》不載卷數。《書録解題》云，《香匳集》二卷，入内廷後詩集一卷、别集三卷。《四庫》只載《韓内翰別集》一卷。各家書目均作《翰林集》、《香匳集》各一卷，均無附録，而此本獨異，疑爲後人所重編也。

邵謁詩一卷 集部別集類

唐韶州邵謁撰。明刊本。每半葉十行，行十八字。白口，單邊。首有安定胡賓王序并《降壇詩》一首。末有「國子監右前件進士所納詩篇等，識略精微，堪裨教化，聲詞激切，曲備風謡，標題命篇，時所難著，燈燭之下，雄詞卓然。誠以牓示衆人，不敢獨專華藻，并仰牓出，以明無私。仍請申堂并牓禮榜。咸通七年十月六日，試官温庭筠牓」六行。《四庫》未收。〔六〕

釣磯文集十卷　集部別集類

唐徐寅昭夢撰。傳鈔本。昭夢，莆田人，乾寧元年進士，官至祕書省正字。後依王審知仕宦。此集首有宋孫師仁序，又裔孫元序。凡賦五卷、詩五卷。昭夢有《探龍》、《釣磯》二集，散佚久矣，此其裔孫裒集遺逸而重編者也。但有律賦、近體詩，似非完帙。

唐女郎魚玄機詩一卷　集部別集類

唐女道士魚玄機撰。影宋鈔本。每半葉十行，行十八字。白口，單邊。首有小影，末有「臨安府棚北睦親坊南陳宅書籍鋪印」一行，後有校勘記一葉、過録黄蕘圃跋一則。

小畜集三十卷　集部別集類

宋王禹偁元之撰。影宋鈔本。每半葉十一行，行二十字。元之，鉅野人，太平興國八年進士，事蹟具《宋史》本傳。元之嘗以《易》自筮，得乾之小畜，故以名集。明以來無有刊本，世多傳鈔。此本乃影鈔宋紹興丁卯歷陽沈虞卿所刊之本，字體殊饒古趣，大約明人筆也，與平陽趙氏刻本無大懸殊。首册有「吳丙湘校勘經籍印」朱文、「式古訓齋藏書」白文兩方印。

黃州
契勘諸路州軍間有印書籍去處，竊見
王黃州《小畜集》，文章典雅，有益後學，所在未曾開板。
今得舊本計一十六萬三千八百四十八字，檢准
紹興令諸私雕印文書先納所屬由轉運使選官評
定有益學者聽印行。除依
上條申明施行，今具雕造《小畜集》一部共八册。計
板合(周)[用]紙墨工價下項：印書紙副板四
百文十八張，表褙碧青紙一十一張，共錢二百六文
足；賃板棧墨錢五百文足；裝印工食錢四百三十文
足，除印書紙外一貫一百三十六文足。

右具如前。紹興十七年月日校正承節郎先黃州巡轄馬遞鋪周郁。

孫明復小集一卷 集部別集類

宋孫復明復撰。舊鈔本。本名《睢陽子集》，凡十卷，歲久失傳。此蓋掇拾於散佚之餘，故多所闕漏，僅文十九篇、詩三篇。附以歐陽文忠公所草墓志，非其舊也。《聖宋文選》收二卷，文十七篇。取以

相校，僅增《儒辱》、《世子蒯聵論》二篇，脱《罪蒯聵》一篇，宜録附。後有「臣恩復」白文方印、「秦伯敦父」白文方印、「石研齋秦氏印」朱文長印。

鐔津文集十九卷　集部别集類

藤州鐔津東山沙門契嵩撰。明支那本，萬曆丙午刊。每半葉十行，行二十字。白口，雙邊。首有熙寧八年陳舜俞所撰《行業記》。契嵩，姓李氏，字仲靈，藤州鐔津人。慶曆間居杭州靈隱寺，仁宗賜號明教大師。《四庫》「著」録，凡文十九卷、詩二卷，附他人所作序、贊、詩、題、疏一卷。此本只文十九卷，蓋詩未合刊耳。

公非先生集二卷　集部别集類

宋劉攽貢父撰。舊鈔本。貢父，號公非，新喻人。史載其著書百卷，尤邃史學。而其書大半散失，世鮮傳本。此是明人輯本，《四庫》從《大典》輯《彭城集》四十卷，此其先路之導歟？前有鄭谷□分書題簽。

彭城集四十卷　集部别集類

舊鈔本。首有《四庫提要》、《宋史》本傳、《東都事略》、附録二則，均另紙鈔補。首葉有朱書「癸卯清和沈叔埏校」一行。《貢父集》五十卷已散佚，此館臣輯《大典》本。沈叔埏，字埴爲，號劍舟，嘉興人，即修《四庫》時館員，校書極其精審。

孫氏手跋曰：此集爲秀水沈劍舟太史手校，每卷皆有題字。其題第三十九卷後云「乾隆癸卯嘉平中澣之二日」，則距今已九十年矣。《彭城集》傳本甚少，復得劍舟先生手定，益足寶貴，後之人其善藏之。同治十一年仲夏，上元孫氏復校并題。

洛陽九老祖龍學文集十六卷　集部别集類

宋祖無擇撰。影宋鈔本。每半葉十一行，行二十一字。其曾孫行編，一名《焕斗集》，凡十卷，附《名臣賢士詩文》二卷、《家集》四卷。《家集》者，擇之叔祖旵、叔士衡、弟無頗之傳記、誥敕及其侄德恭詩也。前有張蓉鏡分書題簽。有「汲古閣考藏」白文方印、「丕烈」白文長方印、「仲遵」朱文方印、「仲遵考藏」朱文方印，「劉墉」白文、「石菴」朱文兩方印，「虞山張氏」朱文方印、「蓉鏡」白文小印、「和經書屋收藏」白文方印、「曾藏張蓉鏡家」朱文方印、「因培」朱白文聯珠印、「寶米齋」朱文方印、「方印燕昭」朱白文方印、「潘貽遠堂」朱文長印、「讀月山房」白文三角印。

臨川文集一百卷目録二卷　集部别集類

宋王安石介甫撰。明嘉靖刊本。每半葉十二行，行二十字。白口，單邊。首有紹興十年豫章黄次山季岑序，稱紹興重刊《臨川集》者，郡人王丞相介甫之文，知州事桐廬詹太和甄老所譜而校也。嘉靖三十九年江西布政司右參政臨海王宗沐序已佚。每卷有子目，連正書，猶是舊式。有「何焯之印」朱(子)[文]方印、「林士珍賞」朱文方印，「汪印士鋐」白文、「退谷」朱文兩方印。

王狀元集百家注分類東坡詩二十卷　集部别集類

宋蘇軾子瞻撰，廬陵須谿劉辰翁批點。元刊本。每半葉十二行，行二十三字。高五寸五分，廣四寸二分。黑口，雙邊。首有王十朋龜齡序、趙夔堯卿序。末有安正書堂新刊牌子。

牌子：丙戌歲孟冬月
安正書堂新刊

施注蘇詩四十二卷年譜一卷王注正譌一卷補遺一卷　集部别集類

吴興施元之德初注。國朝商丘宋氏(邗)[刊]本。首有商丘宋犖、滏陽張榕端、毘陵邵長蘅三序。虞山吴蔚光哲甫批點，翁文勤公命其子仲淵修撰過録，有跋。按：哲甫，字竹橋，乾隆四十五年進士，由庶吉士改禮部主事。

翁氏手跋曰：此本朱墨二筆並出吾邑禮部主事吴竹橋先生蔚光手。先生乾嘉間詩人也，由詞曹改官，未幾即請告歸，築屋湖田，著書終老，時人高之。予弟叔平嘗得其所評蘇詩，乃命予次子曾源臨寫於此本之上。因記其姓名，使覽者詳焉。常熟翁同書。

山谷詩集注二十卷　集部别集類

宋黄庭堅魯直撰，任淵子淵集注。[日]本慶安五曆刊本。首有紹興乙亥鄱陽許尹序。後有紹定壬辰山谷諸孫垺序。

山谷老人刀筆二十卷　集部别集類

宋黄庭堅魯直撰。明翻宋刊本。每半葉十二行，行十九字。白口，單邊。首有《山谷老人傳》。此書係山谷曾孫銖與《豫章先生遺文》同(偏)[編]，明弘治中張元幹與《山谷詩注》同刻者，印本尚好。

張右史集六十卷　集部别集類

宋張耒文潛撰。舊鈔本。首載《宋史》本傳。朱卧菴先生手校。按文潛文集之傳世者，在南宋周紫芝所見已有十卷、三十卷、七十卷、百卷四本。《四庫》所收乃七十六卷，名《宛丘集》。聚珍本所印乃五十卷，名《柯山集》。明時刊本只三十卷，而金氏《文瑞樓書目》載七十六卷又補遺六卷。此本名《張右史集》，六十卷，與各本均不同，是又一本也。惟《汲古閣珍藏祕本書目》所載與此皆合，注云：張耒世所行《文潛集》纔十之五，《右史集》乃稱大全，在當時已可貴矣。此本係朱卧菴先生命其弟子所鈔者，每卷後均有校語、時日，擇其要者録之。有「休寧朱之赤珍藏圖書」朱文長方印、「卧菴所藏」朱文方印、「朱印之赤」朱文方印、「道行仙」白文方印、「留耕堂印」白文方印，「寒士精神」白文、「寶祝堂」白文兩方印，「老卧」朱文方印、「文登于氏小謨觴館藏本」白文長印。

朱氏手跋曰：丁卯歲暮，假許縣丞星瑞本。時圖急鈔，遂授陳生嘉侯。未半月，嘉侯赴館，此本竟置高閣。予朝夕走索，不靳再三，乃知假手他人，即二十年雷會友人唐定儀也。因往謁之，五日乃得。不惟慶異書復還，亦欣二生之不負所託也。戊辰六月二十八日，卧菴老人識。此跋在卷一後。

又曰：連年董事育嬰，奔走官廨，曾無寧刻。今以意見不合鄉愿，拂衣而歸。焚香煮茗，刈草澆花，大是適意。古人五十而知四十九年之非，予之童心久矣。半日較書，半日對賓客、理家事，以此終身，七十老翁，復何求也？戊辰四月十三日，卧菴老人識於昨非館。此跋在卷二十四後。

又曰：丁卯孟冬，從許縣丞星瑞借得《張右史全集》，命三兒、徐倩、陳、程諸生録之。今已易歲矣，惟陳生仲方成此六卷。連日坐雨，歲事將闌，遂爲校正，不二日而竟。時戊辰正月十三日之辰刻，記於留耕堂之西窗，卧菴老人。

淮海集四十卷後集六卷長短句三卷　集部別集類

宋秦觀少游撰。明嘉靖刊本。每半葉十二行，行二十一字。白口，單邊。首有嘉靖乙巳江都盛儀序，又嘉靖己亥同郡張綎序，又《宋史》本傳。《長短句》後有綎跋，又張繪後序。目録後有「嘉靖己亥孟秋刊」一行。是書爲吴江袁氏湘湄舊藏，繼歸趙氏季梅，二公均有題字。有「秋水池堂」朱文圓印、「湘濂」朱文方印，「爰棠」白文、「湘湄」朱文兩小方印，「嘉生」白文方印、「晚聞」白文方印、「軍司馬印」白文漢印、「天水圖書金石之印」白文方印。

袁氏手跋曰：右《淮海集》四十卷、後集六卷、詞集三卷，嘉靖中所刻，今絶難得。此本向爲先外祖孝廉府君故物，舅氏知棠學詩，舉以相貺。聞外家藏書甚多，今并散佚，此其僅存者。外氏祖姓沈氏，諱英，登戊午賢書，越二年而没，年未登四十也。戊戌十一月九日讀畢記。

趙氏手跋曰：吴江袁氏藏書極富，湘湄尤博雅好古，工詩詞，子晟工古文。余官吴江時，其家已中落矣。晟先卒，湘湄以道光初元孝廉方正徵，著《秋水池堂集》，與郭麐頻伽齊名，亦卒。袁氏書多歸范氏，余得《唐文粹》、《淮海集》、《中州名賢文表》、《周櫟園詩文集》。秦集及《文表》皆有湘湄題字，可珍也。彦修。

石門文字禪三十卷　集部别集類

宋江西筠溪石門寺沙門釋德洪覺範著，門人覺慈編録，西眉東崖旌善堂校。支那本，明萬曆丁酉刊。每半頁十行，行二十字。白口，雙邊。每卷後有牌子。首有萬曆丁酉釋達觀序。德洪，一名惠洪，覺範其字也，筠州人。大觀中，游丞相張商英之門，商英敗，德洪亦坐累謫朱崖。詩文頗有名，著有《冷齋夜話》十卷。

慶湖遺老詩九卷　集部别集類

宋賀鑄方回撰。傳鈔本。首有江夏寶泉監阿堵齋序，末有延平楊時序，附程俱撰墓志銘，又乾道丙戌邯鄲寇翼令威父記，紹熙壬子晉陵胡澄跋，并方回《左顧亭詩》二首，附録《拾遺》一卷，政和三年信安程俱序。末有紹熙癸丑澄跋。以江陰繆氏藏本校過。

龜山先生文集四十二卷 集部别集類

宋楊時中立撰。明刊本。每半葉十行，行二十字。白口，雙邊。首有楚黄耿定力序。末有豐城李瑄後序。先生文集，《文獻通考》、《書録解題》皆作二十八卷，歲久散佚。明弘治壬戌，將樂知縣李熙刊併十六卷。常州東林書院分刊三十六卷；宜興又併爲三十五卷。此四十二卷本，乃萬曆十九年將樂知縣海陽林熙春序而刊者。

簡齋詩外集一卷 集部别集類

宋陳與義去非撰。元鈔本。首有引，題曰「晦齋書」。此序爲他本所無。晦齋不識爲何人。凡古今體詩五十二首、文三首。首有延祐七年錢翼之題記。去非，號簡齋，汾陽人，登政和三年上舍甲科，官至參知政事，事蹟具《宋史》本傳。翼之，名良存，郡人，工詩，善書法。首有「張子昭印」白文、「三吴張氏」白文、「孫亮」朱文長印，「子孫世昌」白文大方印、「覺非」朱文大方印、「王氏牙籤」朱文大方印、「琅邪正之書籍」朱文橢圓印，「朱印時熙」白文、「陸友私印」白文、「一字以甬」朱文、「須用」朱文、「朱印子儋」朱文、「西舜城居士」白文、「朱承爵印」白文、「承□」朱文、「竹素齋圖書印」朱文、「溪南草堂」白文、「溪南别館」朱文、「集稚之館」朱文、「學稼堂印」白文、「對阮亭」白文、「軍假司馬」白文、「朱氏元緝」白文、「江陰朱氏珍玩」朱文、「存餘堂」朱文、「存餘堂印」白文、「蔡氏士權」朱文、「憲堂」白文、「汗浦」朱文、「汪士鐘藏」白文、「藝芸書舍」朱文、「汪印士鐘」白文、「藝芸主人」朱文諸方印。

《簡齋詩集》引：詩至老杜極矣，東坡蘇公、山谷黄公奮乎數世之下，復出力振之，而詩之正統不墜。然東坡賦才也大，故解縱繩墨之外而用之不窮；山谷措意也深，故游詠意味之餘而索之益遠。大抵同出老杜而自成一家，如李廣、程不識之治軍，龍伯高、杜季良之行己，不可一概語也。近世詩家知尊杜矣，至學蘇者乃指黄爲强，而附黄者亦謂蘇爲肆，要必識蘇、黄之所不爲，然後可以涉老杜之涯涘，此簡齋陳公之説云耳。予游吴興得之，乃知公所學如此，故能獨步一代。頃邑士有欲刻公詩者，因出前聞爲冠集首，庶學者知公淵源所自，思以折近世黨同伐異之説云。公名與義，字去非。初賦墨梅，受知徽考。入校中祕書，遂掌帝制。後參紹興大政。簡齋，其自謂也。玄黓敦牂中秋，晦齋書。

錢（手）［氏］手跋曰：《簡齋外集》罕見其本，錢唐王心田以余愛之，持以見贈。延祐七年二月，雲箓書齋記。

尹和靖文集十卷附録一卷 集部别集類

宋尹焞彦明撰。明刊本。每半葉十行，行十八字。白口，單邊。首有目録，嘉靖九年白鹿山人蔡宗兗序。末有嘉慶庚寅莆田西淙洪珠後序。《四庫》著（作）録八卷。有「六合徐氏孫麒珍藏書畫印」朱文、「孫麒氏使東所得」白文兩長印。

東溪先生文集二卷附録一卷 集部别集類

宋高登彦先撰。舊鈔本。彦先，號東谿，漳浦人。遺集《文獻通考》作二十卷，《書録解題》及《宋史·藝文志》俱云十二卷。此爲明林希元所編，僅分上下二卷、附録一卷，其餘皆散失不存。首有過録小跋一則，不著姓名。《續藝海珠塵》刻入壬集。

雪溪詩五卷 集部别集類

宋王銍性之撰。傳鈔本。性之，汝陰人，自稱汝陰老民。紹興初以薦，詔視秩史官，給札奏御，爲樞密院編修官。著有《補侍兒小名録》一卷、《默記》三卷。

東萊先生詩集二十卷 集部别集類

宋吕本中居仁撰。舊鈔本。居仁詩在江西派，有文集、外集，皆久佚，此其詩集也。前有贛川曾幾序。有「潘印恭辰」白文、「紅茶」朱文兩大方印。按：恭辰，字吾亭，嘉興人。

大隱居士集二卷 集部别集類

宋鄧深紳伯撰。傳鈔本。首載《提要》。原集散失已久，此由《永樂大典》中輯出者。

莆陽知稼翁集十二卷詞一卷 集部别集類

宋黄公度師憲著。影宋鈔本。每半葉十行，行十八字。首有莆陽陳俊卿序，又鄱陽洪邁序。每卷後有「孫迪功郎新泉惠安縣主簿處權校勘」一行。附詞一卷，有曾豐序。詞後有「慶元乙卯，假守邵陽逾年，謹刊《知稼翁集》於郡齋，併以詞一卷系其後。嘉平之月，其日戊午，沃謹識」三行。有子沃跋。後附龔茂良撰行狀、林大鼐撰墓志銘、子沃撰壙銘，又跋。有「十經齋藏書」朱文長方印。

莆陽知稼翁集二卷　集部别集類

宋尚書考功員外郎黄公度撰，知邵州軍事借紫男沃編，新泉州惠安縣主簿孫處權校刊，明廣東按察司僉事十一世孫廷宣、工部右侍郎十一世孫廷用重校。明天啟刊本。每半葉十行，行二十字。白口，單邊。首有慶元鄱陽洪邁序，又莆陽陳俊卿序。上卷爲詩賦，下卷爲詩、(撰)〔傳〕、章、奏、議、書、表、啟、記、序、跋、行狀、青詞、祝祭文、詞，附《詞補遺》一首、《漢書鐫誤》一首。詞前有曾豐序，後有子沃跋。又《興化府志》本傳、龔茂良撰行狀、林大鼐撰墓志銘、嗣子沃撰壙銘。此係天啟乙丑裔孫崇漢得内府本刻於衡州，末有跋并同校世孫名四行。此書四本作十一卷〔七〕，即此之(祖)〔祖〕本，特未并卷耳。

羅鄂州小集五卷附録一卷　集部别集類

宋羅願端良撰。明洪武刊本。每半葉十一行，行二十一字。黑口，雙邊。何義門先生手校。首有洪武二年潛溪宋濂序，乙巳新喻趙壎序，眉山蘇伯衡序，師山鄭玉序。後附曹弘齋所撰《鄂州傳》一篇，附録《羅郢州遺文》一卷，有趙汸、王褘後序。端良，號存齋，歙縣人，乾道二年進士，官至鄂州太守。郢州名頌，字端規，端良之兄也。有「凌瑞之印」白文、「豪二」朱文、「楊紀」朱文、「虚臺」朱文、「虎丘塔影園客」白文、「七寶池上人」朱文、「王德珍藏記」朱文、「柏石」朱文、「芥舟」朱文、「水心堂」朱文、「友韓道人」白文、「旌孝義門孫子」白文、「何焯之印」白文諸印。

何氏手跋曰：按乙巳爲至正二十五年，越二年丁未，明太祖皇帝始稱(曾)〔吴〕元，戊申正月始改洪武。宋、王二序皆書洪武二年，此序作於乙巳，豈宋、王嘗許之，此序預實其言乎？ 趙子常後序作於甲午，其再題則云後十有一年，亦在乙巳也。 子常又得陳定宇所傳本是正，而爲羅傳道補其闕逸，以還劉公之舊。 景濂所記則云小集已非郭春所裒□。 洪武二年，二趙方與宋、王同修《元史》，而其語各異，何耶？ 鄂州《新安志》，今見程□所編《新安□□志》中，尚□□録之。康熙戊寅三月，焯識。此跋在趙壎之後。

又曰：朱子與劉子澄書云，《鄂州小集》願附名於其後，渠文字細密，有經緯，可愛，真如來喻之云也。又書云，端良之亡爲可惜也，(姓)[然]其文(言)[意]亦傷(見)[冗][八]，乃是困於所長耳。合觀二書，斯集之□長可以互見矣。恐學文者但震於前況，是以録之記(記)。

又曰：朱子與劉子澄云，羅守之文可謂有意於古矣。又曰，端良止此，極可惜。《鄂州小集》他時願附名於其後，文字細密，有經緯，可愛，真如來喻之云也。其重之若此。然與朱子非舊相識，特嘗因子澄以書請記鄂之社稷壇耳。曹弘齋作傳，言其爲文公之畏友，疑考之不詳審云。康熙甲申秋日，何焯書。

朱文公大全集百卷續集十一卷別集十卷　集部別集類

宋朱熹晦菴撰。明嘉靖刊本。每半頁十二行，行二十二字。白口，單邊。字畫古雅。首有嘉靖壬辰饒平蘇信序，目録後有婺源潘璜跋。末有成化癸卯莆田黃仲昭跋。《續集》有淳祐五年王遂序，末有徐幾跋。《別集》有咸淳六年黄鏞序。

梅溪先生集五十四卷　集部別集類

宋王十朋龜齡撰。明刊本。每半葉十一行，行二十一字。黑口，雙邊。首有先生子聞禮序，明少保黄淮序，侍郎何文淵後序，附録汪應辰所撰墓志銘。凡《奏議》五卷、《前集》二十卷、《後集》二十九卷。

蒙隱集二卷　集部別集類

宋陳棣撰。傳鈔本。首載《提要》。考凌氏《萬姓通譜》載，陳棣，字鄂父，浙東安撫使陳汝之子。以父任，官至通判潭州。汝，字師予，紹定四年進士。

象山先生集二十八卷外集五卷　集部別集類

宋陸九淵子静撰。宋刊本。每半葉十一行，行二十二字。高五寸五分，廣四寸。黑口，單邊。口上書「象山文集」四字。上魚尾下題書「卷之幾」。首有嘉定五年九月戊申門人四明袁燮序，開禧元年夏六月乙卯門人四明楊簡序，嘉定庚辰秋九月盱水吳杰序。末有「後學東陽邵豳校正」一行。有安正書堂牌子。是書《文獻通考》作《文集》二十八卷《外集》四卷，此卷作五卷。考此本《外集》第五卷係孔煒撰《謚議》、丁端祖撰《覆謚》、楊簡撰行狀三篇，是子静《外集》仍止四卷也。《天禄琳琅》定是書爲嘉定十四年辛巳刊本，當不誤也。

牌子：

辛巳歲孟冬月
安正書堂重刊

葉水心集二十九卷　集部別集類

宋葉適正則撰。明刊本。每半葉九行，行十九字。白口，單邊。首有明景泰二年泰和王直重刊序，又《宋史》本傳。正則，温州永嘉人，淳熙五年進士第二人，官至寶文閣學士，謚忠定，事蹟具本傳。

滄浪先生吟卷二卷　集部別集類

宋樵川嚴羽儀卿著，彭城清省堂校刻。明嘉靖刊本。每半葉十行，行十八字。白口，單邊。有嘉靖辛卯閩中鄭絅刻序。有「寄道人」朱文方印。

棠湖詩稿一卷　集部別集類

相臺岳珂肅之撰。影宋鈔本。每半葉十行，行十八字。凡宫詞一百首。首有自序，蓋仿王建花蕊體也。末有「臨安府棚北大街陳宅書籍鋪印行」雙行小牌子。原刊昔藏嘉興錢衎石家，後歸章氏式訓堂，今在泰和蕭氏，鐵琴銅劍樓有影鈔本。

秋崖小稿文集四十五卷詩集三十八卷　集部別集類

宋方岳巨山撰。明嘉靖刊本。每半葉十二行，行二十字。白口，單邊。是書爲明嘉靖中巨山裔孫謙所刻。首有嘉靖丁亥李汎序，方謙序。《詩集》每半葉十一行，行十九字，較《文集》字大行疎，格式小異。

退菴先生遺集二卷 集部别集類

宋參知政事金陵侯宣城吳淵撰。傳鈔本。後附《方泉先生詩集》。淵，字道父，寧國人，嘉定七年進士，累官（汝）［江］東按撫使、行宫留守兼屯田使，拜參知政事，封金陵侯，謚莊敏，事蹟具《宋史》本傳。方泉先生，姓周氏，名文璞，字晉仙，方泉其號也。

心史七卷 集部别集類

宋鄭思肖億翁撰。舊鈔本。億翁，號所南，連江人。此編凡《咸淳集》一卷、《大義集》一卷、《中興集》二卷、《久久書》一卷、《雜文》一卷、《大義略序》一卷，後附序五篇及「療病咒」一則。是書皆記宋亡時雜事，然《提要》云文詞蹇澀難通，紀事亦多與史不合，必明末好異之徒作此以欺世，而故爲眩亂其詞者。徐健菴亦以此書爲明海鹽姚士粦所僞託，其言必有據也。

海瓊玉蟾先生文集六卷續二卷 集部别集類

宋葛長庚白叟撰，南極老人矐仙重編，山陰何繼高、新安汪乾行、劉懋賢同校。明弘治刊本。每半葉九行，行二十字。白口，單邊。首有南極老人序，又玉蟾先生像，又潘牧序，又鶴林彭耜述事實。白叟，福之閩清人，繼於白氏，母以玉蟾應夢，遂以名之。字衆甫，一字如晦。

海瓊摘稿十卷 集部别集類

明嘉靖刊本。每半葉十行，行二十字。黑口，雙邊。首有嘉靖癸巳西洲居士唐胄平侯序。此書刻於廣西。

剩語二卷 集部别集類

元撫州艾性夫撰。傳鈔本。首録《四庫提要》。是書輯自《大典》，或題曰《艾性夫剩語》，或題曰《艾性夫孤山晚稿》。考《江西通志》有艾性，字天謂，工詩，著有《孤山詩集》，與《大典》所載《孤山晚稿》相合。疑《江西通志》本作「性夫」，傳刻誤脱一「夫」字也。吴澄《支言集》有《高夔妻艾氏墓志》，稱爲咸淳貢士性夫之女云云，益信性夫即天謂矣。

水雲村吟稿十二卷年譜一卷 集部别集類

元劉壎起潛撰，裔孫冠寰尚之輯，男凝二至注。舊鈔本。起潛，南豐人，宋隱士，自號水村，以道學名於時。是書爲其二十世孫斯嵋眉生授梓時稿本，故校勘極細，夾籤甚多。前有至元曾子良序，正德符遂良臣序，康熙劉凝序，無名先生《藏山詩稿》序，道光晉陵龔望曾序。後附年譜、吴澄草廬墓表、符遂傳、裔孫都伏菴跋。

雲林集六卷附録一卷 集部别集類

元貢奎仲章撰。藍格傳鈔本。仲章，號雲林子，宣城人，官至集賢直學士，謚文靖。首有洪熙乙巳三山陳嵦序。後附天曆二年門生李黼行狀、馬祖長奉敕所撰碑銘、臨川吴澄後跋、弘治天台范吉跋。

存復齋集十卷附録一卷　集部別集類

元朱德潤澤民撰。舊鈔本。澤民，吳縣人，工書札，尤善丹青，名重一時。集中文七卷、詩三卷，《續集》同。此本無《續集》。前有虞道園集、俞午翁焯二序。首題「元征東儒學提舉睢水朱德潤澤民著，曾孫夏重編，賜進士湖廣按察使東吳項璁彥輝校正」。此本係由明嘉靖本録，楮墨尚舊。有「旡悶居士」朱文方印、「桐軒主人藏書印」朱文長方印。

檜亭集九卷　集部別集類

元丁復仲容撰。傳鈔本。首録《四庫提要》。有元仲山李垣、永嘉李孝先、臨川危素、上元楊翮原序。仲容，金陵人，天台籍。放情詩酒，終老江湖，爲集慶路訓導。元刊《金陵新志》校訂姓氏中有訓導丁復，即仲容也。

所安遺集一卷　集部別集類

元陳泰志同撰。戴光曾手鈔本。志同，號所安，長安茶陵人，延祐二年進士，薄宦栖遲，惟耽吟詠。此集乃其曾孫樸裒輯以成，故曰「遺集」。後有來孫銓成化一跋。浙局刻本與此同。陸存齋得成化刻，得詩三十餘首，閻潔序一首，劉三吾象贊一首及象，陳銓、陳瑤跋三首，周濟、蔣冕跋各一首。惜陸書流入東瀛，無從校補。前有「嘉興戴光曾鑒藏經籍書畫印」朱文方印、「從好齋」白文長方印，「秦印恩復」、「秦伯敦父」白文兩方印，「石研齋秦氏印」朱文長印。

戴氏手跋曰:《所安遺集》一本,爲古鹽道古樓馬氏寒中思贊鈔藏本。鈔手甚精,今爲金輿庭所得。假歸展誦,既愛其詩,復愛其書法之妙,因亦手録一册。内多疑僞,當再覓他本校之。嘉慶甲戌四月,松門戴光曾記於從好齋。

又曰:《所安遺集》一册,去夏手録。敦夫先生欲購是書,因以奉贈。第鈔手惡劣,中多譌字,尚求是正。乙亥夏五,光曾識。

秋聲集四卷 集部别集類

元黄鎮成元鎮撰。舊鈔本。有「藤花吟館」白文方印、「退盦」朱文方印。

傅與礪詩集八卷 集部别集類

題「任丘宋應祥伯禎點校,弟傅若川次舟編刻」。明洪武刊本。每半頁十行,行十八字。黑口,單邊。首有胡行簡、范梈、揭傒斯、虞集四序。末有次舟跋。胡序後有牌子。按:與礪,名若金,新喻人。以異材薦,佐使安南,歸,除廣州文學教授。至正三年卒,年四十。其詩有《初稿》、《南征稿》、《使還新稿》、《牛鐸音》等(偏)[編],殁後,其弟若川重爲編次鋟梓,總名之曰《清江集》。《清江集》無傳本。計集八卷,亦若川重編,乃兵燹後所刊也。各家書目所著,陸氏(麗)[皕]宋樓有舊鈔本二,一爲鮑淥(餘)[飲]舊藏,一爲吴氏瓶花齋舊藏。瞿氏鐵琴銅劍樓有舊鈔本,爲查初白所藏,查即鈔自瓶花齋。其格式序跋與此本脗合,其出自洪武本無疑。唯丁氏八千卷樓有洪武刊本,獨缺胡序、跋、牌子,疑爲書估割去,冒充元本者，不得謂爲完璧。今此本首尾完善，爲明閩中徐興公𤊹舊藏，末有興公手跋。雖印本少模糊，乃當時所行水印，非板片漫漶也。興公跋於萬曆庚子，已云「世不（得）［多］得」，况更後數百年，敢不鴻寶視之！黄蕘圃有校舊鈔本傅集，跋云：「其弟若川云文集陸續刊行，未知文集是否陸續刊行也。世必有其書，而予已得詩集，當訪購文集，以成完璧，書此自勖。」考（麗）［皕］宋樓、八千卷樓均有舊鈔本《傅與礪文集》十一卷附録一卷，題弟傅若川次舟編刊，有洪武甲子蒙陽梁寅序，是文集果刊行矣。不特爲蕘圃所未見，且爲蕘圃所未知。余今雖得詩集，而文集亦未寓目，敢不以蕘圃之勖而自勖哉？藏印有「建安楊氏圖籍之記」白文長方印、「閩中私印」白文方印、「閩中徐惟起藏書印」朱文長方印、「閩中徐𤊹惟起藏書」朱文方印，「三山王氏赤子道徵印」、「閩中王赤蘭藝文金石記」朱文兩方印。

前進士胡居敬序曰：渝舊隸袁，山川最爲秀麗，扶輿清淑之氣鍾爲人物，代有其人。鄭、李以詩鳴於唐，二劉、章、謝以學問詞章顯於宋，煒乎其相望也。近世范太史、傅廣文相繼以詩名於時，文章鉅公莫不推服，而海内搢紳士興於詩者咸師仰之，信乎黄鐘大吕之音，震於瓦缶雷鳴之餘，有耳者莫不傾聽也。傅廣文詩舊有刻本而毁，令弟若川恨其久而傳弗廣也，欲重鋟梓，介友人袁大賓徵序其端。余觀三閣老之文奬許如彼其至，奚敢贅爲之辭？而若川愛兄之情、嗜學之力洎吾渝山川人物之美不可蓋而弗彰也，遂書是語，以綴其後。至正戊戌仲冬月，同郡胡行簡序。

翰林高平范公序曰：孔子曰，《詩》可以興，可以觀，可以群，可以怨。朱氏釋曰，興者，感發至意；觀者，考見得失；群者，和而不流；怨者，怨而不怒。四者之事不同，而其序究有先後。蓋見他日論《詩》、《禮》、《樂》，則首曰「興於《詩》」。詩者，志之所之，以其志感人之志者，孰不足以有所感發哉。然則興者，豈非(吾)[居]先乎？感人之道，莫尚乎聲音，(人)[入]焉寂然泯然，忽而歆起振奮，動[蕩]淪浹，(人)[入]之深而化之敏者，斯其效曷從而至哉？古人云，聲音之道與政通。夫聲者，合天(氣)[地]之大氣，軋乎物而生焉。人聲之爲言又其妙者。則其因於一時盛衰之運，發乎情性之正而形見乎辭者可(瞻)[覘]已。故曰治世之音安以樂，其政和；亂世之音怨以怒，其政乖；亡國之音哀以思，其民困。正得失，動天地，感鬼神，莫近於《詩》。夫《詩》道豈不博大哉？要其歸主於詠歌感動而已。斯義也，司馬太史嘗聞之矣。其言曰，《三百篇》孔子皆絃歌之，以合韶武雅頌之音。夫既合之，則當時存什一而去千百必其不合者也。深矣哉，聲音之於政也，聖人蓋取之矣。新喻傅汝礪妙年工詩，自古今體、五七言皆亹亹焉力追古人，唯恐不及意。間示余以所著編曰《牛鐸音》者，讀之連日不厭，聞其音而樂焉，以爲誠識所尚者。因揭孔子之言《詩》，徵以師説，遂演繹以告之。天曆二年四月一日，范梈書於(萬)[百]丈山房。

集賢揭文安公序曰：自至元建極，大德承化，天下文士乘興運，迪往哲，稍知復古。至於詩，去故常，絶模擬，高風遠韻，純而不雜，朔南所共推而無異論者，蓋得江西范德機焉。德機歿後，又得其鄉傅與礪焉。德機盛矣，余每讀與礪詩，風格不殊，神情俱詣，如復見德機也。然德機七言歌行勝，與礪五言古律勝，餘亦在伯仲之間。而德機得盛名時年已過與礪，使與礪及德機之年，不知又當何如也。天下文章莫難於詩，劉會孟嘗序余族兄以直詩，其言曰，詩欲離欲近，夫欲離欲近，如水中月，如鏡中花，謂之真不可，謂之非真亦不可。謂之真，即不可索，謂之非真，無復真者。惟德機、與礪知之及此，言之及此，得之及此，故余傾倒於二君焉。而德機已矣，余無能爲矣，庶幾猶有若與礪者，他日足爲學詩者之依歸也。傅君初字汝礪，余以天下同其姓氏字者衆也，而易之曰與礪。且以「與」與「汝」聲相近，而便於改稱也。元統三年九月辛巳朔，揭傒斯序。

奎章虞文靖公序曰：詩之爲學，盛於漢魏者，三曹、七子，至於諸謝備矣。唐人諸體之作，與代終始，而李、杜爲正宗。子美論太白，比之陰常侍、庾開府、鮑參軍，極其風流之所至，贊詠之意遠矣，淺淺者未足以知子美之所以爲言也。崔顥人品(爲)[非]雅馴，太白見其「黄鶴」之篇，自以爲不可及，至金陵而後仿佛焉，其高懷慕尚如此，誰(得)[謂]其恃才傲物者乎？求諸子美之所自謂，盛稱《文選》而遠師(李)[蘇]、李，詠歌之不足者，王右丞、孟浩然，而所與者岑參、高適，實相羽翼。後之學杜(矣)[者]多矣，有能旁求其所以自致自得者乎？是以前宋之盛，亦有所不逮矣。國初中州襲趙禮部、元裕之之遺風，宗尚眉山之體。至涿郡盧公，稍變其法，始以詩名東南，宋季衰陋之氣，亦已銷盡。大德中，文章輩出，赫然鳴其治平，集所與游者亦衆，而貧寒相望。發明斯事者，則浦城楊仲宏、江右范德機其人也。楊之合作，吴興趙公最先知之。而德機之高古神妙，諸君子未有不許之者也。其後馬伯庸中丞用意深刻，思致高遠，亦自成一家，觀者無間言。而進士薩天錫者最長才情，流麗清流，作者皆愛之，而與前之諸公先後淪逝，識者然後知其不可復得也。德機之里人傅君與礪，始以布衣至京師，數日之間，詞章傳誦，名勝之士，無不倒屣而迎之，以爲上客。臺省館閣以文名者，稱之無異辭，豈非其風韻足以及於余所道諸君也哉？予去國十年，與礪自交趾使還，以家貧親老，授南海文學以歸。嗟夫，上林千樹，豈無一枝以棲朝陽之羽哉？而一官嶺海之不厭，何也？前數年，諸公相知者多散出於外，今明良一廷，無所忌諱，清澗之蒲，海灣之水，不足以久煩吟詠也必矣。書其別後稿如此，遲其北還，則沈鬱頓挫、從容温厚有起予者，何幸於餘生親見之哉！作傅君與礪《使還新稿》序。至正辛巳六月朔，虞集伯生序。〔九〕

傅次舟跋曰：先兄本意以壬申至乙亥夏爲《初稿》，乙亥秋至丙子爲《南征稿》，則皆冠以揭文安公之序。由丙子夏以後爲《使還新稿》，則虞文靖公實序之。而删甲子至辛未爲《牛鐸音》，則有范太史之序存焉。不幸早亡，既而□□上率衆力刊之下闕數十字。壬辰兵毁之後，欲求《正稿》刊行而力弗逮。至壬戌夏，偶得宋應祥伯禎鈔録點校先兄《正稿》，予過稀年，恐斯文之泯，遂僭編次，率衆力鋟梓。仍將此本參對□□，文辭不同則兩存之，庶使學者有考焉。所有文集，陸續刊行。時歲癸亥仲春，新喻曹溪傅若川次舟謹誌。

牌子：洪武壬戌仲冬渝川百（無邊）

丈山前建溪精舍新刊

徐氏手書曰：萬曆戊戌菊月，林志伊寄惠。「惟起」朱文。

又跋曰：傅若金詩，在勝國卓然傑出者，胡元瑞持論甚正，《詩藪》多引傅句，惜梨棗漫漶，紙煙模糊。此本洪武間刻，世不多得，重録珍藏，尚有所傳。萬曆庚子秋，徐惟起識。「徐卿」、「徐𤊹私印」。

周氏手跋曰：光緒紀元冬仲，以吕宋銀錢五枚買之南後街醉經堂。巳翁周星詒在福州誌。

蟻術詩選八卷詞選四卷 集部別集類

元雲間邵復孺著，明新都汪稷校。傳鈔本。首有隆慶壬申四明沈明臣序。復孺，名亨貞，華亭人，以字行，所著尚有《野處集》四卷。

僑吴集十二卷補遺一卷 集部別集類

括蒼鄭元祐明德著。傳鈔明本。首有至正庚子謝徽序。後有弘治丙辰吴人張習重跋。《僑吴集》録有（録）顧千里先生跋、黄蕘圃先生跋各一則。

靜思先生詩集二卷 集部別集類

元處士吉水桂林郭鈺彦章著，明國子生八世從孫廷昭編。舊鈔本。首有洪武二年己酉廬陵羅大巳伯剛序。首有「翰林院印」，有「乾隆三十八年十二月江蘇巡撫薩載送到」戳記，蓋進呈書也。

東維子集三十卷附録一卷　集部别集類

元楊維禎廉夫撰。傳鈔本。廉夫，號鐵崖，山陰人，元泰定四年進士，入明不仕，事蹟具《明史·文苑傳》。此編載文二十八卷，詩二卷，間以雜文。是書錯訛極多，間有缺葉，然世鮮善本，即明初刻本已然，况傳鈔乎？首有華亭孫承序、王俞跋。有「孫廷翰讀書記」白文方印、「問清觀過」朱文方印。

孫氏手跋曰：右《東維子文集》三十一卷，友人會稽章君小疋所藏。小疋與兄碩卿大令皆精於校勘目録之學，余並友之。小疋於去秋(喬)[僑]寓海上，凡三月而病，病十一月而卒，距今又兩月餘矣。此書自其病中假歸，别録一本。原本誤字甚多，間有校出者，多注於左。其不可校者尚累累，惜未得善本一證耳。春申人海，冠蓋如雲，然考訂古書、商略(擬)[疑]義如小疋者少矣。天不憖遺，喪我良友，展卷三復，能無泫然！碩卿自蘇返，收其遺籍，因以此書歸之，復記數語於後云。光緒壬辰十二月，孫廷翰識。

夷白齋稿三十五卷外集一卷附補遺三卷　集部别集類

元陳基敬初撰，金華戴良編。錢江姚氏鈔本。敬初，臨海人，金華黄文獻公門人。《補遺》三卷則錢塘姚鍸古香所輯。是書明弘治八年吴下張習曾刻十二卷本，極精，故古香以習刻《夷白齋》録附於末。

姚氏手跋曰：《夷白齋稿》三十五卷外集一卷，元至正間戴良所編也。核之諸家簿録皆同。越有明弘治中張習刊本十二卷者，蓋習以未見是書爲憾，故不憚蒐輯之勞，彙付諸梓，煞費苦心，以成不朽，較戴本互有出入，頗(同)[有]異同。今復就十八年所無者，得詩文所干首[一〇]，裒爲三卷，以補其遺，其異同者旁録而兩存之，此亦好古之一快事也。并附習之原跋於後，以尊所自始，且俾後人知所從來云爾。嘉慶庚午十有一月長至日，錢江姚錮謹書。

全歸集七卷 集部别集類

元張庸惟中撰，孫張琳編次。傳鈔本。首有洪武己巳烏斯道序。後有正統辛酉馮益序，又張琳後序。訛字太多，尚欠精校。

王荻溪集二卷 集部别集類

元王偕叔與撰。舊鈔本。按：叔與，琅琊人，元末爲崑學教授。濠泗兵起，絶意仕進，遂肆力於吟事，雖貧不輟。卜廬於荻谿之西，自號荻谿翁。是集其暮年所作也。前有明馮原智序。有「汪印振勳」、「楳泉」朱文兩小方印，「汪士鐘藏」白文長方印。

滄螺集六卷 集部别集類

國子司業江陰孫大雅［撰］。汲古閣刊本。每半葉十行，行十七字。白口，單邊。首有金華撰《東家子傳》，尾有「鄉貢進士都穆校」一行。後有弘治丙辰邑後生薛章憲跋。大雅名作，以字行。一字次知，世爲常之江陰人。自曾大父澂川先生四傳至公而學益大，門人弟子以清尚先生稱之。著有《東家子》十二篇，詞旨閎博，盡古人未發，雜之子書中，蓋不能辨也。

張來儀文集一卷　集部别集類

明張羽來儀撰。章氏式訓堂鈔校本。來儀，以字行，更字附鳳，號靜居，又號靜菴，潯陽人。官至太常寺丞，坐事謫嶺南，投龍江史。史稱其文章精潔有法，《四庫》只著録《靜居集》四卷，云其文不傳，其文集之罕見可知。此係亡友章碩卿手景四明（廬）［盧］氏本，并過録黄復翁跋五則。碩卿，名壽康，會稽人。此本即碩卿所贈。有「會稽章氏」白文方印、「會稽章氏式訓堂藏書」朱文長方印、「壽康讀過」白文方印、「壽康手校」朱文方印、「布衣煖菜根香詩書滋味長」朱文方印。

黄氏跋曰：余向藏《靜居集》，係明初張習刊本，未載其文也。國朝《四庫》但載詩四卷，云其文不傳。然《明史》附高啟傳，盛稱其文，而洪武時命作《滁陽王廟碑》，又吾郡《七姬權厝志》亦羽撰文，見於行世搨本，則羽固非不以文著者也。頃書友攜故書數種來，中有《張來儀先生文集》，雖殘毁已甚，余詫爲得未曾有，因出重直購之。至於書之霉爛破損，係經水濕蒸潤，故裱託爲之，此又何義門歸舟落水故事，余所見宋元舊籍，其藏本往往如是，固不待中有義門手校朱文而始信之也。物主謂文氏鈔本，故索重直。余見不之及，其信然乎抑否乎？庚辰秋九月二十有七日，復翁識。

又曰：續又檢及《文瑞樓書目》，於明人集部洪武朝，張羽《靜居集》四卷一本，後又文集一卷，鈔一本。知金星軺家有是文集矣，未知即此本否。十月五日又記。

又曰：《山雉賦》起，《漏月齋記》止，通計七十番。

又曰：余近日收書，往往命長孫秉剛與聞之，取其隨手指示，俾得略有知識也。此書之所以可珍，已備前跋，而中有一佳字，雖義門亦幾交臂失之，校而去之矣。必當摘出以示兒曹，而後知古人云欲讀書必先識字，此小學之不可不講也。讀天下書未遍，不可妄下雌黄，此校書之不可不慎也。且人生才識有限，安得盡讀此書？即如《廣韻》，小學書之一種也，而中有「棿」字注云：「讀書牀也。」人盡忽焉，義門因得是集而讀之、而校之，且幾疑「棿」之爲「幌」，而朱校本旁作「巾」旁。幸下文又有「幌」字在，方悟「棿」字之非誤，而舉《廣韻》注以證之。此義門之講小學、慎校書也，兒曹其可弗知乎？古人其可弗効乎？雖謂吾之重價購書爲此一字之師，亦無不可。十月四日辰起雨齋，復翁書。

又曰：書籍甚惡硬褙，今人令小兒入塾讀《四子書》，無有不硬褙者，取其難於磨滅，不致方册成員也。然遇極舊之書，又必須覆背護持，方可展玩。蓋紙質久必腐毁，覆背庶有所藉託耳。此事郤非劣工所能爲，手(假)[段]不高，動輒見窒。即如此書，幾與硬褙之《四子書》無異矣，而覆背護持之法具也，良工見之，亦詫爲好手段，故戲舉之。復翁贅筆。光緒丁酉三月，以舊鈔景副校畢，録蕘翁跋於商鼎漢竟之室。

陶情詩集六卷　集部別集類

明易恒久成撰。明鈔本。首有永樂乙酉吳興莫士安序。末有永樂丙戌汝南周傅序。字細而工整，樸而不俗，爲明鈔無疑，信可珍也。有「曹溶私印」白文、「潔躬」朱文兩方印，「結社溪山」朱文、「文瑞樓」白文兩方印，「金星軺藏書記」朱文長印。

擬古樂府二卷　集部別集類

明李東陽賓之撰。明刊本。每半葉十行，行二十字。黑口，雙邊。首有弘治甲子自序。後有正德八年永嘉王瓚序。賓之，號西崖，茶陵人。天順甲申進士，官至謹身殿大學士，謚文正。事蹟具《明史》本傳。

楊升庵文集八十卷　集部別集類

成都楊慎著，從子有仁編輯，後學趙（學）開美校。明刊本。每半葉十行，行二十字。白口，單邊。首有萬曆壬午可泉宋仕序，又濾濱張士佩序。後有用卿蔡汝賢跋，又世穆鄭旻跋。有「六合徐孫麒珍藏書畫印」朱文、「孫麒氏使東所得」白文兩方印。

梓溪文鈔外集十卷内集八卷　集部別集類

明舒芬國裳甫著。明刊本。每半葉九行，行十八字。白口，雙邊。《外集》十卷，皆詩文。内集卷一爲《易箋問》，有正德甲戌陵陽病客梅鶚一；卷二爲《太極繹義》，有海門鶴桐論〔二〕；卷三爲《通書繹義》；卷四爲《東觀録》；卷五、卷六、卷七、卷八爲《周禮定本》。有嘉靖丙戌自序，又萬曆甲戌趙秉忠序，又《書周禮後》，又裔孫香《考訂祖集跋》。國裳，進賢人，正德丁丑一甲第一人，官至翰林院編修。

田叔禾小集十二卷　集部别集類

明田汝成叔禾撰。明刊本。每半葉九行，行十八字。黑綫口，雙邊。首有引目。其全藁本名《豫陽集》，又名《楊園集》。此集乃其晚年命其子藝衡所編，非全藁也。叔禾，泉塘人，嘉靖丙戌進士。有「掃葉山房藏書」朱文長印。

唐荆川先生文集十二卷　集部别集類

晉陵荆川唐順之著。秣陵振吾唐國遠刊。明刊本。每半葉十行，行二十字。白口，單邊。首有晉江王慎中道思序。十二卷本，嘉靖安如磐刻爲最先，有别集。此即繙安本。

李滄溟先生集三十卷補遺一卷附録一卷又補遺一卷　集部别集類

濟南李攀龍于鱗撰，晉陵楊日賓寅初校。明刊本。每半葉十行，行二十二字。白口，單邊。首有萬曆甲戌吴興徐中行序，又張佳胤序。于鱗，歷城人，嘉靖甲辰進士，官至河南按察副使，與太倉王元美世貞、臨清謝茂秦榛、番禺梁公實有譽、興化宗子相臣、吴興徐子與中行、興國吴明卿國倫稱七才子。

弇州山人四部藁一百七十四卷 集部別集類

明吳郡王世貞元美撰。明世經堂刊本。每半葉十行，行二十字。白口，雙邊。口下有「世經堂刻」四字。首有萬曆五年周天球書汪道昆序。判爲賦、詩、文、説四部，賦部三卷，詩部五十一卷，文部八十四卷，説部三十六卷，共一百七十四卷。末附敬美《致元美書》一則，有元美自題。

歸太僕集三十二卷 集部別集類

吳郡歸有光熙甫著，門人王執禮校。明(兩)[雨]金堂刊本。每半葉十行，行二十字。白口，雙邊。熙甫，號震川，吳縣人。首有萬曆丁亥陳奎序，又陳文惕序，又門人周詩序，又崇禎乙亥昌世序，又王錫爵撰墓志，又陳文燭撰墓表，子子祜撰述，子子寧撰序略，又《愍道賦》，翁良瑜撰祭文。有「曾爲徐紫珊所藏」朱文長印。

王百穀全集 集部別集類

明王穉登百穀選。明刊本。凡十五集，各署集名，版心行款各不同。凡《晉陵集》二卷，有陳崇慶、吳履謙二序；《金昌集》四卷，有黄姬水、沈犇俞二序；《燕市集》二卷，有自序，又朱察卿序；《青雀集》二卷，有毛文燁、王世懋二序，末有「隆慶庚午仲夏，靖江朱宅快閣雕本」二行；《竹箭編》二卷，末有「萬曆庚辰仲夏，青浦縣齋鏤本」二行；《梅花什》一卷，有自序，又陸承憲序；《明月篇》二卷，有自序；《雨航紀》一卷，有陸承憲序，末有「辛酉十月朔，玄對齋燈下書藁，陽山顧氏大石山房雕」二行；

《清茗集》二卷，有自序；《荆溪疏》二卷，有王世懋序，末有「常州府顧塘橋吴宅雲栖館雕本」一行；《延令纂》二卷，有張京元、陳繼疇序；《采真編》二卷，有自序，末有「晉陵吴氏世恩堂雕」一行；《丹青志》一卷，有自序，末有「江夏黄氏鳴玉館雕本」一行；《虎苑》二卷，有自序，有吴近道跋；《吴社編》一卷。共二十八卷。此外尚有《客越志》二卷、《越吟》二卷、《法因集》四卷、《生壙志》一卷、《苦言》一卷、《謀野集》八集、《南有堂集》一卷。蓋是書爲各處所分刊而單行者，故行款不一，無總目、總序，惟印本尚一律初印本也。

楊太史家藏文集八卷證學編二卷學解一卷冬日記一卷證道書義二卷續選二卷　集部别集類

明楊起元貞復撰，門生黄瑎等校正，男見晙等付梓。明刊本。每半葉九行，行十八字。白口，雙邊。首有長水後學劉廷元序。《證學編》首有萬曆丙申自序。《學解》有樂安董裕序。《證道書義》有馮夢禎序。《續選》有閻士選序。貞復，歸善人，隆慶丁卯解元，萬曆丁丑進士，官至吏部侍郎，諡文懿。

翏翏集四十卷　集部别集類

明俞安期羡長撰。明刊本。每半葉九行，行十八字。白口，單邊。首有汪道昆序、吴國倫序、郭正域序。首護葉有正書方木戳云：「本坊精選新舊足册好板書籍，倘有殘篇短缺，認明興賢堂書鋪唐少村無誤。」此戳不常見，蓋明坊本也。此書亦難得。有「金生閣」朱文方印。〔一二〕

顧太史文集八卷　集部别集類

崑山顧天埈升伯甫著。明刊本。每半葉八行，行十八字。白口，單邊。首有陳懿典序、崇禎乙亥西吳韓敬序、毘陵鄭鄤序、武塘葉培恕序、張魯唯序、顧錫疇序，又校閱姓氏凡韓敬等二十五人。末有子循序跋。此集即其子所輯也。升伯，萬曆壬辰一甲第三人，官行人司走〔一三〕。

睡菴集二十五卷　集部别集類

明湯賓尹嘉賓撰。明山笑堂刊本。每半葉九行，行十九字。白口，單邊。首有萬曆庚戌江夏郭正域序，又臨川湯顯祖序，又梅守箕序。嘉賓，宣城人，萬曆乙未一甲第二人，官至南京國子監祭酒。

晚香亭小品二十四卷　集部别集類

明雲間陳繼儒仲醇撰。明刊本。每半葉九行，行二十字。白口，單邊。首有王思任序、陶珽序，簡録居主人湯大節撰例言。仲醇，號眉公，華亭人。〔一四〕

詠懷堂集四卷外集二卷　集部别集類

石巢阮大鋮集之著，南海鄺露公露校。明刊本。每半葉九行，行十九字。白口，單邊。首有公露序。《外集》有自序，題衲子德浩宗白校。此集傳本罕見，蓋世鄙其人，故無藏（棄）［弆］者。然其才華亦有可取，未可以人廢也。

有學外集二册　集部别集類

國朝虞山錢謙益受之撰。傳本是書不分卷。首傳，次書、疏、記、墓誌、塔表、哀詞、贊、偈、頌、跋、序、壽序，後附《書集補遺》。

鈍吟老人遺藁十三卷附鈍吟雜録十卷　集部别集類

國朝馮班定遠撰。汲古閣刊本。過録何義門先生批校，何校分朱、黄、墨三色。凡《馮氏小集》三卷、《鈍吟集》三卷、《别集》一卷、《餘集》一卷、《游仙詩》二卷、《集外詩》一卷、《樂府》一卷、《文稿》一卷。首有錢受之、陸敕先二序。受之云，定遠詩沈酣六代，出入於温、李、小杜之間。則定遠之詩名有自來矣。《雜録》凡《家誡》二卷、《正俗》一卷、《讀古淺説》一卷、《嚴氏糾謬》一卷、《日記》一卷、《誡子帖》一卷、《遺言》一卷、《通鑑綱目糾謬》一卷、《將死之鳴》一卷。定遠著述頗多，殁後大半散失，其猶子武搜求遺稿，僅得九種，哀集成編。前有武序，後有趙執信序，定遠之門人也。《四庫》收《雜録》，未收《遺稿》。有「阮印學濬」白文、「天台山人」朱文兩方印。

何氏跋曰：定翁議論，自壬戌年從漢章弟篋中得見其《讀古淺説》及《正俗》二卷。甲子夏，從子師陶兄鈔得《嚴氏糾謬》一卷，又《古今樂府論》一篇，乙丑爲一北人持去，乃倩人鈔此六卷，即寫子師手鈔本也〔一五〕。後又得其《十七史論》，閲久漸敝。適崔左和欲鈔，復倩此惡工鈔二册，一以遺左和矣。有韻之學，瓣香實在馮氏，八法亦賴翁父子之論爲入門，不敢忘也。有疑者，示識數語於上闌或側理，與吾家子弟或學徒商論之。庚辰五月初九日，清苑行台西廂焯識。

慎墨堂詩十八卷 集部別集類

國朝鄧漢儀孝威撰。傳鈔本。鄉後學夏荃退菴輯，鄉後學陳寶晉守吾訂。孝威詩名國初籍甚，前達如吳梅村、龔芝麓，同輩如王漁洋、陳其年等，皆推重之，惜其集久佚。退菴、守吾爲輯此編，并附其四子詩，又采同人詩文益之。詩八卷，末附逸句、詩餘。雖未窺全豹，亦可謂善保前輩著作者矣。

石湖遺書七卷 集部別集(部)類

江都范荃石湖著，焦循里堂(偏)[編]録。傳鈔本。首有自序，又康熙丙申門人郭嗣齡序，又嘉慶戊辰焦里堂序。凡《讀史小識》一卷、《竹隱居隨筆》二卷、《今之石湖集》四卷。

青溪文集十二卷 集部別集類

國朝新安程廷祚綿莊撰，後學上元唐大沛醴泉校。傳鈔本。首有嘉慶乙亥山陽汪廷珍瑟菴序，又桐城姚鼐姬傳序。後有道光丁酉姪孫兆恒序。是書有唐醴泉先生東山草堂刊校[一六]，首有校訂、校閱等人姓氏。

稽菴詩集一卷 集部別集類

國朝江都梅植之蘊生撰。稿本。是書有刻本，此其手稿。有「植之」朱文方印、「唐石齋」白文方印。

二十一都懷古詩一卷 集部別集類

高麗儒州柳得恭惠風撰，完山李德懋懋官訂。高麗刊本。首有古芸居士乙巳、壬子兩序既惠風自序也〔一七〕。

含煙閣詩詞二卷 集部別集（韻）〔類〕

梁溪女史堵霞綺齋撰。傳鈔本。首有泉唐高興序。末有冒巢民跋，又玉溪生跋，又近蜚老人跋。綺齋，號蓉湖女士，進士伊令堵公之女，邑庠生吳元音室也。

留香草一卷 集部別集類

舊鈔本。不著撰人姓氏。前有分湖葉樹奇小序。末有葉昇跋。但知此集爲康熙間練川女子侯氏所作，《留香草》亦後人名之也。序述其幼工詩詞，姿容絕世，以所適非偶，年十八而卒。

蘭韜詩草四卷 集部別集類

西泠西史徐裕馨著〔一八〕。傳鈔本。首有抱經盧文弨序，又桐城方維甸序，又錢唐吳璜序，又集評題詞。後有堯文氏程焕哀辭。裕馨，字蘭韞，吏部尚書徐文穆潮之曾孫女，同里程堯文之室也。其集收入《杭州藝文志》。

湘筠館集四卷 集部別集類

仁和女史孫雲鳳碧梧撰。傳鈔本。首有德清許宗彥序。末有孫灝元識。碧梧女史，仁和孫春岩廉訪之長女，袁簡齋先生之女弟子也。工辭翰，解音律，兼工繪事。字程君懋庭，未嫁而殁。此其遺稿，凡詩二卷，詞二卷，附駢文二首。杭州愛日軒刊之，載入《杭州藝文志》。

紅豆軒詩詞集二卷　集部别集類

仁和汪蘅采湘撰。傳鈔本。首有咸豐辛亥同里吴藻序。後有趙我佩君蘭氏書後。

文選六十卷　集部總集類

題「梁昭明太子選，唐文林郎守太子右内率府録事參軍事崇賢館直學士臣李善注上。」晉府勅賜養德書院校正重刊，明晉藩刊本。每半葉十行，行二十二字。黑口，雙邊。首有嘉靖乙酉莆田周宣、（次）次李崇賢《上文選注表》，次吕延祚《進五臣集注文選表》，次高力士宣口勅，次昭明太子序，次余璉序。末有晉藩養德書院後序。按：晉藩名知烊，謚端王，刻有《文選》、《文粹》、《文鑑》、《文類》、《文衡》等書。首有「古稀天子之寶」玉璽，「吴印文鎔」朱文、「甄甫」白文兩方印，「孫忠愍祠堂藏書記」朱文大方印，「丁未一甲進士」、「伯淵審定真跡」朱文兩方印。

六家文選六十卷　集部總集類

明刊本。每半葉十一行，行十八字，小二十六字。白口，單邊。首有昭明太子序，次顯慶三年直學士臣李善《上文選注表》，次國子監準敕節文，次開元六年工部侍郎臣吕延祚《進集注文選表》，次高力士宣口敕。昭明序後有「此集精加校正，絶無舛誤，見在廣都縣北門裴宅印賣」三行。第二十卷後有「皇明嘉靖壬寅四月立夏日，吳郡袁氏兩庚草堂善本雕」兩行。第四十卷有「此蜀郡廣都縣裴氏善本，今重雕於汝郡袁氏之嘉趣堂。嘉靖丙午春日，國朝改廣都縣爲雙流縣，屬成都府」四行。第五十二卷後有「冊昭裔貧時常借《文選》不得，發憤曰異日若貴，當板鏤之以遺學者。後至宰相，遂踐其言。出《揮麈録》」三行。第六十卷後有「吳郡袁氏善本新雕」隸書木記。每卷之末，間有「某年某月某某雕」字樣。末有嘉靖己酉吳郡汝南袁生褧跋一則。書估往往撤去後跋，挖去嘉靖年號，以充宋帙。此本均全，尤爲可重。

文選六十卷 集部總集類

明新安嚴鎮藩刊本。每半葉十行，行十八字。白口，單邊。序及吕表、李表、目録均佚。

玉臺新詠 集部總集類

陳徐陵孝穆編。明趙氏寒山堂刊本。末有趙靈均跋一則，已失去。黄菊亭臨馮二痴批校。二痴係由宋本校改者，宋板之佳處悉具，信成善本。二痴即定遠，常熟人，諸生。「菊亭名裳字在宥」朱文方印、「黄裳」朱文小聯珠印、「家在虞山昭明讀書臺下」朱文長方印。

篋中集一卷 集部總集類

唐元結集。影宋鈔本。每半葉十行，行十八字。白口，單邊。首有乾元三年自序。凡沈千運等七人詩二十四首。後有「臨安府太廟前大街尹家書籍鋪刊行」一行。

唐御覽詩一卷　集部總集類

唐令狐楚穀士編。明鈔本。是書一名《唐歌詩》，一名《選進集》，一名《元和御覽》，乃憲宗時奉敕編進。穀士，宜州華原人，事蹟具《唐書》本傳。末有放翁老人二跋。此本爲明寒山趙靈均所校注手鈔本，前有靈均題詞。有「趙均之印」、「趙靈均」白文兩方印，「趙均之印」、「字余曰靈均」白文兩大方印，「寶藏」朱文、「姑射山人」白文、「鍾山之英」白文三方印，「煮石亭」白文長印，「趙伯」、「平原」白文兩方印，「山仲」白文、「友竹」朱文兩方印，「趙均」白文、「靈均」朱文兩方印，「古潭州袁氏卧雪廬考藏」白文方印，「萬卷堂圖書印」、「子心保之」白文兩方印，「枯禪」白文小方印。

黄氏手跋曰：此《唐御覽詩》爲寒山趙靈均所校而箋注其異同者，非復本書舊觀矣。余友陶藴輝識是靈均手跡，持以示余，余以青蚨十金易得。蓋靈均所寫，余固未灼見，而楮墨頗饒古趣，列諸名鈔祕册中，當亦得一位置地也。棘人黄丕烈。嘉慶四年歲在己未二月三日，書於士禮居。

古文苑二十一卷　集部總集類

不著撰人姓氏。明刊本。每半葉十行，行十八字。白口，單邊。首有紹定武林章樵叔道序。

重校正唐文粹一百卷　集部（别）［總］集類

宋吴興姚鉉寶臣輯。明刊本。每半葉十四行，行二十五字。白口，單邊。首有鉉自序。此嘉靖甲申姑蘇徐文明本也。有汪偉、胡纘宗兩序。末有「嘉靖甲申歲太學生姑蘇徐焴文明刻於家塾」一條，又「姑蘇後學尤桂、朱整同校正」兩行，此本均失去。按元本作《（元）［文］粹》，無「唐」字。每半葉十五行，行二十五字，宋本舊式也。明刊已更易行款矣。

樂府詩集一百卷　集部總集類

宋郭茂倩德粲編。元至正刊本。每半葉十一行，行二十字。高七寸一分，廣五寸。白口，單邊。首有至元六年永嘉李孝光序。是集上起陶唐，下訖五代，總括歷代樂府。其解題徵引浩博，援據精審，後來無能出其範圍。元監察御史彭叔儀得而校讎，使文學童萬元刻諸學宮前。有「詹大衢號陟園」朱文、「京省兩闈遺元均總選第一」白文兩大方印。

宋文鑑百五十卷　集部總集類

朝奉郎行祕書省著作佐郎兼國史院編修官兼權禮部郎官臣吕祖謙奉聖旨銓次。宋刊明修本。每半葉十三行，行二十一字。高六寸五分，廣四寸四分。黑口，單邊。首有周必大奉聖旨撰序，又明弘治甲子淳安胡拱辰序，又祖謙奉旨銓次劄子。是書即宋刊《皇朝文鑑》，爲明嚴州太守番陽胡公韶所補刻，胡拱辰序之。凡「文鑑」上有「皇朝」字樣，均鏟去，空白不補，皆舊板也。

東萊先生古文關鍵二卷　集部總集類

宋吕祖謙伯恭撰。明刊本。每半葉八行，行二十字。黑口，雙邊。是書皆論韓、柳、歐陽、三蘇、曾、張八家之文。卷首總論文法，按篇注釋，標抹極詳。《宋史·藝文志》作二十卷，所載諸家文亦不在此，而《書録解題》所述與此皆合。有「嚴墉之印」、「雉百氏」白文兩方印，「張則之」朱文方印、「張孝思」白文方印、「結一廬藏書印」朱文方印，「仁和朱澂」白文、「子清清賞」朱文兩方印。

西山先生真文忠公文章正宗二十四卷　集部總集類

宋真德秀希元撰。宋刊本。每半葉十行，行二十二字。高六寸，廣四寸。黑綫口，雙邊。口作「文幾卷」。首有《文章正宗綱目》。此書分四門，辭命三卷，議論十卷，敘事八卷，詩賦四卷。首有文忠自序，已佚。希元，號西山，浦城人，謚文忠，事蹟具《宋史》本傳。

續文章正宗二十卷　集部總集類

宋刊明補本。每半葉十一行，行二十一字。高七寸三分，廣五寸五分。白口，雙邊。上有字數，下有刻工姓名。文忠編有《文章正宗》二十卷，皆唐以前文。此書乃晚歲所續，專取北宋一代之文。而末一卷議論之文有録無書，蓋未成之本也。金華倪澄得其本於弘齋梁公，與天台鄭圭校而刊之。舊有梁、鄭、倪三跋，今梁跋已失去。此爲明弘治南雍補修本。末有戴鏞跋。鏞，弘治國子監丞，即補修此版者。

劉後村千家詩選殘本　集部總集類

宋刊本。每半葉十一行，行二十一字。高五寸六分，廣四寸。□口，□邊。存卷一、二、三、四、八、九、十、十一、十二、十三、十四、十五、十八、十九、二十，爲《前集》，缺五、六、七、十六、十七五卷。又卷三「投獻門」、卷四「慶壽門」、卷八「餽送門」、卷九「謝惠門」、卷十「謝餽送門」，爲《後集》，缺一、二、五、六、七五卷，十卷以下不知有無缺逸？檢曹氏楝亭刻本，行數、字數與此一致。繆氏《藝風堂藏書續記》著録影宋鈔本，即自此本録下。繆氏以曹刻校之，云曹刻廿二卷，廿卷爲《前集》，與此均合。《後集》止存二卷，均「人品門」，爲此門所無，但不知當在何卷耳。又《前集》後留一葉，均係訪僧道詩，今亦無此門。《後村大全集》所載《唐賢詩選》、《唐賢詩續選》、《宋賢詩選》、《近賢詩後選》，均與此不合，不必强爲附會《前集》皆物類，《後集》皆人事類。曹刻不知是刻是鈔，大約亦不全，爲書估强合，挖去「前後集」字以充全帙，亦其常技。曹本卷十一潘紫岩《松》詩末句「此物當爲伯仲行」，曹本「此物」下缺五字。趙循道《苔錢》詩「不比榆花鋪砌白」，曹本「不比」下缺五字。卷十四後村《登山》詩「捫蘿莫怪徐徐下」，曹本「徐徐」上缺四字。卷十八後村《聞笛》詩「何必謝公雙淚落」，曹本脱「淚落」二字。武元衡《角》詩「胡兒吹角漢城頭」，曹本脱「胡」字，均遜於此本。又此書只有曹刻，各書目均未見，阮文達《外集》亦不能悉其始末，賴此本尚存天壤，俾見（詩）是書真面目，雖零珠碎璧，洵可寶也。

妙絶古今不分卷　集部總集類

不著撰人姓名。明刊本。每半葉八行，行十七字。有夾注批語。白口，單邊。《四庫》定爲宋湯漢編，據元趙子常汸《東山存藁》所云也。首有淳祐東澗自題，寶祐紫霞老人題。起左氏，訖東坡，凡二十一家七十九篇。談愷序、王庭幹跋已佚去。

箋注唐賢絶句三體詩法二十卷　集部總集類

宋汶陽周弼伯弜選，高安釋圓至天隱注。元刊本。每半葉九行，行十七字。高七寸七分，廣五寸五分。黑口，雙邊。首有大德乙巳紫陽山虛叟方回序，次唐地圖，次唐世系紀年。大德中，長洲陳湖磧砂寺僧魁天紀與圓至交，注其書，刻置寺中，即世謂「磧沙唐詩」是也。明刊本均作六卷，已非舊編。

南宋群賢小集一百卷 集部總集類

宋陳思集。舊鈔本。首有雍正吴焯序。凡五十八家文，據宋本增六家，據花山馬氏本增二家，共六十六家一百卷。中有洪邁《野處類稿》二卷，又吴淵《退安遺稿》一卷，俱有目無集。是書無定家數、卷數，又無序目可考，各家藏本互有不同。吴焯序云：「余所見秀水朱氏本、花谿徐氏本、花山馬氏本，各不相同。大抵此集多不全，後人間取北宋人集之小者以實六十四家之數耳。」是此集約以六十四家爲全也。又云：「余搜求不下十年，始彙其全。近日與趙谷林校勘此集，因書其端委示之。惜乎竹垞已往，不及見余本之完善也。」有「文選樓」陽文墨印。

天下同文集五十卷 集部總集類

元周南瑞編。精鈔本。原缺十七、十八、三十、三十一、三十四、三十五、四十一七卷。每兩卷隔兩行接寫，足徵元本舊式。《盧疎齋集》今不傳，此書猶可見大概。前有「朱馬思贊印」白文、「㪍村子仲安」朱文兩方印，「武原黄氏醉經樓藏書」白文大方印、「黄印錫蕃」白文方印、「茮升過眼」朱文長方印、「平江陳氏西畇草堂藏書之印」白文大方印、「西畇草堂」朱文方印、「西畇草堂藏本」朱文長印，「陳氏家藏」白文、「祕本」白文兩方印，「陳墫私印」白文、「西畇居士」朱文聯珠印，「西畇藏書」朱文方印、「仲遵」白文長方印，「西畇耕者」白文、「敕增印」朱文、「復初氏」朱文三方印，「古鹽張氏」白文方印，「宗樠之印」白文、「一字思嵒」朱文聯珠印，「汪士鐘藏」白文長方印。

馬氏手跋曰：近代儲藏家惟葉文莊《菉竹堂書目》有此，亦止一册，可知五十卷之外，未必再有乙、丙書集也。錢虞山編《列朝詩》，以前甲爲冠，意本是選。余於癸未九月從汲古後人借鈔，時家竹垞先生寓吾，蓋三寄書懇之，始得一慰耳。原本缺十數紙，竟無從補完矣。花山馬思贊識。

朱馬思贊印 白文

姚牧菴全集已不可見。是集所載，大半《中州文表》之漏者，較閲一過，爲喜而再識之。寒中。

按：馬仲安，明宗室，改姓馬，竹垞稱之「家寒中」。

元文類七十卷 集部總集類

元蘇天爵伯修撰。明晉藩刊本。每半葉十行，行十九字。白口，單邊。首有嘉靖丁酉馬朋序，口上有「晉府重刊」四字。又元統二年南鄭王理序，又陳旅序。末有太原王守誠後序。

新安文獻志一百卷 集部總集類

明禮部尚書兼翰林院學士郡人程敏政彙集，洪文衡等九人重訂。明刊本。每半葉九行，行二十字。

白口，單邊。首有弘治三年敏政自序。首有凡例，又《事略》二卷。敏政，字克勤，休寧人，成化丙戌進士，官至禮部尚書，事蹟具《明史·文苑傳》。

風雅廣逸十卷　集部總集類

明馮惟訥汝言撰。嘉靖刊本。每半葉九行，行二十二字。白口，單邊。首有自序。末有上海喬承慈後序。汝言游心上古，覃思風雅，取楊升菴所集《風雅》、《逸雅》，廣其部類，摭録古詩之散逸者，首黄帝，終秦皇，手自注釋，共得十卷，故名之曰《風雅廣逸》。是書《四庫》未收。

自序後牌子：

> 余輯此編將以自裨固陋非敢以傳同志也曩備員吳淞喬生敵仁以文學茂等每詣余輒取出此相訂今别三年矣濫竽南曹敵仁乃走使致書欲得刊布余既自念敝帚且嘉其雅尚題諸卷首而遺之辛亥五月馮惟訥識

荆川文集六十四卷　集部總集類

明唐順之應德選批。明嘉靖刊本。每半葉十行，行二十字。白口，單邊。首有嘉靖丙辰自序。荆川著《左》、《右》、《文》、《武》、《儒》、《稗》六編。此《文編》高子上先生延第手批。

高氏手跋曰：荆川在明代與王遵巖、歸震川同有能文之目，後世尤以善論文推之。然觀其本集，卓然可傳之作，不能一一數，其去王、歸亦遠矣。《文編》是其手訂，即鹿門《八家》文所本。其差擇不爲不精，惜其好標題格法，既不得古人之意，適下同於時藝，又多列監司、侍從、僚吏等名目以供摹擬，有近於時文活套之類。二者之失，曰拘，曰陋，此荆川文所以未能深造古人者也。讀斯編者其審諸。光緒紀元歲次乙亥冬至前二日，子上甫識。

又曰：讀書之要在考事與積理，讀文亦然。不考事實，不求義理，而但索其格調、節目以爲橅擬之資，必致議論縱横而無根據，鋪敘滿紙而乏精神，是雖讀盡天下書，仍與枵腹空心者無異。若而人者，先不可與之讀文，遑論作文乎？子上甫。

又曰：選古文，而首列則《左》、《國》、《檀弓》、《國策》，最爲陋習。當從李安谿議，從《史》、《漢》爲始。蓋《左》、《國》諸書乃學童所應讀者，與《五經》、《論》、《孟》爲一類，何待選哉？諸子則當以《管子》、《荀子》爲首。

漢魏六朝二十名家集 ［集部］總集類

明新安汪士賢校刊本。每半葉九行，行二十字。白口，單邊。每集俱有序。《董仲舒集》一卷，《司馬良卿集》一卷，《揚子雲集》三卷，《東方先生集》一卷，《蔡中郎集》八卷，《曹子建集》十卷，《阮嗣宗集》二卷，《嵇中散集》十卷，《潘黄門集》六卷，《陸士衡集》十卷，《陸士龍集》十卷，《謝康樂集》四卷，《陶靖節集》十卷，《鮑明遠集》十卷，《謝惠連集》一卷，《顔延年集》一卷，《謝宣城集》五卷，《江文通集》十卷，

《陶貞白集》二卷,《庾開府集》十二卷,《任彦昇集》六卷。

唐詩廿六家集　集部總集類

明江夏黄貫曾浮玉山房刊本。每半葉十行,行十九字。白口,單邊。首有嘉靖癸丑貫曾自序,又士雅山人黄姬水序,又華陽皇甫沖序。凡《李嶠集》三卷,《蘇廷碩集》二卷,《虞世南集》一卷,《許敬宗集》一卷,《李頎(吉)[集]》三卷,《王昌齡集》二卷,《崔顥集》二卷,《崔曙集》一卷,《祖詠集》一卷,《常建集》二卷,《嚴武集》一卷,《皇甫冉集》三卷,《皇甫曾集》二卷,《權德輿集》二卷,《李益集》二卷,《司空曙集》二卷,《嚴維集》二卷,《顧況集》二卷,《韓君平集》三卷,《武元衡集》三卷,《李嘉祐集》二卷,《耿湋集》三卷,《秦隱君集》一卷,《郎士元集》二卷,《包何集》一卷,《包佶集》一卷。目録後有牌子,又有「姑蘇吴時用書,黄周賢、金賢刻」二行。

牌子:

嘉靖甲寅首春江夏
黄氏刻于浮玉山房

分書

黄序曰:夫詩自《三百篇》以□,代有作者,至於李唐而音律始備,今流傳者無慮百家。元和以後,(論)[淪]於卑弱,無足取者。自武德迄於大曆,英彦蔚興,含毫振藻,各臻玄極,雖體裁不同,要皆洋洋乎爾雅矣。大家如李、杜,有集廣播。洞庭徐太宰刻陳、杜而下十二家。邇毘陵蔣氏刻錢、劉而下十二家,翼徐刻行世。至如唐初,若李嶠、若蘇(挺)[珽]輩,盛唐若李頎、若崔顥、若常建、若祖詠、若王昌齡輩，中唐若李輩惠〔一九〕，嘉祐若郎士元、若皇甫曾、冉輩，較之二氏所刻諸名家豈少哉？而都無刻本。嗟乎！荆玉在璞，隋珠在蛇，孰謂不可與照乘、連城侔者？貫曾少游五嶽家兄之門，耽情藝苑，頗工詩學，玩誦之下，每懼湮沉。遂傾篋貸貲，以壽諸梓。庶幾傳播久遠，俾苦吟啄句之士，盡覩一代美麗之撰云爾。嘉靖癸丑冬仲長至日，後學江夏黄貫曾謹序。

中唐十二家詩集　集部總集(內)〔類〕

明嘉靖庚戌毘陵蔣孝維忠刊本。每半葉十行，行二十字。白口，單邊。首有維忠自序，又外方山人薛應旂序，次十二家姓氏仕履。首爲《儲光羲集》五卷，有著作郎顧況序。次獨孤及《毘陵集》三卷。次劉長卿《隨州詩集》十一卷附《外集》。次《錢起詩集》十卷。次盧綸《户部詩集》十卷。次孫逖《集賢詩集》一卷。次崔峒《補闕詩集》一卷。次劉禹錫《賓客詩集》六卷。次張籍《司業詩集》六卷。次《王建詩集》六卷。是書白棉紙，初印甚精。蔣序後有篆文牌子。有「毘陵陳奎刻」一行。

蔣序曰：詩者，六經之一。《離騷》繼風雅之變，而五七言之體興焉。衷正異裁，今古殊調，《三百篇》之義其失已久。至於模寫物類，攄發志意，則未嘗不本之性情。禮失而求諸野，然則古人之篇詠亦未可盡廢也。予性嗜古人書，見書輒手録，以故家多書。迺者獲尋舊業，因讀開元以後諸詩，遂掇數家授梓，以贍口實。是雖不能窺望六(義)〔藝〕，而格深律正，所以寄幽人貞士之懷，以發其憂沈鬱抑之思者，蓋已玅具諸品矣。嗚呼，士君子不能以道自致，而竊附於古人；不能根極理要，而取古人之文詞，則先儒所謂文詞而已者，陋矣。雖然，一觴一詠於十畝之間，斯亦足以内觀性情而樂乎天倪，是則詩人之助爲多，不誠愈於猶賢乎已者哉？是集也，自儲光羲以下凡若干人，古今以爲中唐詩云。嘉靖庚戌春三月，毘陵後學蔣孝書。

牌子：卧龍橋東三徑主人篆書

古樂苑五十三卷衍録四卷　集部總集類

題「西吳梅鼎祚補正，東越吕胤昌校閲」。明刊本。每半葉十行，行二十一字。白口，單邊。首有無名氏序。是書據郭《樂詩》而增輯之，始自黄虞，止於隋代，則倣左氏克明《古樂府》例也。附《衍録》四卷，乃記作者爵里及諸家評論，並採擇馮氏《詩紀》、升菴楊氏之説，備參考焉。

書記洞詮百十六卷　集部總集類

明江東梅鼎祚禹金纂輯。明萬曆刊本。每半葉十行，行二十字。白口，單邊。首有萬曆丁丑劉鳳序，次梁劉勰《書記》，次凡例，次引用書目，次目録十卷。自周至隋，凡辭命書牘之文，長篇短帙，搜録靡遺。惜真僞無别，故《四庫》以不倫詆之。

皇越詩選六卷　集部總集類

越存菴病叟裴璧言輯。傳鈔明本。越者，古交趾也，所選之詩皆其國人，凡李、陳、黎三朝。首有國君御製，次及臣民諸家。始於李朝天成年，當宋天聖七年，訖於黎朝景興年，即嘉靖間也。存菴，字希章〔二〇〕，青池定功人，景興三十年正進士，累官入侍行參從，亂後以疾退休。號有存菴小印。又皇朝明命萬年之六年，山南鎮督學習仲伯阮揩序。是書爲存菴家藏舊稿，每卷首葉均有「存菴家藏」四字。其門人范公希文爲之鋟梓。

吾炙集一卷 集部總集類

國朝錢謙益受之編。舊鈔本。首有受之自序。此編皆摘取時人清詞麗句積聚成帙，故名曰《吾炙集》。鈔手極精雅。

唐賢三昧集三卷 集部總集類

國朝王士禛貽上編。王氏刻本。首有阮亭自序，慈谿姜宸英序，門人王立極、盛符升後府〔二一〕，揚州金長福雪舫批點。末有「咸豐九年歲在己未日南至，雪舫評讀於郡城小墨莊之東軒」二行，雪舫手書也。有「揚州金氏小墨莊家藏」朱文方印、「翰林待詔」白文方印、「四十二翁頭雪白」朱文方印、「戎馬書生」白文方印。

揚州足徵録二十七卷 集部總集類

國朝江都焦循里堂編。稿本。是書凡事有關乎揚者皆存，不定揚人之文也，故名之曰《足徵録》。共文三百一篇，爲卷二十有七。首有自序。里堂，嘉慶辛酉舉人，通儒也。

閨雅殘稿二卷 集部總集類

國朝錢唐蔣坦藹卿選。傳鈔稿本。此稿僅存卷五□□、卷六節婦、卷七才媛一、卷八才媛二、卷二十五青(極)[樓]二、卷二十六青樓三、卷二十七女仙一、卷二十八女仙二,共八卷。藹卿,錢唐諸生,著有《息隱齋初存稿》、《集外詩》、《愁鸞集》、《百合詞》、《紀游詞》。

擬元人梅花百詠一卷 集部總集類

傳鈔本。是集爲揚州阮太傅繼室孔氏璐華暨其女、媳等所作也。首有自序,云:「《四庫》未收唐、宋、元遺書不少,夫子采訪一百餘種進呈御覽。乙亥夏,在吳中鈔得元朝(元)韋珪鈔選《梅花百詠》一卷,前明馮子振序,前有楊鐵笛序,讀之甚爲可喜,但其詩皆是七絶。長夏盛暑,官齋清暇,約同閨友三人暨大兒婦、六女共六人,依次分題,各詠五律十餘首,共成百首。詩成,又互相商量,改正鈔寫,排成一卷,較之元人未知能否相擬也。時六女學詩,專於吟詠,請名其書齋,即名之曰『百梅吟館』焉。」璐華,字經樓,曲阜人,衍聖公慶鎔女,著有《唐宋舊經樓詩集》。

文心雕龍十卷 集部詩文評類

梁劉勰彦和撰。明刊本。彦和,東莞莒人,《梁書》有傳。前有萬曆雲間張之象序。徐紫珊用硃筆批校圈點,係過録楊升庵批校本者。至《隱秀》一篇,元本所闕,以(來)[朱]筆補書於眉,可謂完書。然紀文達以爲僞託,并歷指其襲取之迹,統俟後人論定矣。有「曾爲徐紫珊所藏」朱文長印、「上海徐紫珊考藏書畫金石書籍印」朱文方印。

徐氏手跋曰：「圈點悉依楊升庵，元用紅、黄、緑、青、白筆，今不便五色，因作五種區别以代之。其紅色圈作◎，點作◗；其黄色圈作⊙，點作◗；其緑色圈作□，點作△；其青色圈作●，點作◗；其白色圈作○，點作◗。其人名元用斜角，地名元用長圈，今人名、地名俱不用。」此跋在訂正校閲名氏末。

又曰：「録楊升庵先生與張禺山公書云：「批點《文心雕龍》，頗謂得劉舍人精意。此本亦古，有一二誤字，已正之。其用色或紅、或黄、或緑、或青、或白，自爲一例，正不必説破，説破又宋人矣。蓋立意一定，時有出入者是乖其例。人名用斜角，地名用長圈。然亦有不然者，如董狐對司馬、有苗對無棣，雖係人名、地名，而儷偶之切又當用青筆圈之。此豈區區宋人之所能盡？高明必契鄙言耳。」」此跋在目録後。

又曰：「楊升庵批「豔耀深華」四字，尤盡二篇妙處，故重圈之。皮日休評《楚辭》「幽秀古豔」，亦與此相表裏。予稍易之云「《招魂》耀豔而深華，《招隱》幽秀而古朗」，「拾其（箱）〔香〕草」句尤奇。」此跋在第一卷末。

又曰：張含，字愈光，别號禺山，滇之永昌人也。寄懷人外，耽精詞□。弱冠從父□游京師，李□吉一見忘年，相與定交，爲作「月隖痴人對」以寫其致。嗣後爲楊用脩最所推服，以地遠莫可與談，乃於暇日選前人諸詩不常見者，名曰《千里面談》二卷，作書前後寄之。其書□論詞場得失而言不及世事，其文章人品可概見矣。此跋在目録後。

文心雕龍十卷注四卷　集部詩文評類

明刊本。五色套版。每半葉九行，行十九字。白口，單邊。首有凡例，次本傳，次校讎姓氏，次目録。前後無序跋，惟凡例後有「吴興淩雲宣之甫識」一行，蓋即刻是書者。批點出自宋劉須谿，元、明風行。明季吴興閔氏、淩氏多刻朱墨，至五色本，更踵事增華矣。注四卷零行，亦古法。

文則一卷　集部詩文評類

宋少傅文簡公天台陳騤著。元刊本。每半葉十行，行十九字。高六寸一分，廣四寸二分。黑口，雙邊。海岱劉貞刊於嘉興。首有乾道癸亥自序。凡六十二條，分甲、乙十編。按：騤，字叔進，台州臨海人，紹興二十四年進士第一，官至知樞密院事兼參知政事，謚文簡，事蹟具《宋史》本傳。

全唐詩話三卷　集部詩文評類

舊本題「宋尤文簡袤撰」。明正德刊本。每半葉十行，行十八字。黑口，雙邊。首有正德丁卯陝西布政司臨汾安惟學序，有汝南强晟後序。文簡自序署「咸淳辛未重陽遂初堂書」。遂初，文簡之號也。按：文簡爲紹興二十一年進士，以光宗時卒，時代殊不相及。考周密《齊（老）〔東〕野語》載賈似道所著書有《全唐詩話》，蓋掇拾計有功《唐詩記事》中語。似道家有度宗御賜「秋壑遂初客堂」書額。此序年代相合，蓋後人惡似道之奸，以「遂初」與文簡同號，故改題焉〔二三〕。

蒼崖先生金石例十卷　集部詩文評類

鄱陽楊本編輯校正。元至正刊本。每半葉九行，行十八字。高六寸六分，廣四寸。白口，雙邊。首有至正五年楊本序，又鄱陽傅貴全序，又桐川湯植翁序、廬陵王思明序。後有濟南潘詡跋。蒼崖，姓潘氏，名昂霄，字景樑，濟南人，官至翰林侍讀學士，謚文僖。後有顧千里先生廣圻手跋。是書影刻入《隨菴叢書》。有「毘陵周氏九松迂叟藏書記」朱文長方印、「周印良金」朱文長方印、「思適齋」朱文小長印、「廣圻審定」朱文方印。

顧氏手跋曰：《蒼崖先生金石例》舊有三刻，雅雨堂盧氏本載之詳矣。此第三刻在至正戊子，與第一刻同時，按之首王思明序可見也。爲毘陵周九松藏書，先兄抱冲氏得之，緣有第一刻，故以之見與。首尾頗有蛀損處，寒士無以裝潢之也。蕘圃黄君見而欲焉，遂用所收第三刻并盧本易去。其第三刻仍爲袁綬階所有，貧儉，篋中不能蓄舊刻，大率如此耳。他時讀未見書齋重成錦玉璀璨，當不可復識，爰誌數語於此。己未十二月，顧廣圻。

瓊臺先生詩話二卷　集部詩文評類

明西粵蔣冕著，閩同張璀訂，茂苑許自昌校，瓊臺孫兆昌、期昌録。舊鈔宋字本。首有蔣冕序，又書，又象贊。冕，字敬所，全州人，成化丁未進士，官至户部尚書、謹身殿大學士，謚文定，事蹟具《明史》本傳。此書乃輯其師瓊台丘文莊公濬之吟詠而詳其本事也。

淮海詞一卷 集部詞曲類

宋秦觀[撰]。汲古閣刊本。常熟黄子鴻先生儀以宋本校。子鴻工詞，有《紉蘭別集》。

黄氏手跋曰：辛亥七月二十三日，宋刻本集校。凡詞七十七首，分上、中、下三卷，章次亦與此異。六月初十日讀。

壬戌正月十一日重閲，儀。

東山詞二卷 集部別集類詞曲

山陰賀鑄方回撰。影鈔宋本。每半葉十行，行十八字。首有目録及譙郡張耒序。原本分上、下二卷，今止存上卷矣。宋刊在鐵琴銅劍樓瞿氏。

于湖詞五卷補遺一卷 集部詞曲類

宋張孝祥安國撰。影宋鈔本。此書又名《雅詞》，各家書目均載一卷，《四庫》本三卷，附集本四卷。惟瞿氏《鐵琴銅劍樓書目》與此本合，蓋出於乾道刊本。較別本詞亦有出入，可另輯《補遺》一卷。有乾道辛卯陳應行、湯衡二序。

風雅遺音二卷 集部詞曲類

宋林正大敬之撰。影鈔明覆宋本。首有嘉泰壬戌敬之自序，又竹隱懶翁、又陳子武序，又易嘉猷跋。

敬之，號隨菴，永嘉人。末有黄蕘圃跋。

彈指詞二卷 集部詞曲類

錫山顧貞觀梁汾撰。乾隆甲辰刊本。首有乾隆癸酉諸洛序。有嚴久能朱筆批語。有「[嚴]」印元照」白文、「蕙櫋」朱文兩方印，「秋月」朱文小圓印、「香修」朱文小方印。秋月爲久能之姬人，張氏，香修其小字也。

嚴氏手跋曰：梁汾下筆有獨到處，所惜全無工力，祇憑筆之所到，不能自主。苟有竹垞工力，正未知鹿死誰手耳。甲戌二月廿四日，悔菴力疾書。

沽上醉裏謡一卷 集部詞曲類

古杭陳臯江臯撰。原稿本。首有吴廷華序，又乾隆己未萬光春序，又趙昱、查學禮題詞。鈔字作行書，極秀媚。有朱筆改字，爲自訂藁本。按：江臯，號對鷗，錢唐貢生。工倚聲，時從樊榭印正。著有《吾盡吾意齋詩》、《對鷗閣漫語》。

紫鸞笙譜四卷 集部詞曲類

題「桃花漁隱傳鈔本」。是書一名《碧城仙館玉笙詞》，係錢唐陳頤道先生文述所著也。頤道，一名文杰，字雋甫，號雲伯，又號退菴，嘉慶庚申舉人，官安徽全椒知縣。著有《碧城仙館詩鈔》、《頤道堂集》、《秣陵集》、《西泠懷古集》、《仙詠》、《閨詠》、《碧城詩髓》、《畫林新詠》等書。

花間集十卷　集部詞曲類

後蜀趙崇祚弘基編。明正德刊本。每半葉十行，行十八字。白口，單邊。首有廣政三年歐陽炯序。後有紹興十八年濟陽趙謙之跋。跋後有「正德辛巳吳郡陸元大宋本重刊」一行，各家所藏正德本此行類多爲書賈割去，而此本獨完善，可貴也。末有無名氏録陸放翁《花間集跋》二則。有「淮安沈氏□菴藏書印」。

花間集四卷　集部總集類

唐趙崇祚集，明湯顯祖評。明萬曆套紅刊本。每半葉八行，行十八字。白口，單邊。首有廣政三年蜀歐陽炯序、萬曆乙卯湯顯祖序。末有萬曆庚申茗上無瑕道人跋。

梅苑十卷　集部詞（典）［曲］類

宋黄大輿載萬編。舊鈔本。首有自序。是書皆集唐以來詞人才士詠梅之詞，萃爲一編，名曰《梅苑》。自序曰：「梅苑者，詩人之義，託物取興耳。」《四庫》云其爵里未詳，其自序署曰岷山耦耕，蓋蜀人也。

草堂詩餘五卷　集部詞曲類

明西蜀楊慎升菴批點，吳興閔暎璧文仲校訂。明閔氏套紅刊本。每半葉八行，行十八字。白口，單邊。首有升菴序。

陽春白雪十卷附殘元本二卷

元楊朝英淡齋集。影元鈔本。每半葉十六行，行二十七字。白口，單邊。是書分前、後集，各五卷。又殘元本二卷。每半葉十七行，行二十八字。止二卷，而當《前集》之五，蓋元時傳本有二也。是書元本爲丁氏八千卷樓藏書，今歸江南圖書館，余刻入《隨菴叢書》，即從江南圖書館元刻影寫。柳如是故物也。黄蕘圃跋潘刻居首，此本蕘圃跋潘刻居第二，多古今姓氏一葉。陰文「郭氏」二字是記刻是書之姓，亦他處罕見。

黄氏跋曰：元刻《陽春白雪》，爲錢唐何夢華藏書，矜貴之至，因其是惠香閣物也。惠香閣初不知其爲誰所居，夢華云是柳如是之居。兹卷中有「牧翁」印，有「錢受之」印，有「女史」印，其爲柳如是所藏無疑。「惜玉憐香」一印，殆亦東澗所鈐者。卷中又有墨筆校勘，筆姿秀媚，識者指爲柳書，余未敢定也。要之書經名人所藏，圖章、手跡，倍覺古香，宜夢華之視爲珍寶矣。先是曾影鈔一本，與余易書，但重其爲元刻，而其餘爲古書生色者莫得而知。今展讀一過，實饜我欲，雖多金又奚惜耶！書僅五十一番，相易之價亦合五十一番，惜書之癖，毋乃太過。命工重裝，并誌緣起。嘉慶十有四年己巳正月二十有八日雨窗識，復翁。

又曰：余所見《陽春白雪》共有三本，一爲影元鈔本，既從此出，已有失真者，或因印本模糊以致傳録錯誤，或因閲者校勘遂使面目兩歧；一爲殘元刻本，僅存二卷，多寡分合，又與此本不同；

一爲舊鈔本，似從殘元刻出，而稍有脱落。今擬此刻爲主，而以殘元刻、舊鈔參補未備，則《陽春白雪》粲然可觀矣。然觀此刻原校，似尚有殘元刻、舊鈔所未備者，是不知又何本也。古書難得，本子不同，爲之浩歎，當博訪之。復翁又識。

又曰：越歲辛未中春二十有二日，錢唐陳曼生偕其弟雲伯同過余齋，出此相示。因雲伯去年曾攝常熟邑篆，有修柳如是墓一事，於河東郡手跡亦有見者。兹以校字證之，雲伯以爲然，當不謬也。復翁記。

又殘元本跋曰：楊朝英《陽春白雪》前後十卷，見諸《也是園藏書》。余向從錢唐何夢華得影鈔元本，却十卷分前、後集，謂是足本，什襲藏之矣。頃書友攜一殘元刻本，取對影鈔者殊不同，止二卷，適當《前集》之五，然文較多於影鈔者，想當時傳本有二也。而陸其清《佳趣堂書目》云，《樂府新編》、《陽春白雪》，《前集》四卷、《後集》五卷，楊朝英選，貫酸齋序。又不知是何本。兹又得參校元刻影元鈔本，後借得周文香嚴藏舊鈔本，卷數與陸目合，但以元刻本勘之，卷一自《湘妃怨》起，知所脱乃元刻本一卷之首、影元鈔二卷之前幾頁也。至卷中文之删削、段數不全，惟殘元刻爲最備。蓋就此二卷已多妙處，矧全本乎？余因全本不可得見，得見殘本斯可矣。出重價購此，並不惜裝潢之費，職是故耳。原書缺損幾番，照影元鈔本字體描補，異於不知而妄作，倘後來或見此元刻之全本，審定卷數分合之所由來，鈔補《後集》文句之所未備，不更怡然焕然乎！書此以俟，并以告藏書家，雖殘本，苟獲舊刻，寧取毋棄。嘉慶戊辰十月二十有二日裝成識，復翁黄丕烈。

統計姓氏一葉，卷一十三葉，卷二二十二葉，共二十六番。卷二「一」字、卷二「二」字有改補之痕者，原遭俗子寫作卷上、卷下，兹仍更正也，蕘圃。

花草粹編十二卷 集部詞曲類

明陳耀文晦伯撰文。傳鈔本。首有萬曆癸未自序，又載沈伯時義（文）［父］《樂府指迷》。是書乃采集唐之《花間集》、宋之《草堂詩餘》，故名以《花草粹編》。《四庫》作二十二卷，外附録一卷。此本作十二卷，無附録。蓋傳本非一也。

古今詞統十六卷 集部詞曲類

明杭州卓人月珂月彙選，徐士俊野君參評。明刊本。每半葉九行，行二十字。白口，單邊。首有孟稱舜序、徐野君序，又何良俊等舊序八則，又雜説，又氏籍。是書首隋訖明，凡妙詞佳句，無不畢具，雖鬼曲仙音，亦俱采選，後之究心詞曲者當瞭然矣〔一三〕。

詞的四卷 集部詞曲類

明茅（映）［暎］遠士評選。明刊本。每半葉九行，行十八字。白口，單邊。首有無名氏序。

詞覯六卷 集部詞曲類

靈壽傅燮詷浣嵐輯。傳鈔本。首有康熙乙巳自序，又道光甲辰江都金天福孚謙重訂序。所選皆國初海内諸名家之作，凡梁清標等二十四家，閲三十年之久乃成是編。其自序云：「欲附於名公先生之緒餘而藉以不朽，則其志也。」安得好事者爲刊而傳之。

荆溪詞初集七卷 集部詞曲類

同里陳維崧其年、曹亮武南耕、潘眉原白同選，吴雯天篆評。傳鈔本。首有南耕序、天篆賦。所選凡谷繼宗等八十三人，共小令二卷，中調一卷，長調四卷，皆一代名家絶妙詞也。

梁谿詞選十八卷 集部詞曲類

錫山侯晰粲辰輯。傳鈔本。首有康熙壬申粲辰自序。凡十八家，首秦松齡對岩《微雲堂詞》，次顧貞觀梁汾《彈指詞》、嚴繩孫蕅漁《秋水軒詞》、杜詔紫綸《浣花詞》、鄒溶二辭《香眉亭詞》、華侗鏡綫《春水詞》、顧岱止菴《淡雪詞》、朱襄贊皇《織字軒詞》、華文炳象五《菰川詞》、湯煊鞠敏《栖筠詞》、張振雲企《香葉詞》、僧弘倫敘彝《泥絮詞》、鄒祥蘭胎仙《問石詞》、顧彩天石《鶴邊詞》、蔡燦漢明《容與詞》、粲辰《惜軒詞》、侯文燿夏若《鶴間詞》、涇皋顧女史《棲香閣詞》。此書《錫金藝文志》未收，其罕見可知矣。

倚聲初集二十卷 集部詞曲類

武進鄒祇謨程村、新城王士禛阮亭同選。傳鈔本。所選皆同時人所作，凡小令十卷，中調四卷，長調六卷。參閲者常州董以寧文友、濟南王士禄西樵、宜興陳維崧其年、太倉黄京初子、濟南王士禧禮吉、常州黄永艾菴、常州錢瑆紫曜、常州孫自式風山、海鹽彭孫遹金粟、武鄉程康莊昆侖、通州陳世祥散木、潁川劉體仁公㦸、長洲汪琬鈍翁、宛平米漢雯紫來、宣城唐允甲耕塢、泰州鄧漢儀孝威、南海程可則石臞、無錫秦松齡對岩、泉唐沈謙去矜也。

西陵詞選九卷　集部詞曲類

西陵陸進藎思、俞士彪季瑮同輯，真定梁清標蒼岩、江都宗元鼎梅岑閱定。傳鈔本。一名《東白堂詞選》。首有梁允植治湄序，丁澎藥園序，陸藎思、俞季瑮自序。首卷爲《西陵宦游詞選》，凡宋琬等十家。後八卷爲《西陵詞選》，凡徐士俊等一百六十六家，又方外余一浮等六家，又閨秀徐燦等十一家。是書載入《杭州藝文志》。

玉瓊集十二卷　集部詞曲類

吳縣朱和羲紫鶴編集。原稿本。首有自序。按詞學最盛於國朝，而後人輯合成書者，乾嘉間有蔣重光《昭代詞選》、姚階《國朝詞雅》、王述菴《國朝詞綜》，近又有孫月坡《絶妙近詞》、（丁杏舲《詞綜補》）[二四]、黄韻甫《續詞綜》凡六家。此編所采皆爲前六家之遺，共一百六十五家，訂爲十二卷，名之曰《玉瓊集》，取《花間集》敘「鏤玉雕瓊」之句也。後附《新聲譜》一卷。

詞品四卷　集部詞品類

明西蜀楊慎用修輯，雲間陳繼儒眉公訂。明刊本。每半葉九行，行二十字。白口，單邊。首有自序，又王弇州《詞評》序。首陶弘景，訖李師師，每條具載事實、爵里極詳。後附弇州《詞評》、《曲藻》。用修，四川新都人，《明史》有傳。《四庫》未收。

渚山堂詞話三卷 集部詞曲類

明陳霆聲伯撰。傳鈔本。首有自序。聲伯，德清人，弘治壬戌進士，官至山西提舉僉事，有《渚山堂詩話》三卷。聲伯詞勝於詩，而詩亦近於詞，故論詞轉勝於論詩，其中軼事逸篇多資考證，故《四庫》以《詞話》著録，而以《詩話》附焉。《詞話》中録傅按察《錢塘懷古詞》一長調，蓋詠宋氏之亡也，中云：「下襄樊、指揮湘漢，鞭雲騎、圍繞江干。勢不成三，時當混一，過唐之數不爲難。陳橋驛、孤兒寡婦，久假當還。」豈謂三百年遺黎而有此語也。「遺老猶應愧蜂蟻，故人久已化豺狼」，其斯人之謂矣。我朝深仁厚澤二百餘年，待漢人不爲不優，近十年來忽倡復漢之議，狺狺所及，耳不忍聞，不（竟）［意］前人已有如此者，噫！有「石研齋秦氏印」朱文長印，「恩復」朱文、「秦伯敦父」白文兩方印。

憩園詞話六卷 集部詞曲類

秀水杜文瀾筱舫述。稿本。首卷論詞，下五卷皆載嘉、道、咸、同諸名家，兼敘交游、搜隱逸，於詞之未經傳布者，吉光片羽，有功於詞人多矣。筱舫曾校刻《夢窗詞》、《草窗詞》，校注戈順卿《宋七家詞選》，又有《詞律校勘記》。

增正詩餘圖譜三卷 集部詞曲類

明新安游元涇惟清撰。明刊本。首有惟清重刊序。明南湖張綖著有《詩餘圖譜》三卷附録二卷，惟清又從而增正之，復以先代名詞附録於圖後，亦仙客騷人吟詠之一助也。張綖即繙刻《秦淮海集》者。

詞林韻釋一卷 集部詞曲類

宋菉斐軒刊本。每半葉八行，行大字占二格，小字三十二字。白口，單邊。高六寸三分，廣三寸八分。首有目録。印本完好，曾影刊入《隨菴叢書》，《粵雅堂叢書》亦曾刊之。又名曰《新增詞林要韻》，阮文達公曾收入《揅經室經進書録》。厲樊榭有《論詞絶句》云：「欲呼南渡諸公起，詞韻重雕菉斐軒。」世人重此書也久矣。有「汲古閣」朱文、「學晉」朱文兩方印，「桐城姚伯昂氏藏書記」朱文方印。

詞林正韻三卷 集韻詞曲類

國朝戈載順卿編。翠薇花館鈔本。順卿爲吳縣戈小蓮之子，有詞三十卷，尤長於律。此韻一出，壓過前人，四印軒重刻之，風行海内。此編爲完顏見亭河(師)[帥]麟慶女公子觀音保所藏。首有顧廣圻澗蘋序。

長白女史詩跋曰：「大人督南河時，曾延(順)順卿先生授余倚聲之學。先生訂《詞林正韻》，余先得副墨藏之笥中。閲今十稔，重出展讀，口占二十八字記之：「重來絳帳談經處，難忘紅牙按拍年。殘月曉風今宛在，不堪重説柳屯田。」長白女史觀音保冰壺氏記。

中原音韻一卷 集韻詞曲類

元高安周德清挺齋撰。影元鈔本。每半葉十二行，行二十字。白口，單邊。首有自序、虞集序、歐陽玄隸書序、羅宗信序、西域瑣齋拙非復初序。末有挺齋跋。是書原本今藏瞿氏鐵琴銅劍樓。

中原音韻二卷　集部詞曲類

元高安周德清編輯，吳興王文璧增注，古吳葉以震較正。舊鈔本。首有凡例。是書成於泰定甲子，元刊本不分卷帙，此析爲二卷，已改舊編矣。見錢遵王《也是園書目》。有「何廣熹印」白文、「道必」朱文兩方印，「德福壽安寧署齋」朱文長印。

新刊張小山北曲聯樂府三卷外集一卷　集部詞曲類

元張可久小山撰。影元鈔本。首有海粟馮子振、燕山高栻分書題小山《蘇隄漁唱》曲二闋。目録後有「本堂今求到時賢張小山樂府，前集《今樂府》、後集《蘇隄漁唱》、續集《吳鹽》、别集《新樂府》。元分四集，今類一編，與衆本不同。嗣有所作，隨類增添梓行。知音之士，幸垂眼目。外集近間所作，謹白」四行。明李中麓嘗刊《小山小令》二卷，較此尚缺百餘首，《四庫》所收即李本也。

梨園按試樂府新聲三卷　集部詞曲類

不著撰人姓氏。影元鈔本。每半葉十七行，行三十字。白口，單邊。皆采元人新樂府，分套數。元本爲汲古閣舊藏，有毛子晉諸印，繼歸黄氏士禮居，今在瞿氏鐵琴銅劍樓。

太和正音（諧）［譜］二卷　集部詞曲類曲譜

明寧王權編。影鈔明洪武本。《四庫》未收。寧王道號丹丘先生、涵虚子，又號臞仙，太祖弟十七子，事蹟具(本)《[明]史》本傳。是書采摭當代群英詞章及元之老儒所作，依聲定調，按名分譜，爲歷來詞曲音調之正宗。自梁武帝命袁昂作《書評》，歷朝評詩、評史無不蹈襲，此又以之評曲，亦自談言微中，可以意會而不可言傳者。

瓊林雅韻一册　集部詞曲類曲韻

明寧王權編。影鈔明洪武本。是書分十九韻，曰穹窿、曰邦昌、曰詩詞、曰丕基、曰車書、曰泰階、曰仁恩、曰安閑、曰鶼鸞、曰乾元、曰簫韶、曰珂和、曰嘉華、曰硨磲、曰清寧、曰周流、曰金琛、曰潭巖、曰恬謙，爲詞人歌客之準繩。因卓氏《中州韻》頗多舛誤脱落，因復采音定韻，凡不切於用者去之，舛者正之，脱者增之，而自成一家焉。弟十九韻「恬謙」，《四庫》作「慊謙」，其傳鈔之訛耶？抑有二刻本耶？

碧山樂府一卷拾遺一卷　集部詞曲類

明王九思敬夫撰。明正德刊本。每半葉十行，行二十一字。白口，單邊。首有正德十四年渼東漁父序。首行《碧山樂府》序，下有「紫閣山人近體」六(十)字。紫閣山人爲敬夫之號，渼東漁父則康對山號也。《樂府》先小令，次套數，《拾遺》同此。敬夫，鄠縣人，弘治丙辰進士，著有《(漾)[渼]陂集》十六卷、續集三卷。

陶情樂府四卷　集部詞曲類

明楊慎升菴撰。明嘉靖刊本。每半葉九行，行二十字。黑口，雙邊。首有嘉靖三十年西畧簡紹芳序。

江東白苧二卷續二卷 集部詞曲類

明梁辰魚伯龍撰。汲古閣刊本。每半葉八行，行十八字。白口，單邊。首有冷然居士張伯起序。是書見錢氏《也是園書目》。伯龍，號少白，又號仇池外史，崑山人。伯起，名鳳翼，號靈墟，長洲人。俱以詞曲名於時。此本刊印俱精，不易見也。

萬壑清音八卷 集部詞曲類

題「止雲居士選輯，白雪山人校點」。明刊［本］。每半葉九行，行二十字。白口，單邊。首有止雲居士自序、十二樓居主人序、聽瀨道人序。所輯俱爲北曲。首《負薪記》，末《櫻桃記》，凡三十七種。每卷有圖。

吴騷合編四卷 集部詞曲類

題「虎林騷隱居士選輯，半嶺道人删訂」。明刊本。每半葉九行，行二十字，白口，單邊。首有許當世序、騷隱居士楚叔氏序，半嶺道人旭初氏序，次《衡曲麈談》，次魏良輔《曲律》，次凡例。首行書「白雪齋選訂樂府吴騷合編」。所采皆明人曲。每卷有圖，精細（閲）［悦］目。

彩筆情辭十二卷 集部詞曲類

明虎林叔周甫張栩選次，觀化子張玄參閲。明刊本。每半葉九行，行二十字。白口，單邊。首有虎林不盈道人張沖序，天啟甲子叔周自序。叔周，號夢子，仁和人。是集所選皆文人散辭，傳奇劇不取也。凡元三十人，明五十人，分贈美（美）、合歡、調合、敘贈、題贈、攜春、耽戀、間阻、囑勸、離別、送餞、賦物、感懷、訪遇、相思、嘲謔、寄酬、傷悼十八類。共套數二百餘套，小令三百餘闋。每卷首葉繪圖，大約俱記青樓諸麗，與《青樓韻語》相表裏焉。

月露音四卷 集部詞曲類

沛國凌虛子漢瞻父輯。明刊本。每半葉十行，行二十二字。白口，單邊。首有清餘居士序。每卷有圖，極工。書極罕覯。

詞林逸響四卷 集部詞曲類

明吳趨許宇仰拙校點。明刊本。每半葉九行，行二十二字。白口，單邊。首有句吳鄒元吉序，《崑腔原始》，凡例。凡風、花、雪、月四卷，有風、花、雪、月四圖，分載於各卷之首。風卷五十六套，花卷六十四套，雪卷五十九（卷）［套］，月卷六十二套。風、花二卷係明人曲目，下載人名。雪、月二卷俱舊曲，無姓氏。字旁或作□，或作○、△，皆聲律之符號也。

吳歈萃雅四卷 集部詞曲類

題「茂苑梯月主人選輯，古吳隱之道民校點」。明刊本。每半葉九行，行二十一字。白口，單邊。首有萬曆丙辰梯月主人敘，又小引，長洲周之標君健序，又題詞，又載魏良輔《曲律》。分元、亨、利、貞四卷，每卷首有圖，刊繪精緻。

雪韻堂批點燕子箋二卷 集部詞曲類

題「百子山樵撰」，即石巢阮大鋮所託名也。明刊本。每半葉九行，行二十字。白口，單邊。凡四十二齣，每卷有圖六幅，甚工。

牡丹亭還魂記二卷 集部詞曲類

明臨川湯顯祖若士編，歙縣玉亭朱元鎮較。明刊本。每半葉十行，行二十二字。白口，單邊。有圖。首有萬曆戊戌清遠道人題辭。

校注

〔一〕 按：原書夾籤條云：「文廷式《補晉書藝文志》：武帝《左九嬪集》四卷，《隋志》亡，《唐志》一卷。《御覽》一百四十五云：《左九嬪集》有《離思賦》、《相風賦》、《孔雀賦》、《松柏賦》、《泣嘔頌賦》、《納皇后頌》、《楊皇后登祚讚》、《芍藥花頌》、《郁金頌》、《菊花頌》、《神武頌》，四言詩四首，《武元皇后誄》、《萬年公主誄》。《類聚》二十九有左九嬪《離思詩》。黄逢元《補晉書藝文志》：武帝《左九嬪集》四卷，本《七録》。《唐新舊志》一卷，《御覽》目引作《左貴嬪集》，又卷一百四十五引存《左貴嬪集》目録，今存嚴輯本。」

〔二〕 按：原書夾籤條云：「文廷式《補晉書藝文志》：衛軍諮議《湛方生集》十卷録一卷，《唐志》同。王謨《豫章十代文獻略》云，《隋志》不詳何許人。今考湛氏望出豫章，而方生又有《廬山詩序》及《帆入南湖詩》，其爲豫章人無疑也。詩及序俱見《藝文類聚》。又《類聚》、《初學記》引方生詩文甚多，不悉出。」

〔三〕按：原書有籤條云：「王士源序後有：『道光癸未秋九月，承芙川大兄惠假讀三復，唐人别集善本，宜珍護之。邵曰誠識於鐵門京寓。』」

〔四〕按：「題題」，疑當作「解題」。

〔五〕按：原書有籤條云：「案：斯，字子遷，臨海人，唐會昌四年進士，終丹徒縣尉。《直齋書録解題》：《項斯集》一卷，唐丹徒尉江東項斯子遷撰。初受知於張籍水部，而楊敬之祭酒亦知之，有『逢人説項斯』之句。《吴禮部詩話》：項斯師張水部，自以字清意遠，匠物爲工，然格律卑近，漸類晚唐矣。《臨海縣志》本傳贊：歷開成之際，尤爲水部所知，聲價籍甚，故其詩格與之相類。」

〔六〕按：原書夾籤條云：「案：謁，翁源人，見《全唐詩》。明嘉靖間，翰林學士黄佐得其集於祕閣梓之，見《韶州府志・藝文志》。謁本清遠人，後徙曲江，見《廣州人物傳》。《舊志》謂夏雲輯邵謁遺稿行世，則謁集蓋久佚，而阮《通志》乃云《邵謁集》存者，疑所見爲夏雲輯本。今則輯本亦佚矣。《舊志》於《藝文》尚載邵謁詩七首，見光緒《清遠縣志・藝文志》。」

〔七〕按：「四本」似當作「宋本」。

〔八〕此句文字依文淵閣《四庫全書》本校正。

〔九〕按：以上四序文字依文淵閣《四庫全書》本校正。

〔一〇〕按：「所干」，疑當作「若干」。

〔一一〕按：此兩句似有脱文。

〔一二〕按：原書有籤條云：「案：此書乾隆間列入《抽燬書目》。《書目》云：『查《翏翏閣集》，明俞安期撰。卷四《擬鴻武舞歌詩》、卷六《憲使劉公修爵辭》四首、卷二十九《南征曲》、卷三十九《和瓊花詩》，俱有違謬，應請抽燬。』」

〔一三〕按：「行人司走」當作「行人司行走」。又原書有籤條云：「案，此書乾隆間列入《全燬書目》。」

〔一四〕按：原書有籤條云：「案，此書乾隆間列入《全燬書目》。」

〔一五〕按：「寫寫」二字疑衍。

〔一六〕按：「有」，疑當作「由」。

〔一七〕按：「既」，疑當作「暨」。

〔一八〕按：「西泠」，當作「西泠」；「西史」，當作「女史」。

〔一九〕按：「李輩惠」，疑當作「李益輩」。

〔二〇〕按：據劉玉珺《越南漢喃古籍的文獻學研究》第一章《古代中越書籍的交流》（《域外漢籍研究叢書》本，中華書局，二〇〇七年，第五二—五三頁），此書輯録者裴璧，又作裴輝璧，字黯章，號存菴居士。

〔二一〕按：「後府」，疑當作「後序」。

〔二二〕按：原書有籤條云：「丁師仲祜曰：《全唐詩話》六卷，宋尤焴撰，見《無錫金匱縣志》卷三十九卷。今作尤袤非是。考《宋史・尤袤傳》，袤擢紹興十八年進士，卒時年七十。而序本書之時在咸淳辛未，距紹興十八年，已隔一百廿三年，故以本書之原序與《宋史》考之，即可證本書非尤袤所著，宜作尤焴爲是。」

〔二三〕按：此條書眉注云：「即《詩餘廣選》改名，須删併。」

〔二四〕括號中文字，稿本已勾去。

積學齋藏書記　續一

南陵　徐乃昌積餘撰

胡一桂易本義附録纂註十五卷

日本文化十一年覆刻康熙丁巳通志堂本。書經日本人批點殆遍，是蓋深於《易》者。末題「嘉永五年壬子官板書籍發行所御書物師横山町壹丁目出雲寺萬次郎」。文化十一年，時爲嘉慶[十]九年。嘉永五年，時爲咸豐二年也。

元包經傳五卷元包數總義二卷

後周衛元嵩述，唐祕書少監武功蘇源明傳，唐國子監四門助教趙郡李江注并序。《總義》蜀臨邛張行成述。明覆宋蜀大字本。每半葉八行，行十六字。白口，單邊。前有政和元年楊楫序。紹興三十一年南陽張洸跋。海寧陳乃乾據宋本校。收藏有「黄葉邨莊」朱文方印、「抱經樓」白文長方印。末有陳氏跋。

陳氏跋曰：此明仿宋本《元包經傳》五卷、《元包數總義》二卷，南陵徐氏積學齋臧書也。癸亥五月，書友羅經之攜示宋刻大字本，遂校改于此本上。宋本亦八行十六字，唯不若此本之整齊。避諱至「慎」字止，「玄」作「元」、「恒」作「常」，「霆」字避順祖嫌名，作「霆」。凡宋刻訛字，此本悉已改正。欲求以宋刻正此本之訛者甚少，見宋刻益知此本之善，質之隨庵先生以爲然否？海寧陳乃乾。

詩傳通釋十一卷

題「朱子集傳，後學安成劉瑾通釋」。元刻殘本。存卷一、卷四至卷十一、卷十九、卷二十，共十一卷。每半葉十二行。經頂格，行二十一字。《集傳》低一格，行二十三字。《通釋》雙行。黑口，雙邊。卷一後有「至正壬辰仲春日新書堂刻梓」牌子。瑾，字公瑾，安福人。其學淵源紫陽，大旨專宗《集傳》，博採衆說以證明之，成書二十卷。

牌子：

至正壬辰仲春 日新書堂刻梓

韓詩外傳十卷

漢韓嬰撰。明芙蓉泉書屋本。每半葉九行，行十八字。白口，單邊。中縫下有「芙蓉泉書屋」五字，分書。前有韓嬰小傳。其卷一「孔子南遊」一條尚全，不似程榮本之有刪節也。書爲怡邸舊臧，有「怡親王寶」朱文方印、「怡府世寶」朱文方印、「安樂堂臧書記」朱文長方印、「明善堂覽書畫印記」白文方印、「宣城李氏瞿硎石室圖書印記」朱文長方印、「宛陵李之郇臧書印」朱文長方印、「毋自欺堂臧本」朱文方印。

考工記通二卷

明徐昭慶輯註。花萼樓刻本。昭慶，字穆如，宣城人。是註本之朱周翰之《句解》，上而參之鄭康成，下而合之周啟明、孫士龍諸家，以成是編，并經梅鼎祚校閲。

儀禮十七卷

元長樂敖繼公集説。元刻本。每半葉十二行，行十八字。黑綫口，單邊。板心有字數及刻工姓名。卷首有大德辛丑自序。每卷後有「正誤」。是書於舊有鄭注，删其不合於經而存其不繆，意義有未足，則取《疏記》或先儒之説以補之，又未足，則附以己見焉。

鄉射禮儀節不分卷

明林烈撰。明刻本。每半葉九行，行大二十字，小字雙行。黑口，單邊。前有嚴永濬序。後附吕先生跋。是書大半採自《儀禮·鄉射儀》，增酌古今禮節而加以圖説，詳細明瞭。《四庫附存目録》著録。

論語通二卷

題「朱子集註，後學胡炳文通」。元刻殘本。存卷六、卷七，共二卷。每半葉十一行。經頂格，行十九字。註低一格，行二十字，小字雙行。闌外有篇名。黑口，雙邊。通志堂刻《四書通》二十六卷本即從此出。舊爲毘陵周氏藏書，有「毘陵周氏九松迂叟藏書印」朱文長方印、「周印良金」朱文長方印。

經典考證八卷

寶應朱彬撰。道光間遊道堂刻本。日照許印林先生以朱筆校誤并跋。

許氏跋曰：戊子客京師，汪孟慈農部以是書贈予。予甚寶愛，而文字或涉魯魚，乃檢群籍，校勘一過。孟慈見之，復攜去，他日求之，則云已寄呈先生付梓人改正誤字，改訖當還。己丑秋，予以憂旋里，遂不復能索其書。越辛卯臘，應僊查師命赴浙，過寶應，舟凍三日。亟思此書而趨謁無因，作短歌以志。至浙，則先生令從子又汾先生在焉。壬辰，又汾先生歸試秋闈，乞代詢，乃知孟慈固未嘗寄也。又汾先生攜有此本，輒復校之，然未如前校之詳矣。冬至後三日夜半，金華試院校畢并識，海曲許瀚。

說文解字韻譜五卷

南唐徐鍇撰。元刊本。黑口，單邊。每半葉七行，每行十字，大字五。每大字下空一格，空格處分兩行，注小字，字數不等。首卷末有牌子，文曰「丙辰菖節種善堂刊」。《天禄琳琅書目後編》列入宋本，瞿氏《鐵琴銅劍樓書目》以「丙辰菖節」爲元祐三年槧本。余曩就瞿氏假校，知天禄琳琅所藏與此本同一刻也。惟卷一後牌子「種善堂」均誤載「種德堂」耳。此書傳本極少，其佳處遠出明李顯本及李氏《函海》本、鍾氏《小學彙函》本、馮氏覆宋本上，誠海内之祕笈也。

丙辰菖節
種善堂刊

説文解字篆韻譜五卷

宋徐鉉撰。日本重刻元丙辰菖節種善堂刊本。卷末有「上缺壬戌年卯月吉日上缺御靈前柏屋谷岡七左衛門板行」二行。

佩觿三卷

題「朝請大夫國子周易博士柱國臣郭忠恕記」。明萬玉堂覆刻宋本。每半葉八行,行大十七八字,小字雙行不等。白口,單邊。魚尾下有「萬玉堂雕」四字,惟第十四葉易爲「周潮繕寫」四字。魚尾上不記字數。以校張氏澤存堂刻本,可正誤字甚多。萬玉堂並覆宋刻《太玄經》,魚尾下亦有「萬玉堂」三字,《釋音》第十二葉有「海虞周潮書」五字。莫郘亭均以爲宋本,誤也。錢遵王藏書,有「虞山錢曾遵王藏書」朱文長方印、「盱眙王錫元蘭生考臧經籍金石文字印」白文方印、「悠然見南山」朱文長方印、「何以忘憂」白文圓印。

漢隸分韻七卷

不著撰人姓氏。明正德丙子刊本。前有田汝耔序。書凡七卷,取洪适等所集漢隸編次。首載洪适序跋。每半葉七行,行十三字。卷一載《天下碑録》及《漢隸精華》,每半葉八行,行十四字,小字雙行,字數不等。卷二凡例三，一《隸字假借通用例》，每半葉六行，行大十字，小字雙行，行二十字；二《四聲隨文互見例》，每半葉七行，行列大字凡三，小字雙行不等；三《漢隸雙字類例》，每半葉七行，行列大字凡四，共分兩格，每格二字，小字雙行不等。卷三以下至卷七依韻編次，均每半葉六行，行列大字凡五，同文字則附於下，小字雙行不等。是書《四庫》著録，以用一東、二冬、三江分韻，列諸元末也。書爲怡邸舊藏，首有「明善堂覽書畫印記」白文長方印、「安樂堂藏書記」朱文長方印、「錢仲思家臧印」白文方印、「錢志仲思」白文方印、「吴越王孫」白文方印、「琴川」白文長方印、「幼雲」白文蟠螭方印、「又雲」朱文蟠螭方印、「繼振信印」白文雙螭方印、「繼振」朱文蟠螭方印、「羊舌繼振」蟠螭方印、「弘農蘇齋」雙螭長方印、「弘農楊氏世家」朱文碑式印、「星鳳堂收臧書籍祕本」朱文方印、「貴陽陳氏臧書記」朱文大方印、「三山」朱文小長方印、「松珊所臧」朱文大方印、「忠文世裔□帆」朱文方印、「陳南浦校臧本」朱文方印、「蝯」字朱文小方印、「龍」字白文蟠螭方印、「半緣道人」白文方印、「陳南浦真賞圖書之記」朱文方印、「彦□」朱文雙螭方印、「□叔重」白文方印、「復古齋」白文方印。

田汝耔序曰：隸書其來尚矣，傳者有述焉，吾無言也。是書蓋昔人取兩漢碑文隸字分韻彙集，乃即韻以便考文，非爲韻也。福州舊有刻本，中更年所，刻没而書弗傳。吾在京師得是書，上帙臨本，缺其下。自至江右，旁求故家士夫，始獲下帙。借命學生臨補，足成全書。懼知之弗廣也，稍取白鹿洞穀募工刻焉。夫六藝之中，其五曰書。書有篆，有隸，有楷，有行，有草，行草姑置。至篆隸楷書，其法追古。篆有南都監刻本《六書統》並《書學正韻》，楷有北都隆福寺刻本《五音篇海》、《集韻》，若蘇州嘉定本《韻學集成》並此刻隸書，三體備矣。或曰，篆楷二刻中字文昉古，下及近代。若是隸，起漢，漢止，後世無編焉。於乎，水有源，木有本，字有因。得其本源，可以尋夫枝流也已。明正德丙子冬十月吉，奉敕提學江西按察僉事田汝耔序。

正韻篆上下二卷附學古編二卷

《正韻篆》二卷，明鹽官沈延銓秀納父編校。天啟間刊本。白口，單邊。每半葉八行，行列篆字凡五，每字下註釋雙行小字不一。前列寒山凡夫趙宧光題識，天啟壬戌立秋日海山沈延銓自序。是書因懲篆書先後失序、筆畫乖體之弊而作，故搜《説文》、《書統》、《正譌》諸家，銓次一依《洪武正韻》。其中小篆十之九、古籀十之一，校勘閲時凡十月。書中銀鉤鐵畫，絲毫不爽，校勘亦至精審，一善本也。末附《學古編》二卷，則爲元魯郡吾丘衍原本，明新安何震長卿續撰。沈氏校評論不苟，并加證説，備參考焉。首有「沈（季）［秀］納父」朱文、「東海沈顛」白文，蓋刊行時所印也。

書學正韻七卷

題「奉直大夫國子司業楊桓撰集」。元刻元印殘本。每半葉八行，行十四字。黑綫口，單邊。上記大小字數，下記刻工姓名。存卷一至卷四，又卷十八、卷十九、卷二十一。

積古齋鐘鼎彝器款識十卷

揚州阮元編録本。借蔣氏密韻樓臧葉東卿、翁宜泉、潘文勤、龔孝珙四家校本，倩海寧陳乃乾過録。

潘祖蔭曰：阮氏椎輪大輅之功不可没，而譾陋處不少。鄙人評語，或亦糾繆之意乎。汪子輒從而録之，過矣。光緒戊寅二月十六日，潘祖蔭識。

龔橙曰：辛酉歲莫，用一鉼金補購此，再當得吕氏《考古》、大觀《博古》、宋薛氏《款識》、阮刻王復齋《款識》及近世吴氏《筠清館》等，并諸拓本，合取古文，以損翦帖，補許氏，副予書。姑記之，橙。

元本史記索隱一卷

殘，元中統二年刻本。篇首題「貨殖列傳弟六十九」，下題「史記一百二十九」。每半葉十四行，行二十五字。白口，雙邊、單邊不等。中縫上記字數，下記刻工姓名。闌外標題篇名。有「潛廬」朱文長方印、「闇伯□□」朱文方印。

後漢書年表十卷

題「右迪功郎前權澧州司户參軍臣熊方集補」。舊影宋鈔本。每半葉十行，行十七字。首列自序，次列進表、進狀，皆不著年月。《四庫提要》據表、狀謂爲高宗時人。凡《同姓王侯表》二卷、《異姓諸侯表》六卷、《百官表》二卷。有「季振宜臧書」朱文長方印、「李氏濱篁」白文長方印、「錢均伯珍臧祕書印」白文長方印、「均伯過眼」朱文方印、「靜妙山房」朱文方印、「緑水珊瑚館主」朱文方印。

晉書一卷

宋刻殘本。卷末附《音義》。每半葉九行，行十六字。黑綫口，單邊。存列傳卷第二十八。

晉書四卷

宋刻元修殘本。每半葉十行，行二十字。黑綫口，單邊。上記字數。存列傳卷五、卷五十二至五十五。

五代史記五十七卷

題「歐陽修撰，徐元黨注」。宋刻元明修補本。前有陳師錫序。是書原本七十四卷，今缺卷四十二至五十八，共十七卷。每半葉十行，行十八字。中縫上記大小字數，下記刻工姓名。邊闌記本紀及列傳人名。「朗」、「匡」等諱皆缺末筆。第十八卷末題「慶元五年魯郡曾三異校定」，第二十三卷、二十四卷、三十四卷末題「魯郡曾三異校定」、「校正」等字。三異，字無疑，從朱子學，扁其讀書堂曰「仰高」，魏鶴山爲記。有「海虞朝棟莊仲寶藏」朱文長方印、「李莊仲圖書記」朱文長方印、「雲山一葉閣李氏藏書」朱文方印、「生延州」白文方印、「常熟趙氏舊山樓經籍記」朱文方印、「宗建私印」白文方印、「舊山樓」朱文方印。

宋史四百九十六卷

題「開府儀同三司上柱國録軍國重事前中書右丞相監修國史領經筵事都總裁臣脱脱等奉勅修」。前有至正五年阿圖魯等進書表、修史官員銜名、至正六年咨浙江等處行中書省刻板劄、行省提調官銜名、杭州路提調官銜名。後有明袁楨後序。成化十六年刻本，修板至嘉靖丁巳年止。每半葉十行，每行二十字。板心小黑口，魚尾上左《宋史》卷數，右字數，魚尾下左寫人姓名，右刻工姓名。是書雖成於元，而未行於世。明成化間，廣督桂陽朱英得鈔本刻之。凡本紀四十七、志一百六十二、表三十二、列傳二百五十五。大題在下，猶仍舊式也。全書爲沈文起用朱筆校改誤字，其列傳卷一題「沈欽韓校讀」，有「文起手校」白文方印。卷八、卷十五、卷廿二、卷廿八、卷三十五、卷四十一、卷四十八、卷五十五、卷六十一、卷六十九、卷七十五、卷八十三、卷八十九題「欽韓校讀」，有「文起手校」白文方印。卷八十九、卷九十五、卷一百九題「織簾勘本」，有「文起手校」白文方印。卷一百二、卷一百七十九題「欽韓手校」，有「文起手校」白文方印。卷首有「臣張澹印」白文方印、「春水父」朱文方印、「瞑琴館」朱文橢圓印。又「彭印尹孫」白文方印、「松期」朱文方印。又「莫棠字楚生印」朱文長方印。

遼史一百六十卷

明嘉靖八年南京國子監祭酒張邦奇、司業江汝璧依元至正三年本校刊。

金史一百三十五卷

明嘉靖八年南京國子監祭酒張邦奇、司業江汝璧依元至正四年本校刻。

元史二百十卷

題「翰林學士亞中大夫知制誥兼修國史臣宋濂、翰林待制承直郎兼國史院編修官臣王禕等奉敕修」。明洪武二年刻本。前有李善長進表、宋濂記。每半葉十行，行二十字。黑綫口，四周雙邊。

資治通鑑目録三卷

宋刻本，殘存卷四之卷六。結銜密字分兩行，題「翰林學士朝散大夫右諫議大夫知制誥兼侍講同提舉萬壽觀公事兼判集賢院上護軍河内郡開國侯食邑一千三百户賜紫金魚袋臣司馬光奉勑編集」。凡書一事，下空一格。遇「匡」、「桓」、「竟」字皆闕筆，「徵」字有闕有不闕，板刻清朗，蓋宋刻也。

曆數考正集一卷閏集一卷

嘉興朱彝教敷五編。舊鈔本。前有康熙五年陸光旭序。其書斷自秦楚之際，迄於宋元，分正閏二統。據其大要，綱舉目張，而千六百四十八年之理亂盛衰歷歷可數，誠讀史之紀事珠也。

通鑑紀事本末四十二卷

題「建安袁樞編」。宋刻本。每半葉十一行，行十九字。板心記字數及刻工姓名。遇宋諱皆缺末筆。是書據編年爲比事，區別條流，各從其類，而脈絡貫連，翦裁精密，爲當世所重。淳熙元年，樞分教嚴陵，編二百九十卷，刻有小字本，楊萬里序之。此大字本，爲寶祐五年趙與簒重併卷第，精加讎校，以私錢序刻于湖州。後元延祐六年，陳良弼爲嘉興學掾，與簒之孫明安移寘嘉禾學宫，良弼爲記。明初板歸南監，遞有修補。此尚是元時印本也。有「吴國翁之繕印」朱文長方印、「翁印之繕」白文方印、「遂齋」朱文長方印、「之繕」朱文亞形長方印、「之繕」白文長方印。

靖康孤臣泣血録一卷

宋太學生丁特起撰。明萬曆丙午長洲張豫誠刻本。每半葉八行，行十六字。白口，單邊。首列王在公序。所記自欽宗靖康元年十一月五日起，至高宗建炎元年五月一日即位止，載金人南犯二帝北遷事。《四庫存目》所著録者爲明吳思刊本，前有思序及汪旦復評語。因語皆凡鄙，仍多舛誤，致爲《提要》所譏。此張氏所刻，爲其先人舊藏，故無汪氏評語，似較善於吳氏本也。首有「樂意軒吳氏臧書」朱文方印、「張君桌寶儲」朱文長方印。

包孝肅奏議十卷

宋包拯希仁撰。明嘉靖乙卯刻本。每半葉十行，行二十二字。黑口，單邊。前有嘉靖乙卯滁陽胡松序，次正統元年丙辰豫章胡儼序，次門人張田題辭。卷末有嘉靖三十四年乙卯豐城雷逵重刻後跋，謂廬州介江淮間山川之氣，渾淪磅礴，代有聞人，而包孝肅、余忠宣尤爲奇偉著烈。余有《青陽集》，已梓郡齋。孝肅《奏議》，刻久漶漫，讀者病之，因重鐫，與廬之士人共焉。有「明湖釣徒」分書朱文方印。

孔孟事蹟圖譜四卷

明會稽季本考辯，晉江王慎中訂正，錢塘童漢臣校刊。嘉靖甲寅刻本。首列王慎中序。全書共分四卷。二卷紀孔，二卷紀孟。第一卷《論孔》，每半葉十行，行二十一字。第二卷《孔譜》，譜中分六層。首層繫年，次層周，三層魯，四層齊、晉，五層衛、宋、鄭，六層楚、陳、蔡。第三卷《論孟》，每半葉行款、字數與第一卷《論孔》同。第四卷《孟譜》，譜中分六層，與第二卷《孔譜》同，首層繫年，次層周，三層鄒、任、魯、衛、滕、薛，四層齊、燕，五層三晉、宋，六層秦、楚。蓋是書據《史記》、《通鑑外紀》、《皇極經世書》、吕氏《大事記》、金氏《通鑑》、《孔子通紀》等書，益以《春秋》内外傳、《戰國策》、《禮記》、《家語》、《孔叢子》等書參考互證，經緯歲月，而以《論語》、《孟子》二書爲主。曾録入《四庫存目》。《提要》云書中「孔子未嘗至楚見昭王」、「孟子先至齊而後梁」，此二條皆有所見。則其大概可知矣。書後附牌子。

此書初刻事實尚有舛訛
今更定之當以此本爲正

廣卓異記二十卷

宋樂史撰。舊鈔本。首列進書表。以唐李翱著《卓異記》事多漏落，撰《續唐卓異記》，又讀漢魏以降至於五代見聖賢卓異之事，總爲一集，名《廣卓異記》二十卷，書成進上。有「白堤錢聽默經眼」朱文長方印、「汪士(鍾)[鐘]讀書」朱文方印、「曾臧王氏二十八宿硯齋」朱文長方印。

紹興十八年同年小録一卷

此爲宋紹興十八年戊辰王佐榜進士題名録，因朱子列第五甲第九十人而重。明弘治辛亥刻本，嘉靖甲午奉祀裔孫鐨、鎬又覆刻之。别有石本，明人張安道刻於滁州歐梅亭。是科吾邑登第者有第五甲第百十六人何璵，字器之，小名哥兒，小字雲孫，年二十五，正月十日生。外氏俞。偏侍下第十。兄弟二人。

一舉。曾祖德[誠],祖文緒,父子安,故不仕。本貫宣州南陵縣澄清鄉建賢里,兄爲户。

紹興十八年同年小録一卷

蕭山王南陔傳鈔黄蕘圃藏本,復取嚴用晦所藏互校,别以朱書。有「吴興沈氏藥盦父尚絅廬主所蓄經籍書畫金石印」朱文方印、「吴興抱經樓藏」方印、「浙東沈德壽家藏之印」朱文方印、「授經樓藏書印」朱文方印、「舊雨草堂珍藏」朱文方印。

黄氏跋曰:《紹興同年小録》,《浙江采(緝)[集]遺書目録》詳言之。明弘治間曾有刻本。余友蔣藝萱之素好張東畬有此書,藝萱攜以示余。余亦欲得之,因物主寶爲宋刻,故議價未妥。去年殘臘,海鹽家椒升以此本來,易去青錢一千五百文,蓋猶是舊鈔,且傳本罕有,宜珍之,以與元刻《元統元年進士題名録》並藏焉。嘉慶三年歲在戊午三月六日,黄丕烈識。

王氏跋曰:嘉慶五年冬,客游吴門,雪牕無事,從黄蕘圃借閲《紹興十八年同年小録》鈔寫一過,中多訛脱,復取嚴用晦所藏本互相校勘,别以朱書,當與《寶祐四年登科録》並藏弆以爲榮。紹蘭識。

寶祐四年登科録一卷

蕭山王南陔傳鈔黄蕘圃藏本。有「亞東沈氏抱經樓鑒賞圖書印」朱文長方印、「沈氏家藏」雙螭白文方印、「五萬卷藏書樓」朱文方印、「舊雨草堂」朱文方印。

王氏跋曰：《寶祐四年登科録》，亦從黄蕘圃借鈔，第五甲計二百一十三人，其第三十三人僅闕其名，第一百七十七人僅存其「治賦。一舉。曾祖騤。本貫台州」，亦不知爲何人也。其第八十二人、第九十三人、第九十四人、第一百五人、第一百六人及第一百九十人以下至第二百一十三人共二十八名，原本全闕，不可復見。惟本書文天祥注云「兄弟璧同奏名，天麟」。又馮治云「父鑰，同年奏名」。又趙與溥注云「兄與鎮同榜」。此三人録内無名，或在所闕之内，餘當以它書補之。嘉慶五年冬十有一月二十三日，紹蘭記。

新安學繫録十六卷

明休寧程曈編。正德戊辰程曾校刻本。半葉十三行，行二十三字，小字雙行。黑綫口，單邊。首列程曈自序。前有《新安學繫圖》。按是録以孟子没而聖人之學不傳，至二程夫子始得之於遺經，倡以示人，而孔孟之道復明。又四傳至紫陽夫子，泝流窮源，折衷群言，集其大成，故邦人於程子則私淑之，於朱子則友之、事之。嗣碩儒迭興，更相授受，推明羽翼，以壽其傳。乃疏學統之系，采事行之實，萃爲一編，欲知新安之學者告焉。有「建人」朱文方印、「讓泉」朱文橢圓印。

休寧名族志四卷

明休寧曹叔明撰。天啟庚寅刻本。前有汪燀序。首《姓氏鄉里目》，共五十三姓。次《隅都》，凡氏族不入志者，其地名不載。次《人物綱目》，分儒碩、勳賢、忠臣、孝子、文苑、宦業、風雅、風節、隱逸、篤行、鄉善、期壽、學林、材武、貞烈十五類，僅書姓名里職，其行誼之詳，則備載於各姓族志焉。

袁氏簪纓録一卷

題「十八世孫廷聲纂録」。明嘉靖元年袁氏家刊本。白口，雙邊。每半葉九行，行二十字。前列餘姚王華序、廷聲録引。後附十九世裔孫湛一子紹程跋、關中許宗魯書後。紹程，廷聲之子也。按袁氏家譜，以其所謂韶江漁隱先生爲弟一世。韶江而上，其遷徙與官歷隱顯之跡，世遭兵燹，無可徵信。五世而下得名者代不乏人，惜皆散出於譜，簡策汗漫。乃纂自六世至十九世，凡得簪纓者彙爲一袠，述其名號、字行、階職，第以世次，序以年齒，而階之崇卑、時之先後弗論焉。間書其配氏，以榮恩典。首序其不仕某某，著是録之所自也。

建文朝野彙編二十卷

明屠叔方纂。明萬曆戊戌刊本。每半葉九行，行十八字。白口，單邊。前列陳繼儒序及自序。末附海鹽姚士粦跋。叔方，秀水人，萬曆丁丑進士，官至廣東道監察御史，以萬曆甲申十二年建議請謚祠建文仗節諸臣并修治塚墓、恤録子孫，及株連編戍者皆赦宥之，又請復建文年號，綴其事於洪武末，并皆允行。遂雜采諸史而成此書，内分遜國編年、報國列傳、建文傳疑、建文定論。首列引用書目，故甄録諸事皆有所本。自序謂不敢增損一字、進減一辭者，殆不誣也。斯書《四庫存目》著録，《提要》譏其沿襲譌傳，不爲信史。然其博收群籍，於建文君臣遺事可稱完備，足補正史之闕矣。

金陵新志八卷

元刻殘本。存卷三上、卷三中、卷十至卷十二、卷十三下、卷十四、卷十五。

潁上縣志十二卷

明知縣宛平翟乃愼重修。萬曆間刻本。四明盧氏抱經樓藏書，有「抱經樓」白文方印。

洛陽伽藍記五卷

魏撫軍司馬楊衒之撰。毛氏緑君亭刻本。後有毛晉跋。以明如隱堂本用朱筆校。

武當福地總真集三卷

題「林下洞陽道人劉道明集」。前有元至元辛卯道明自序。舊鈔本。武當山爲七十二福地之一，自佑聖真君上昇後，歷代封崇。至元二十三年，法師劉道明充武當山都提點，奏奉護持。斯集爲其時作，載入《道藏》「不」字號。有「聚星堂藏書」白文方印、「菫齋臧書」朱文方印、「獨山莫氏銅井山房之印」朱文方印、「莫棠楚生父印」朱文長方印。

莫氏棠跋曰：《武當福地總真集》三卷，題「林下洞陽道人劉道明集」；《武當紀勝集》一卷，題「龍興路林雲麓樵翁羅霆震撰」。皆元人也。辛丑歲，于廠肆得之。兩書皆入《道藏》。此寫甚舊，殆明鈔也。首有菫齋圖書印，蓋曹楝亭之甥。余見楝亭臧書往往有「菫齋長白敷槎氏」一印，《嘯亭雜録》嘗記之。

武當紀勝集一卷

題「龍興路雲麓樵翁羅霆震撰」。舊鈔本。亦列入《道藏》「不」字號。有「聚星堂藏書」白文方印。

續修龍虎山志三卷

題「元翰林院侍講學士元明善輯修，明工部左侍郎兩山張鈘較閲，正一嗣教五十代天師心湛張國祥續修，正一嗣教五十一代天師九功張顯庸仝修，建武後學屋山居士王三極續較」。明刻本。前有元延祐改元程鉅夫序、吳全節上表、明黄汝良序。卷分山川、建置、人物、皇綸、藝文，爲三卷。張九功續輯至天啟六年丙寅止。龍虎山在江西信州，爲天下第三十九福地。漢天師道陵煉龍虎丹於此，後飛昇於陽平。傳四代天師元宗，自漢中來奠居焉。有「法金之印」白文方印。

崆峒志一卷

明許登撰。舊鈔。天啟辛酉刻本前有倪朝賓序。崆峒山在陝西平涼西三十里，實崑崙之首、形勝之宗，世傳爲迦葉佛駐錫地、軒轅問道鄉也。許氏爲之考解，辨異紀略，其前人題詠，亦各以其類編次焉。有「抱經樓」白文長方印、「四明盧氏抱經樓臧書印」白文方印。

徑山志十四卷

明朱奎光輯。天啟甲子刻本。前有黄汝亨、李燁然、徐文龍序。朱奎光跋。徑山在餘杭縣西北五十里，乃天目之東北峰，五峰環抱，奇勝特異。唐代宗時，僧法欽結庵於此，召赴闕，賜號國一禪師。明萬曆己丑間，達觀禪師與馮開之、陸五臺創刻方册大藏，初議清涼之妙德庵，後移置山之寂照庵，再議啟古化城爲藏板地，即世所稱「支那藏」也。有「劉氏晚翠閣父子藏書記」木記。

芒蘿志八卷

明張夬輯刻本。夬，字澈藩，丹陽人，崇禎辛未進士，癸酉間官暨陽知縣。芒蘿去縣治二里許，夬以夷光有忠君報國之心，不令其艶色終也，爲之建祠宇以表章之。采唐、宋、元及明隆、萬前諸名人芒蘿題詠爲《古集》，隆、萬後至崇禎癸酉諸詠爲《今集》。首有西子像，次《芒蘿圖》暨《古集》、《今集》姓氏。前有明太祖《題西施》五言古詩及商周祚、王業浩序。後有楊肇泰、姜效乾、駱方壐跋。

金陵古今圖考一卷金陵圖詠一卷

明陳沂撰并繪。圖凡十有六，後附考説。天啟甲子朱之蕃刻本。是書陳氏自刻，板藏家塾，歲久鮮傳。後刻於少冶王太守家，再刻於兵部署中，流布亦不多見。之蕃僅得一再翻本，手書覆刻，附於《金陵圖詠》之後。沂著有《南畿志》，秉筆謹嚴，有良法。又《金陵世紀》，其爲書明而簡，紀載勝朝宮闕，亦足徵一代之制，金鰲《金陵待徵録》盛稱之。《金陵圖詠》爲朱之蕃、杜士全同撰。以金陵名蹟得四十景，分詠以詩，并繪爲圖。前有天啟癸亥之蕃、士全二序。此本僅見士全和詩，其之蕃四十景詩及圖蓋已闕佚矣。

湖山百詠一卷

明廣西左布政使致仕郡人夏時以正述。舊鈔明浙江杭州府通判南昌閻敬公肅校刊本。前有時所撰《錢塘湖山勝槩記》、會稽陳贄序。

兩京賦二卷

明黄佐撰。明刻本。每半葉九行，行十七字。白口，單邊。佐，字才伯，廣東香山人。正德五年庚午舉人，嘉靖二年癸未進士。以太祖詔金陵爲南京、大粱爲北京而作是賦。其自序略曰，曏者御史余光作賦進覽，鋪張娓娓數萬言，黄扉嘉賞，秩宗揚詡，亦既繙傳矣。然佐嘗伏念菲材耳學，獲廁詞館，竊不自揆，續貂刻鵠，率爾成篇。遠採漢代班、張之春華，近摭永樂李、陳之秋實，庶幾克覲保大，或有小補，而聖明之制，章於來兹云。

平江紀事一卷

題「建德總管郡人高德基編」。舊鈔本。所記吳郡古蹟、佚聞、雜事，可裨《元史》及郡志之遺。翰林院藏書，有「翰林院印」朱文方印。

紀古滇説集一卷

元張道宗録。明嘉靖己酉沐朝弼刻本。雲南爲古滇國，所録始自唐虞，訖于咸淳。方域、年運、謡俗、服叛，一一詳焉。有「四明盧氏抱經樓藏書印」白文方印。

古今游名山記十七卷

題「括蒼何鏜振卿甫編輯，廬陵吳炳用晦甫校正」。明刻本。每半葉十四行，行二十七字。白口，單邊。前有嘉靖癸亥黄佐序、嘉靖甲子吳炳序。末有何鏜後序。

名山勝記十六卷

題「明菰中山泉慎蒙增選，從孫慎㦲重較」。明刻本。前有萬曆丙子慎蒙自序、崇禎己卯唐世濟序、崇禎戊寅再從孫慎思永、慎㦲小引。是編本何鏜《名山記》，删繁削冗，復纂諸通志所未及，以補記文之缺，并入前賢之題詠，亦庶幾大備矣。

海内奇觀十卷

明錢塘卧游道人楊爾曾輯。明夷白堂刻本。凡五嶽、白嶽、孔林、西山、金陵、茅山、黄山、浮山、金焦、北固、虎丘、西湖、吳山、天目、兩越名山、普陀、天台、雁宕、武夷、九鯉湖、麻姑山、匡廬、黄鶴樓、岳陽樓、赤壁、峨嵋、三峽、棧道、兩河、太和、五臺、桂海、七星巖、雞足山、九鼎山諸名勝，莫不繪圖列説。錢塘陳一貫製圖，新安汪忠信鐫板。

隸釋二十七卷隸續二十一卷

辛酉二月以桂未谷、劉燕庭兩先生所校《隸釋》、李南澗先生所校《隸續》過録。乾隆戊戌汪日秀刻本。

隸續二十一卷

曹楝亭揚州使院刻本，繆藝風過録李南澗校本。《藝風藏書記》著録。

水經注所載碑目一卷輿地紀勝所載碑目一卷

明楊慎撰。嘉靖丁酉刻本。後有永康朱方跋。每半葉九行，行十九字。白口，雙邊。魏稼孫以各碑所載之地校注今名。有「績語堂印」白文方印。

史記法語八卷

宋洪邁撰。萃古齋藍格鈔本。每半葉十行，行十八字。卷末有題識一行「淳熙十二年二月刻于婺州」，當由宋槧本迻録者。是書見《四庫存目》，并載邁所編《經史法語》二十四卷、《南朝史精語》十卷，蓋摘取二字以上古雋句法，依次標出，亦間録舊注，以備修詞之用。《直齋書録解題》作十八卷，《郡齋讀書志》作六卷，均誤。《宋藝文志》又有《西漢法語》、《東漢法語》、《三國志精語》、《晉書精語》、《唐書精語》，亦見於《郡齋讀書志》、《文淵閣書目》，誠罕見之祕笈也。萃古齋當是書估錢聽默齋名。聽默素稱識古，所見書多異本，黄蕘圃、嚴修能、顧澗薲皆推許之。

説苑二十卷

漢劉向撰。明楊湰校刻本。前有嚴鐵橋手跋，并過録宋本載劉向《敘録》一首、盧抱經輯佚文二十四段。中有校籖四則。有「嚴可均之印」朱文方印。

嚴氏跋曰：《漢志》、《説苑》二十篇，《隋》、《唐志》二十卷，《崇文總目》僅存五篇，曾鞏復得十五篇，與舊爲二十篇，皆篇各爲卷。盧抱經《群書拾補》所載宋本有劉向敘一首，余得元本無之，楚藩本、程榮本、何良俊本、楊湝本亦無，蓋又非曾鞏之舊。向敘言凡二十篇七百八十四章，今本《君道》卅八章、《臣術》廿二章、《建本》廿七章、《立節》廿一章、《貴德》廿八章、《復恩》廿四章、《政理》四十一章、《尊賢》卅四章、《正諫》廿五章、《敬慎》卅章、《善説》廿四章、《奉使》十九章、《權謀》四十四章、《至公》廿一章、《指武》廿五章、《叢談》七十二章、《雜言》五十二章、《辯物》卅一章、《修文》卅八章、《反質》廿三章，共計六百卅九章。《群書拾補》輯有佚文廿四段，當是廿四章，通計僅存六百六十三章，視向敘少一百廿一章，非完書也。《舊唐志》作卅卷，亦誤。向所類事與《左傳》及諸子間或時代牴牾，或一事而兩説三説兼存，《韓非子》亦如此，良由所見異辭、所聞異辭、所傳聞異辭，不必同李斯之法，别黑白而定一尊。淺學之徒，少所見，多所怪，謂某事與某書違異，某人與某人不相值。生二千載後而欲畫一二千載已前之人之事，是太不自量，善讀書者，豈宜然乎？此本楊湝校刻。楊湝，明季人，而有方孝孺、王世貞印記，書賈作僞，宜刓棄之。道光八年秋九月，鐵橋散人嚴可均書于富春之雙桂坊館舍。

臣軌二卷

唐武則天撰。日本寬文八年刻本。前有御撰序文。《唐會要》云，長壽二年三月，則天自製《臣軌》

兩卷，令貢舉人習業。《唐書·藝文志》、《崇文總目》、鄭樵《通志·藝文略》所載並同，《宋史》未著録。是書久佚，嘉慶中阮文達曾據此刻進呈内府。卷下末有「垂拱元年撰」五字，蓋日人妄增也。後有柳谷山人埜子苞父跋，末有「林和泉掾版行」。卷上末有「天保六年初夏一讀了，行篤」，卷下末有「天保六年夏四月下浣一讀了，行篤」，均日人朱筆題字。寛文八年爲康熙七年戊申，天保六年即道光十五年乙未也。

小學集註六卷

明隆慶二年刻本。是書紫陽朱先生輯舊聞以覺來裔，實正蒙當務之急。明初吴文恪公訥會萃諸家爲《集解》。至成化癸巳，天台陳選節損吴本爲《句讀》。嘉靖甲午，陳察以吴氏《集解》、陳氏《句讀》，或詳或略，蓋各有見，合二者而一之，稍或增損兼補註焉。隆慶戊辰，麻城劉廷舉重刻於袁之仰韓堂。

管子二十四卷

唐司空房玄齡注。明萬曆壬午趙用賢同《韓非子》合刻本。前有自序，又劉向録上及文評、凡例。上眉列有評語。蓋以近板數家，承訛襲謬，雜亂支離，按宋本改正比次，無下數千百餘處也。

韓非子二十卷

周韓非撰。舊有注，不題姓氏。明萬曆十年趙用賢刻本。前有自序，又總評、凡例。上眉列有評語。原出宋槧，補舊亡《和玉》、《姦劫》、《説林》凡三篇，他所逸者通五十餘章。其校定雖一準宋本，而句字參錯，又依諸本更定也。

新刻校正王叔和脈訣歌四卷

題西晉太醫令王叔和撰，明熊宗立注解，劉廷珮校正，周一朋編録。金溪富春堂對溪唐氏刻本。其末卷熊氏《解語》遺逸，則以金劉原賓原註補之。前有嘉靖乙丑周一朋序，後有「萬曆戊寅歲富春堂刊」牌子。每半葉八行，行大十七字、小字雙行。黑口，雙邊。宗立，明建陽人，字道軒，又號鼇峰、勿聽子。通陰陽醫卜之術，有《素問運氣圖括定局立成》、《洪範九疇數解》、《曆法通書類編》，又《刊補註釋文黄帝内經素問》十二卷。

萬曆戊寅歲富春堂刊

類證普濟本事方五卷

題「許學士親述」。宋刻殘本。每半葉十三行，行二十一字。目録每半葉十二行。黑綫口，單邊。是方十卷、《後集》十卷，今存一卷至五卷。《經籍訪古志》日本楓山祕庫藏殘宋本行格同，其《後集》目録後有「建安余唐卿宅刻梓」八字，今無《後集》，不可考矣。士禮居藏殘宋大字本六卷，每半葉十六行，行十六字，板心有字數及刻工姓名。蕘翁詩注云，宋刊方書都諱爲「丸」作「圓」，此書開卷「真珠圓」是其證。前有長洲葉壽書《許學士傳》。獨山莫氏藏書，有「獨山莫祥芝圖書記」朱文方印、「莫印祥芝」白文方印、「善徵」朱文方印、「天憐所藏」白文方印、「莫棠楚生」朱文方印、「莫氏祕笈」朱文長方印、「莫棠之印」白文方印、「獨山莫氏銅井文房」朱文長方印。

蘭室祕藏三卷

金東垣老人李杲撰。明刊本。每半葉十行，行十七字。黑口，雙邊。前列目録，起自「飲食勞睠門」，至「小兒門」止，凡分二十一類，大旨爲防劉、張兩家末流攻伐之弊而作。所載自製諸方有君臣佐使、相制相用之妙，因取《黄帝素問》「藏諸靈蘭之室」語，遂以「蘭室祕藏」名之。

不自祕方一卷

明南舒梅山逸叟傳。弘治刻本。前有秦民悦序，後題「弘治拾陸年中秋捌月吉日登仕郎主廬江縣簿原武趙倫捐俸鋟梓以廣其傳云」、「潛川庠生徐山書」。每半葉六行，行十三字。有「望菴」白文方印、「子良珍賞」朱文方印。

秦民悦序曰：家君梅山逸叟樂道之暇，尤嗜醫術，遇有奇方，必手録之，濟人利物之心，唯恐不及，故嘗以外科知名京師。一日，箇授民悦曰：「此外科祕方，余久畜以行世者也。汝往治郡，公餘能據方製藥，以療民之有疾，亦可補汝才識之不足也。」民悦受教惟謹。寓廣平有年，恒畜劑以待。凡得發背疔毒諸瘡，有請者輒併方予之，靡不取效，以故活人頗多，而有是疾者舉知求是藥也。竊嘗觀夫醫之爲術，肇自神農，軒、岐而下，内外科名家者何可縷數，方書之繁，至於汗牛充棟。惟發背疔毒最爲危急之證，而能奏功如百戰百勝者絶少。此方爲古書所不載，其間藥品易致，而用之治瘡瘍類利刀破竹，迎刃而解，誠有家者之不可無也。尤慮傳弗遠，且以自祕爲嫌。茲將任滿，欲併收家君平日用方之經驗者，刻寘郡齋。謀之於同寅貳守王君原常、通府宋君文獻、趙君碩父、節推黄君憲瞻，相與樂贊其成，使他日果能爲四方君子濟利之一助，非徒遂區區之心，亦家君之至願也。因題曰「不自祕方」云。成化癸卯夏六月既望，直隸廣平府知府南舒秦民悦崇化書。

鼎雕銅人腧穴鍼灸圖經三卷都數一卷

題「錦城紹錦徐三友校正，書林宗文堂繡梓」。明萬曆刻本。每半葉十行，行二十五字。白口，雙邊。是書本三卷，後析爲五卷、七卷，此猶存三卷之舊。吾友曹君直以爲善本，用元刻本朱筆校之，惜僅至卷中第二葉止。莫楚生藏書。

莫棠跋曰：《銅人腧穴鍼灸圖經》三卷，宋仁宗天聖中命尚藥奉御王惟德撰，《玉海》作「惟一」。翰林學士夏竦序，當時摹印版行。《郡齋讀書志》、《玉海》所載并同。今宋槧既不傳，近代藏書家平津館著録有是本，常熟瞿氏有舊鈔本，皆稱珍祕。日本人《經籍訪古志》有書軒陳氏、勤有余氏重刻、金大定丙子閑邪聵叟補注石刻本，皆元槧。雖卷首猶存夏英公序，署王惟一名，與《玉海》合。然既注補注，且改五卷，决非其真。惟《訪古志》又録明英宗正統八年石刻本三卷、《都數》一卷，首有御製序云：四百餘年石刻漫滅，乃命工重作。無夏序、王名，則正此本所從出，而一皆天聖之舊可知。且據英宗序，知宋代更有石本，足補晁、王所未及。此與《銅人鍼灸經》判然兩書，《四庫》不見此本，疑後人析三卷爲七卷者蓋誤。《銅人鍼灸經》日本人考之乃《太平聖惠方》第九十九卷，采古鍼經之遺，後來妄分七卷，而係以是名單行之。《聖惠方》者，太平興國中詔王褱隱等撰，凡百卷，中國久逸，海外尚存南宋本，愛日精廬有零帙三卷是也。

又跋曰：此二十餘年前余所記也。戊午還山廬，散賣之餘，此書猶在。曹君直學士假讀。既而君直得元刊本，謂元本與此本均勝於昔爲劉聚卿校刻之本，而新得元刻與此亦有同異，君直因爲余校勘。癸亥元日，君直病歿，感良友之遽渺，未忍向其家驟索。頃其後人乃以撿還，卷中丹筆皆君直手跡，展卷欷歔，不勝捶琴之痛。未終之卷，他日孰爲續哉？五月朔日戊午，獨山莫棠記。

重刻安驥集七卷附蕃牧纂驗方二卷

不著撰人名氏。明弘治十七年陝西苑馬寺卿車霆刻本，古唐洞羊賈誠校勘。每半葉十三行，行二十四字。黑口，雙邊。前刻有僞齊阜昌五年降付劄子。霆序云：「黄帝八十一問以來，其訂馬骨相、論馬證治，施鍼用藥爲馬醫者，莫之能違。國家經理疆土，以關陝爲西北重地，設寺監以司馬政，苑牧有地，孳息有制，防邊固國之計至矣。南京太常卿邃庵楊先生進都御史，督理其事。霆始被爲清理。顧《安驥集》板行已久，多漫滅不可讀。先生乃取善本校閲鋟梓，遍給監院、衛所、邊堡，俾調養有法，醫療有方矣。」《四庫存目》所録《永樂大典》本爲三卷，此則有增刻也。《蕃牧養纂驗方》二卷，題奉議郎提舉京西給地馬牧馬王愈編集。附刻《安驥集》後，爲第八卷〔一〕。

痊驥通玄論六卷

題「東原獸醫卞管勾集注」。明正德元年陝西苑馬寺卿車霆刻本。每半葉十三行，行二十四字。黑口，雙邊。前有霆序，云：「邃庵楊先生取《安驥》舊集親加訂閱，命工鋟梓。又出《痊驥通玄論》示霆，其書有三十九論、四十六説，方術畢備，仍命鋟梓，以廣其傳。」末有嘉靖二十四年寺丞楊時中重修跋。又後序云：「余考牧試，叩一二馬醫，亦尚知用《安驥集》者。若《通玄》，則懵然無聞矣。」《明史·藝文志》未著録，《百川書志》有之，《四庫存目》著録，爲天一閣藏本，均與此本卷數合也。

曆引一卷

明遠西耶穌會士羅雅谷撰，同會龍華民、湯若望訂。舊鈔崇禎李天經督修本。羅雅谷以《新曆全書》積有一百四十卷，學者讀未終卷而自廢者有之。因復芟其繁而摘其概，更譔是編，分二十七章，名曰《曆引》。詞簡而理則周，文絢而數略備，但手是編，而曆指已窺其大凡矣。有「四明盧氏抱經樓臧書印」白文方印。

大明嘉靖三十九年歲次庚申大統曆

明官頒行本。黑口，單邊。行字不等。按《明史·曆志》，洪武三年改司天監爲欽天監，設四科，一曰大統曆，以監令、少監統之，歲造大統民曆。今此書只有春官等職名，不列監令等結銜，當是洪武至嘉靖中有沿革歟。首鈐朱文官印，殘損已不可辨。末有江都李氏肇偁跋。

李氏肇偁曰：此曆共十六葉。黑口，單邊。第一葉首行題「大明嘉靖三十九年歲次庚申大統曆」，「大明嘉」下紙損處，當據本曆弟十五葉第二行紀年補「靖三十九」四字。末行載凡「三百五十五日」，中列每月大小及節氣計十二行。正月行一日下，當據本曆三葉正月第一行節氣補「丁卯辰正三刻」六字。二月行一日下，當據本曆四葉二月第一行節氣補「丁酉戌初一刻」六字，俾紙損處字得復完。第二葉載年神方位之圖，第三葉至第十四葉依十二月次每月一葉。每葉前四行分三層，上層分兩行，載月建。下層分三行，載九宮納音。中層分四行，載本月節刻、天道、天德、月厭、月殺、月德、月合、月空暨月令並日躔等。其八月日躔失載，故四行變爲三行，當係刊曆者之誤。餘每日一行。是年正、二、四、五、八、十、十二月俱大建，三、七、六、九、十一月俱小建。凡遇大建則前半葉十七行，後半葉十七行。遇小建則前半葉十七行，後半葉十六行。第十五葉分兩層，上層紀年，起本年，每半葉十八行。下層人事宜忌，起天恩上吉日，每半葉十九行。第十六葉分兩層，上層續紀年，前半葉十八行。下層續人事宜忌，前半葉十九行。後半葉亦分兩層，兩層均六行。上層仍續紀年，至弘治十四年行止。下層仍續人事宜忌，至五姓修宅、羽姓屬水行止。六行以後又直行十一行，載承德郎春官正臧隆、夏官正、承德郎中官正左天麒、承德郎秋官正潘中、承德郎冬官正朱禋、徵仕郎五官靈臺郎何暹、修職郎五官保章正朱師儒、修職郎五官保章正薛體仁、修職佐郎五官挈壺正楊廷相、登仕郎五官司曆皇甫鏜、登仕郎五官司曆劉繼賢凡十人。本十一行，每行一人，以第二行夏官正名闕，故止十人。按全曆各葉行中字數不一。其第一葉鈐有方印，朱文，漫漶不可識。以班曆舊例推之，當係欽天監官印也。

又曰：又按《明史·曆志》序云，明之《大統曆》，即元之《授時》。承用二百餘年，未嘗改憲。《曆法沿革》云，洪武三年，改司天監爲欽天監，設四科，曰天文，曰漏刻，曰大統曆，曰回回曆，以監令、少監統之，歲造大統民曆。此言大統曆者，既以別於回回，亦即歲造之大統民曆。不言民者，省文耳。再《世宗本紀》嘉靖三十九年（史例不載歲次，據曆知爲庚申）春正月（史例不載月建，據曆知正月大建，戊寅）丙戌（據曆知爲月之二十日），俺答犯宣府。二月（據曆知二月大建，己卯）丁巳（據曆知爲月之二十一日），南京武營兵變，殺總督糧儲侍郎黄懋官。戊午（據曆知爲月之二十二日），振順天、永平饑，倭犯潮州。三月（據曆知三月小建，庚辰）癸未（據曆知爲月之十七日），大同總兵官劉漢襲敗兀慎於灰河。丁亥（據曆知爲月之二十一日），打來孫犯廣寧，陷中前所，殺守備武守爵、黄廷勛。夏五月（據曆知五月大建，壬午）壬午（據曆知爲月之十七日），振山西三關饑。壬辰（據曆知爲月之二十七日），盜入廣東博羅縣，殺知縣舒顓。秋七月（據曆知七月小建，甲申）乙丑朔（據曆知月之一日，乙丑同），把都兒犯薊西，遊擊胡鎮禦卻之。庚午（據曆知爲月之六日），劉漢襲俺答於豐州，破之。九月（據曆知九月小建，丙戌）己巳（據曆知爲月之六日），俺答犯朔州廣武。冬十二月（據曆知十二月大建，己丑），土蠻犯海州東勝堡。是月，閩廣賊犯江西。據此，則曆、史適可互證，因并録之。

太玄經十卷

晉范望解贊，王偀編輯。明刻本。每半葉八行，行十七字，小字雙行。白口，雙邊。前有陸績《述玄》一篇。卷一首列范望解贊。卷十末云：「楊氏本自《玄首》已下至《玄告》凡十一篇，並是宋衷解詁、陸績釋失[二]，共爲一注。范望采二君之業，折衷長短，或加新意，就成此注。仍將《玄首》一篇加經贊之上，《玄則》一篇附逐贊之末。餘自《玄衝》以下至《玄告》九篇列爲四卷。三家義訓互有得失，以待賢者詳而正焉。」有「匏如珍藏書籍私記」朱文方印。

堪輿十一種書

明金陵李思聰編集。天啟二年朱象賢刻本。象賢序略云，《青烏經》，葬書所習見者。而考訂增注，與世刻迴別。發景純所未發，則有黃妙應之《博山篇》；備《青囊》所未備，則有楊筠松之《奥旨》。曰《總索》，王憲祖所受于青田者也；曰《捉脈圖》，空石老人所明五星正變者也。求裁剪之法，具在《金剛鑽》中；求定穴之格，具在《十二杖法》、《十六葬法》中。若櫽括龍穴砂水爲歌訣，有劉伯温之《漫興》在；至於《雜著》，乃會諸家之長，發登覽之祕，考古今之驗，以啟瞶蒙，尤爲玄詣。總檢校之，得十一種，是可括是書之大凡矣。《青烏經》一卷，秦樗里子撰，明再謫仙人訂正，蓮渚野叟校閱。《總索》一卷，明維揚汨修李思聰訂閱，西吳襟海李汝賢校刻。《五星捉脈正變明圖》一卷，空石長老宗旨，再謫仙人訂閱，蓮渚野叟校刻。《青囊奥旨控龍制水神經》一卷，唐楊筠松著，明李思聰、朱汝賢訂次。《十二杖法》一卷，唐楊筠松著，明李思聰訂。《十六葬法》一卷，宋虔州金精山人廖禹著，豫章栗塢伯才甫彭大雅集，明江左再謫仙人李思聰校。《堪輿雜著》一卷，明再謫仙人沮修李思聰著，門人子墨葉文賦、在璞王璉同校。《楊公金剛鑽本形法葬圖訣》一卷，明再謫仙人訂閱，蓮渚野叟校刻。《堪輿漫興》一卷，明青田伯温劉基撰，金陵沮修李思聰訂，吳興君亮朱汝賢次。《葬經真本》一卷，明再謫仙人重訂，蓮渚野叟校刻。《博山篇》一卷。黄妙應著，李思聰訂。

雙劍閣集地理人天眼目九卷

明豐城賓湖李迪萬一編述，子李琨邦礪、李瑜邦全參補，天都外史程懋易無過校閱。萬曆癸卯刊本。白口，單邊。每半葉十行，行二十四字。首有程懋易序。全書分篇立論，並列圖式，搜輯群書，證以其生平經歷。書成而萬一旋卒，其子邦礪、邦全訂補，始克印行。亦堪輿家參考之一善本也。

新刊理氣詳辯纂要三台便覽通書正宗六卷

題「萬年月潭山人柯珮編集，門人寒竹山人林紹周校正，男承竹林維松補遺，閩建邑書林文台余象斗繡梓」。明刻本。半葉十五行，行三十字。每卷有圖。卷六末有「雙峰堂余文台梓行」牌子。卷一《家傳遁甲奇門二十四用脩方天機祕要圖》，爲諸葛亮遁甲奇門法。卷二《陰宅論圖》，爲郭朴遷穴吉乘生氣。卷三《種蒔栽植圖》，爲玄德達時勢以治蔬。卷四《五運六氣圖》，爲軒轅觀星辰、辯運氣。卷五《行喪立方相法圖》，爲孫子行喪衍數出城。卷六《番禽圖》，爲輝山宋氏詳纂曆法。有「虞山顧氏鑑藏金石書畫」朱文方印、「虞山顧氏珍藏」朱文長方印、「嚴濤書印」白文方印。

靈棋經一卷

不著撰人名氏，題「晉顔幼明、宋何承天注，元陳師凱、明劉伯温解」。舊鈔明嘉靖庚申監察御史樊獻科校刻本。首列樊序，次序卦，次唐李遠舊序，再次爲劉基經解序。按是經與《焦氏易林》相似。顔、何注重推驗，陳、劉則闡易理。前有象，後有詩。

讀織錦回文法一卷

明刻本。題「釋子起宗道人分讀，文學邑人康萬民無沴增讀，文學邑人康禹民水衡又增讀」。前有唐武后《織錦回文記》、明南阿山人康吕賜合刻蘇若蘭《織錦回文璇璣圖詩》暨諸讀法識言。後有弘治丙申懷鳳山人仇東之跋、吴門沈華重刻跋。《四庫》著録亦即是本也。

筠軒清閟録三卷

明董其昌撰。舊鈔本。前有陳繼儒序。是編考論法書名畫及一切古玩，俱有根據，而非憑空影響之談。

鳴野山房彙刻帖目四卷

山陰沈復粲霞西輯。傳鈔本。霞西著作甚富，鑒賞亦精，此就所藏棄者入録，分元、亨、利、貞四集。

方氏墨譜六卷

明方于魯撰。萬曆間刻本。前有汪道昆、李維楨、王穉登、潘之恒序，莫雲卿《墨言》、屠隆《方建元傳》、汪道會《墨賦》、太函氏《墨表》，汪伯玉、王世貞、王敬美、徐懋吳《墨評》，來相如、徐桂、俞策、錢允治、朱多炡贈詩，王世懋、王穉登書，袁福徵《墨按》，汪道貫《墨書》。後有泰茅氏《遺建元書》、方宇書後、潘子恒《水母泉記》，王世貞、汪道貫、馮珣《墨贊》。于魯初名大澂，晚乃以字行，更字建元，新都人。始爲墨市，受學於汪伯玉而業進。繼受知於王氏二美而神愈王。其爲墨象凡五，曰規、曰矩、曰珽、曰圭、曰雜珮。象所取義六，曰國寶、曰國華、曰博古、曰博物、曰太莫、曰太玄。圖爲丁南羽、吳廷羽所製。子嘉樹，能世其業。

曼生壺譜一卷

楊彭年製茗壺二十品，小迂作圖，頻迦、曼生著銘，朱石梅雙鈎本，楊石卿題贈上元孫澄之先生者。有「銕壺盧」白文方印、「朱堅之印」白文方印、「石某父」朱文方印。

楊氏曰：曼生司馬壺譜藏之行篋已廿餘年矣，檢以奉贈澄之仁兄鑒賞，楊鐸題識。

百菊集譜六卷補遺一卷

宋山陰史鑄著。明新安程榮校刻本。前有淳祐壬寅自序。是譜卷一爲洛陽品、虢地品、吳中品、石湖品。卷二爲禁苑及諸州品，列諸譜外之名。卷三爲種藝、故事、雜説、方術、辨疑、古今詩話。卷四爲歷代文章、唐宋詩賦。卷五爲胡融《譜》、菊名、栽植事實、張南軒《菊賦》、杜甫詩以甘菊名石決。卷六（體）題新詠集句詩。逮淳祐庚戌，續編《補遺》一卷。毛西河檢討藏書，有「毛奇齡印」白文方印、「西河」朱文長方印。

自序曰：萬卉蕃廡於大地，惟菊傑立風霜中，敷華吐芬，出乎其類，所以人皆貴之。至於名公佳士作爲譜者凡數家，可謂討論多矣。鑄晚年亦愛此成癖，且欲多識其品目，未免周詢博采，有如元豐中鄞江周公師厚所記洛陽之菊二十有六品，即《洛陽花木記》。崇寧中彭城劉公蒙所譜號地之菊三十有五品，淳熙乙未省郎史公正志所譜吴門之菊二十有八品，淳熙丙午大參范公成大所譜石湖之菊三十有六品，近而嘉定癸酉吴中沈公□乃摭取諸州之菊，及上至于禁苑所有者總九十餘品，以著于篇，《菊名篇》第四。亦一譜也。凡此一記四譜，俱行於世。此外又有文保雍一譜，求之未見。鑄自端平至于淳祐凡七年間，始得諸本。且每得一本，快覩諦玩，竊有疑焉。如九華一品，此正供淵明所賞者也。在昔先生所植甚多，嘗以是形於《九日》詩序，今也幾歷千載，其名猶聞於杭越間，流芳不絶。然愚求於記譜中，奈何皆闕之？豈彼四方之廣土，此品未嘗有邪？豈道里限隔，此名或呼之異邪？豈群賢作譜，採訪有所未至邪？胡爲品目之未備？吁，可怪也！於是就吾鄉遍涉秋園，搜拾所有，悉市種而植之，俟其花盛開，乃備述諸形色而紀之。有疑而未辨，則問於好事而質之。夫如是，則古稱九華者於斯復見矣。且至於四十品，若濫號假名者不與其數。是爲《越譜》。至此一記五譜，班班品列，名曰《百菊集譜》。今去其重複，凡有百六十三品。今則特加種蓺，與夫故事、詩賦之類畢萃於此，庶幾可以併廣所聞云。時淳祐壬寅夏五既望，愚齋史鑄序。

《菊史補遺》跋曰：前編始成，愚乃標之爲《百菊集譜》。因同里判簿兆偉伯見之，乃裒以佳名曰《菊史》。續又有古人江奎詩有「他年□若脩花史」之句，高疎寮有《竹史》之作。但鑄才疏識淺，所愧不足聯芳於前賢。乃者物府察盧舜舉諱選録示《黄華傳》，近又蒙同志陸景昭假及《鞠先生傳》，今故併行校正，列於《補遺》卷端，戲表此編濫有稱史之名耳。時淳祐庚戌歲季春吉旦，愚齋史鑄顔甫識。

銜蟬小録八卷

仁和女史孫蓀意輯，績溪程秉釗校補。嘉慶乙丑刻本。眉上行間手書殆遍。蓀意，原名琦，字苕玉，蕭山高穎樓明經第室。愛貓，年十七即輯有是録。穎樓憎貓，夫婦作詩互相諧謔，亦閨房倡和韻事也。苕玉工詩詞，爲洪稚存女弟子，著有《貽硯齋》駢體文古近體詩、《衍波詞》、《燕嬉録》、《明氏掖庭記》諸書。穎樓亦有《額粉盦詩集》。秉釗，字蒲孫。光緒庚寅進士，官編修。

穀山筆塵十八卷

明于慎行撰。明刻本。慎行，字行遠，東阿人，《明史》有傳。此其退居穀城山中所作，分三十五類，皆紀一時掌故。

吕氏春秋二十六卷

明嘉靖七年許宗魯刻本。前列高誘序，總目後有鏡湖遺老記。首行題「吕氏春秋第一，高氏訓解」。

次行題「孟春紀弟一」，三行題「本生」、「重己」、「貴公」、「去私」。字多古體。每半葉十行，行十八字。白口，單邊。中縫下記刻工姓名。唐鷀安據嘉興路儒學教授陳泰至正七年刻本用朱筆手校。許序已佚，鷀安未能辨證爲許刻也。又有「翰題讀過」朱文方印、「鷀安校勘」朱文方印。

唐氏翰題曰：嘉興儒學本前有鄭明德元祐序，乃嘉興路總管海岱劉庭榦貞出其父監察御史節軒先生手校本刻于嘉禾學宫者。節軒先生名克誠，字居敬，累贈至禮部尚書。在目録後。

又曰：是本校刻極精審。以校元至正本，無甚軒輊，當爲初明人所刻，故肊改之處甚少。惜不著其本及刊校年月、姓氏，無從辨證耳。戊辰四月六日，記於抱山樓。在目録後。

又曰：元刊本爲拜經舊物，值昂不能得。借校至此，以索者甚亟，而異同之字通十卷中無幾，則是本之善可知也，遂歸之。丁卯四月十日記。在卷十末。

初學記三十卷

明晉府重刻本。目録題「唐光禄大夫行右散騎常侍集賢院學士副知院事東海郡開國公徐堅等奉勑撰」，每卷題「唐集賢學士徐堅等撰」。首有劉本序。每半葉九行，行大十八字，小字雙行二十四字。黑口，單邊。有「浙東沈德壽珍藏印」白文長方印、「吳興抱經樓藏」朱文方印。

事類賦三十卷

題「宋博士渤海吳淑撰註，元學士廣平王磐校勘」。元刻本。每半葉十二行，行二十字，小字雙行。

白口，單邊。首有宋紹興丙寅邊惇德序，次《進註事類賦狀》。卷分天、歲時、地、寶貨、樂、服用、什物、飲食、禽、獸、草木、果、鱗介、魚、蟲諸部。淑，字正儀，丹陽人，《宋史·文苑》有傳。

唐類函二百卷

明俞安期撰。萬曆癸卯刻本。是書集唐人類書而成，大抵主之率更而以永興爲輔，名曰《類函》。吴槎客《桃溪客語》云，宜興故多盜，安期嘗載百十部以出，中道被掠，追捕久無所獲，乃復印數十部，以紅字目録印書側鬻之。未幾，盜書亦出，以無紅字詰之，遂首伏。人多其智，好事者争買紅字本，以此乃大售。此本初印清朗，其書根紅字，猶隱約可見也。

詩雋類函一百五十卷

明俞安期彙纂，梅鼎祚增定，曹學佺訂校。萬曆己酉刻本。前有李維楨、焦竑、顧起元序。其稱「詩雋類函」者，以上自皇古，下逮唐季，取其詩之雋永有味，或辭之雋、意之雋、事之雋、句法之雋，可備作詩者之采擷，分門比類，彙爲一函耳。怡府藏書，有「明善堂覽書畫印記」白文長方印、「遼海祝氏」朱文方印、「吴印乾生」白文方印。

啟雋類函一百卷

明俞安期彙編。萬曆戊午刻本。前有鄧渼、李維楨序。安期於萬曆癸卯先成《唐類函》二百卷，後於萬曆己酉續成《詩雋類函》一百五十卷。兹編先古體，取東漢魏晉以下牋、啟、奏、記，簡質古雅之文，次近體，取唐宋以下至明人之啟，若表、奏、聯珠，爲近時所尚者，均以類彙從焉。首列李國祥撰《啟雋職官考》五卷。

新刻旁注四六類函十二卷

明刻本。題「浙姚朱錦類選，中都徐榛校閲，洪都閔師孔旁注，宛陵許以忠編正，繡谷王世茂參訂，南部吳繼武梓行」。前有方大鎮序。按：許以忠，字君信，爲吾邑人，由儒士官至户部山東清吏司主事。肆志古學，同時與孔願之、張孟雨友善，以翰墨駢儷文爲世所稱，其名在屠赤水、王百穀諸人間。所選故事、四六書，北方學者争相誦習。著有《愛日齋詩集》。《南陵縣志·文苑》有傳。

車書樓彙輯各名公四六争奇八卷

明刻本。題「春穀許以忠君信選，金谿王世茂爾培校」。前有萬曆庚申孟夏秣陵程堯功序。春穀爲南陵，漢舊縣。君信，吾邑人，明山東清吏司主事，縣志《文苑》有傳。

程堯功序曰：今之淺嗜墨兵者，嚼蠟乎膚言，揚揚詡詡，自居作者之場，且曰王之青箱、杜之武庫悉載腹笥中，龍蒸虎蔚，若弈之巧奪秪心，神輸羊體，亦託以爲奇已。彼烏知夫著述者，胸羅二酉，方許升堂，技乏三長，疇能破的？又況乎汗牛繁甚，而甕天牖日之見不可局也。辭命之制，寧直影響裨諶謀野之名，將柔翰爲災，而以魚目溷明月也乎？是必躭蠹癖者有年，籍習蘭臺，書繙藜閣，即不克隻字，三絹是重，而鄴架所獲，靡非祕寶。夫然後思乃玄，語乃粹，筆花一灑，竿牘上粒粒皆隋珠也。故《白雪》一歌，遂空下里之群，非溢滿而然耶？養恬君蓄有四六奇言，將付梓人以鬻于市，一朝授簡，俾勒其狀。展讀之，恍亦似張華三十乘中所采也，其宗旨俱自墳典中來，拔秀揚芬，鑿鑿可式，以爲有剪裁而未始無繩尺，以爲有關鍵而未始無波瀾，一吐一吞，極盡風雲之態。所云蘭臺、藜閣之精，括之殆盡，管窺之或見其爲筌爲蹄，而不知一泒。鼓吹爲蓺圃之赤幟，其用小；爲詞人之指南，其用大。凡士大夫之抒悃陳情，罔有不寄徑于兹已。其奇而朗者，芒引乎星辰；其奇而壯者，氣凌乎河嶽。其奇而巧者，嚶嚶異鳥而調春；其奇而新者，郁郁丹英而含露。其奇而古者，商彝周鼎之色澤；其奇而雅者，彈絲吹竹之聲音。至若排偶之諧律令，韵致之叶徵羽，變幻之合陰陽，則又其唾餘焉耳。卓哉是集，不千金而争以爲奇駿，不萬鎰而争以爲奇璞，懸之國門，誰不謂其奇而奇之？標其名曰《四六争奇》，信乎信乎！具法眼者收而珍之，則紺珠在手，不復問奇子雲矣。時萬曆歲次庚申孟夏上浣之吉，秣陵程堯功題于吟弄齋中。

雲僊雜記十卷

唐金城馮贄編。影鈔明新安黄正位校刻本。翰林院藏書，有翰林院印，夾有書籤，鈐「總辦處閲定擬鈔録」木記、「臣昀臣錫□恭閲」朱文長方印。舊爲瓶花齋藏，有「瓶花齋」朱文橢圓印、「吳玉墀印」朱文方印、「吳蘭林西齋□籍刻□」朱文方印，又「李氏山房」朱文長方印、「夢鳥軒」朱文方印。武昌徐行可寄贈并跋。

徐氏跋曰：《藝海珠塵》「革」集有此書，闕序目。卷一挩「夢裁錦」、「袖裏春」二則；卷二挩

「煙姿玉骨」、「日精火筋」、「如兩儀」、「羔羊揮淚」四則；卷五挩「待闕鴦鴛社」一則；卷六全闕；卷七挩「藏盤筵于水底」一則；卷九挩「鷸蚌」、「嫠娘」、「螳螂搏輪」、「金卮玉階」、「通神錢」、「副急淚」、「須髯如戟」、「田舍翁十斛麥」、「赤鳳皇」九則；卷十倒置卷七前，復挩「冰山」、「粲花」二則。乙丑仲春，以此本寄詒積餘道丈，取《珠塵》本斠讀一過，記其奪文于此卷尾。武昌徐恕。

泊宅編十卷

宋方勺撰。明覆宋本。半葉十行，行十九字。白口，單邊，中縫下間記刻工姓名。勺，字仁聲，金華人，後徙居烏程之西溪。溪有張志和泊舟處，故名泊宅村，遂號泊宅村翁。是編爲其時所作，載元祐迄政和間朝野遺文軼事，摭拾甚多。丹陽洪興祖序之。《四庫》著録爲明商濬刻《稗海》三卷本，已非宋槧之舊。此本十卷，與《宋史・藝文志》所載卷數合，係罕傳之祕笈也。前有金甸華録《嫠書》一則。有「馮武之印」白文方印、「馮印守謙」白文方印、「潘氏桐西書屋之印」朱文長方印、「茱坡長物」朱文長方印、「茱坡」朱文圓印、「莫棠」、「楚生」兩朱文方印、「銅井寄廬」朱文方印、「獨山莫氏圖書」朱文長方印。

《嫠書》：後宋有方勺者，字仁聲，金華人。徙居烏程泊宅村，村故志和泊舟地，以志和故得名。王侍郎漢之因號勺曰泊宅翁，而爲之讚曰：形色保神，環無初終，粉飾大鈞而爲之容，是曰泊宅之少翁。潘默成謂其神情散朗，如晉宋間高士。晚得官，無仕進意，築庵西溪，以衛生爲事。詩文雄深雅健，近古作者。作詩贈之，又有「他年一櫂江湖去，先向蒼溪問葛洪」之句。著《泊宅編》十卷，今傳。金匈華識。

穆天子傳六卷

晉郭璞注。前有荀勗序，又元至正十年北岳王漸玄翰序。舊寫明范欽訂刻本。吴志忠過録袁廷檮校影宋本，復據各書校之。莫楚生藏書。有「莫棠」朱文聯珠印、「銅井山廬藏書」朱文方印，「莫棠之印」白文、「楚生」朱文兩方印。

妙道人記曰：是本《穆天子傳》，向從五硯樓歸來，其硃校影宋鈔本，即五硯樓主袁綬階筆也。近閲洪頤煊校正本尚多未是，因就各書繙繹引用之語，隨記上方，塗抹將滿，不可卒讀，移注於此册。洪所妄校者去之，不復録。有所未盡，異日當細審之耳。道光十年夏四月朔。

莫氏曰：寫本《穆天子傳》六卷，從明范欽本出，而妙道人移録袁廷檮據景宋鈔本校者也。道人復録各書引用之語，摘記上方，又取洪頤煊校《平津館叢書》本之是者，綴以己見，一一詳注，可稱善本矣。景宋鈔本見張金吾《藏書志》，洪氏校本固未見，即同時侈收藏如黄蕘圃者，其《題跋記》中載此書亦未嘗及，則希有可知。張本不知今猶存否，此校固宜珍祕也。光緒戊戌九月得之吴下，重裝題記，他日更當求妙道人名氏爾。

又曰：頃讀葉編修昌熾《藏書紀事詩》，知妙道人吴氏，名志忠，字有堂，吴人。家世蓄書，世所稱璜川吴氏者也。刻書甚多，覆宋本《四書章句集注》最精，後附考證尤善。庚子二月，楚生。

□竹藏板三教源流搜神大全七卷

不著撰人姓氏。明刻本。每半葉十四行，行二十八字。白口，單邊。内分儒氏、釋氏、道教三教源流。每段前列畫像，後繫小傳。江陰繆氏《藝風堂藏書記》著録云爲元刻，並載行款，每半葉十四行，行二十四字。按是書「天妃娘娘」一則載「我國初成祖文皇帝七年，中貴人鄭和通西南夷，禱妃廟，徵應如宋歸命。遂敕封護國庇民妙靈昭應弘仁普濟天妃，賜祠京師，尸祝者遍天下焉」等語。成祖遣鄭和通西南夷係明永樂年間事，即俗傳三寶太監下西洋是也。又「蕭公爺爺」一則載：「宋咸淳間爲神，大元時以子蕭祥叔死而有靈，合祀于廟。皇明洪武初，嘗遣官諭祭。永樂十七年，其孫天任卒，屢著靈異，亦祀於此。」則是刻在明永樂十七年後矣。長沙葉郎園影刻是書，即借繆氏藏本。曾編入《麗樓叢書》，劉肇隅編《葉氏刻書提要》亦云明刻，并謂毛氏《汲古閣珍藏祕本書目》載有元板《繪圖搜神廣記》前後集二卷，此明時據以改題，加入當時諸神封號。頗有見地，然係虚擬之詞。今據書中「天妃娘娘」、「蕭公爺爺」兩條，其爲明刻益信〔三〕。繆氏以爲元槧，殆誤。又此本行款爲二十八字，繆氏亦誤記爲二十四字也。有「文軒鼎書」朱文長方印、「徹玄」朱文方印、「荃孫」朱文長方印。

唐玄宗御注道德真經四卷

舊鈔本。莫郘亭以易州石幢唐刻校之。《宋元舊本書經眼録》未著録。有「莫友芝圖書記」朱文長方印，「友芝私印」、「莫氏子偲」朱文兩方印。

莫氏跋曰：此寫本同治丁卯秋吴門所收，蓋出于《道藏》者。庚午中夏，來維揚書局，以易州石幢唐刻校之，記其異同。寫本固多誤，亦有時可正石本處。十八日雨中燭下，郘亭。此跋題在卷末。

又曰：《集古録目》有《唐明皇注道德經》，云：經玄宗書，注皇太子紹及慶王宇等奉敕書。初，開元二十四年，玄宗已注《道德經》，道門司馬秀等奏請兩京及天下應修官齋等州造立石台刊勒經注，此行有誤字，檢歐集查。弘農太守趙冬曦立在閿鄉。

又曰：按閿鄉刻石今逸。當時刻此經注非一處，今唯存易州一幢，無書人。或以爲蘇靈芝，審其字畫不精，且時有脱衍，惟題額大字獨工，或道流所書，而靈芝爲署額也。以上二節另紙書，并鈐「莫氏子偲」朱文小方印，今粘於書首。

元始説先天道德經注解五卷

宋息齋道人李嘉謀撰。萬曆乙亥重刊《道藏》本。每半葉九行，行二十字。前有嘉靖丙寅龍陽山人序及勺谿山人李栻刻書序。是書分《妙》、《玄》、《神》、《真》、《道》五篇，合五千言，與老子《道德經》並傳。收藏有「小李山房圖籍」白文方印。

真誥二十卷

梁陶弘景造。明俞安期訂甲辰重校刻本。每半葉九行，行十七字。白口，單邊。書本十卷，入《藏》時分作二十卷，俞氏即依《藏》本雕刻。每卷末附音釋，辨譌、考訂文字極精審。是書爲惠氏紅豆齋舊藏，首有「惠棟之印」白文方印、「字曰定宇」朱文方印。

雲笈七籤一百二十二卷

宋張君房輯。明張萱訂刊本。半葉九行，行二十字。白口，單邊。前有君房自序。是書采掇道書精要共萬餘條以成，因三洞四輔道家舊目通稱「三洞真文」，總爲七部，故名「七籤」。板心有「清真館」三字，蓋萱自號清真居士也。舊爲王述庵藏書，有「青浦王昶」白文方印、「琴德一字蘭泉」朱文方印、「三泖漁莊」白文方印、「舊山樓」朱文方印、「趙氏小曼」朱文方印、「鐵如意齋」朱文方印、「濟陽文府」朱文長方印。

魏伯陽大丹鉛汞真口訣一卷附七十二神丹祕密真訣一卷

明藍格鈔本。有「畢沅之章」白文方印、「秋颿」朱文方印。按：魏伯陽有《七返丹砂訣》，黄童君注解，内歌十首，言丹砂藥物，見明白雲霽《道藏目録詳注》。

廣成子解一卷

題「廣成子著，宋蘇軾解，明范欽訂」。明天一閣刻本。每半葉九行，行十八字。白口，單邊。

梓潼帝君化書一卷

明刻本。每半葉九行，行二十字。白口，雙邊。前有成化十三年二月十五日皇帝勑諭，次《御製護國文昌帝君廟碑》，梓潼帝君降筆《戒士子文》、《勸行社倉文》、《勸敬字紙文》，宋開禧三年《紫府飛霞洞記》、《清河内傳》，宋淳熙寶屏山《七十三化事蹟序》，紹熙英武昭惠靈顯威濟忠贊王崇應大帝季續《九十四化事蹟序》、《紫府飛霞洞記》。後有弘治十年濟南王敕跋。

太上感應篇經傳一卷

明刻本。每半葉八行，行十七字，小字雙行。白口，單邊。

太上感應篇八卷

宋西蜀李昌齡傳，四明鄭清之贊。明萬曆肆拾年新安金氏惇敘堂重刻吳郡歸氏倣宋本。每半葉七行，行十七字，小字雙行。白口，單邊。前列鄭清之進表及宋理宗御書「諸惡莫作，衆善奉行」二語。有明永樂二年天台縣知縣盧陵康彦民序、萬曆壬子金秋校刻跋并授子孫囑語。後有宋寶慶三年真德秀跋、明萬曆丁丑歸大賓再梓跋。

太上感應篇會解二卷

題「仁和聞于廷乃賡輯，祝華封堯觀删，錢塘陸之超倚峒參閱，陸之遇較鐫」。明崇禎刻本。前有董其昌序、陳繼儒序、陸之越緣起。後有陸之遇跋。

太上説三官經一卷

明梵夾本。每半葉五行，行十五字。卷末有「金宣印造一千卷，正德二年正月十五日散施」題記。

唐義烏駱先生文集六卷

唐駱賓王撰，明烏程陸宏祚、仁和虞九章、錢唐童昌祚仝訂釋。明萬曆辛卯刻本。每半葉九行，行大字十八字，小字雙行。白口，單邊。中縫下鐫有刻工姓名。首汪道昆序，前列本傳。附録唐郗雲卿序、孟棨《本事詩》、宋劉定之説、《唐詩紀事》，明楊升庵、徐獻忠、王鳳洲諸説。

鼎鐫施會元評注選輯唐駱賓王狐白三卷

唐駱賓王撰，明施鳳來釋，林世選閲，書林余文杰梓。明萬曆間刊本。每半葉十行，行大字二十一字，小字雙行。白口單邊。書共三卷，上卷頌類、賦類、序類、表啟類，中卷書類、雜著類、檄類，下卷五言古詩、律詩、排律、五言絶句、七言古詩。絶句首列林世選序，前附本傳及《譚藪》，内爲唐郗雲卿説、孟棨《本事詩》説。書眉及詩文每篇皆有評注圈點，并采林季翀、秦伯起、黄毅庵、李久我、楊升庵、张二水、葉臺山、許子遜、王鳳洲、袁了凡、茅鹿門諸家之説。後附牌子。

龍飛萬曆新歲
自新齋余泰垣繡梓
仲冬穀旦謹題

李翰林集三十卷

唐李白撰。宋咸淳刻本。每半葉十行，行二十字。白口，單邊。前二十卷詩，後十卷文。目録連屬正文。次行題「翰林供奉李白」。前有江萬里行書序。後有天台戴覺民跋。內弟劉蔥石參議曾據以覆刻。有「胡嗣運」白文方印、「鵬圖」朱文方印、「胡會之印」白文方印。

杜工部集五十卷文集二卷外集一卷年譜一卷

唐杜甫撰，蔡夢弼集録。無注，年譜爲陳子櫟補訂。每半葉十行，行二十字。白口，單邊。行款、字體均與宋咸淳本《李翰林集》同，蓋當時合刻本也。李集尚有流傳，杜集罕見著録。吾友張石銘有之，編入《適園藏書志》。

徐公文集三十卷

宋徐鉉撰。影宋鈔本。每半葉十行，行十九字。高七寸二分，寬五寸八分。白口，單邊，口下有刻工姓名。字徑四分。宋諱闕筆至「桓」字止，「構」、「遘」等字注「今上御名」。行狀「構」字注「太上御名」，「慎」字注「御名」，蓋孝宗朝補刊，全書不如此也。每卷有目，連屬篇目。首列天禧元年胡克順進書表、宋真宗答敕、陳彭年序。末附行狀、墓誌、祭文、輓詞及晏殊後序、紹興十九年知明州軍州事徐琛重刊序。各家傳鈔皆從此出，宋刻自元明以來遞藏內府，今已流入東瀛，則此爲孤帙矣。

宋濂溪周元公先生集十三卷

題「舂陵拙吏龍城後學航普李嵊慈元穎父纂」。明天啟四年甲子刻本。前有嵊慈自序。時官道州知州，營道故濂溪先生闕里。嵊慈得舊本於先生後裔，删其繁蕪於黄本，而所掛漏者稍爲增益，閱日月而始成，頗勤心力焉。每半葉十行，行二十一字。白口，雙邊。

范文正公集四卷

宋范仲淹撰。宋乾道饒州路刻。殘本，存卷一至卷四，共四卷。每半葉十二行，行二十字。中縫下記刻工姓名。據陸氏《皕宋樓藏書志》云，綦焕跋後有「嘉定壬申仲夏重修」一行。蓋宋乾道刻本，淳熙補刻，嘉定又修補也。元天曆刊本即從此出，行款皆同，惟字體有方圓之别耳。卷中有「宗亮幼儀」朱文方印，「東□曾五」朱文亞形方印。

文與可詩集七卷

宋文同著。明潘是仁刻《宋元名家詩集》本。全集凡北宋十七人、南宋二十人、元初二十一人、元末十一人，流傳極罕。

東坡先生禪喜集四卷

明刻本。是集爲徐長儒彙集蘇公談禪之文，心空居士唐文獻刻之。前有陸樹聲、陳邦泰序，卷末題「謝山樵隱陳邦泰大來書」。每半葉八行，十八字。白口，單邊。

雙溪文集十七卷

題「宋軍器大監金紫光禄大夫婺源縣開國男食邑三百户王炎著」。明嘉靖十三年癸巳裔孫懋元刻本。前有潘滋、鄭昭先二序。每半葉十行，行二十一字。白口，單邊。中縫下有刻工姓氏。是集傳世有三刻，一《四庫》著録萬曆丙申王鏻刻二十七卷本，一康熙間族孫祺等刻十二卷本，一即此本也。

鐔津文集二十卷

宋藤州鐔津東山沙門契嵩撰。集分《原教》、《廣原教》、《孝論》、《皇極論》、《中庸解》、《問兵》、《問霸》、《論人品》、《非韓》三十篇并書、記、誌等。前有陳舜俞《鐔津明教大師行業記》。每卷附音釋。明南京聚寶門外雨花臺經房孟洪宇印行。梵夾本。每半葉六行，行十七字。

梅亭先生四六標準二卷

宋李劉撰。元刻殘本。每半葉十行，行十九字。黑綫口，單邊。中縫上記字數。首行題「梅亭先生四六標準卷之幾」。舊刓改卷之三、卷之四，今存二卷。有「汪士鐘藏」白文長方印、「秋浦」朱文長方印。是書朱氏《結一廬書目》云四十卷，元刻本，天一閣藏書。按：范氏《天一閣書目》著録爲二十卷，藍絲格鈔本，首卷已殘。蓋結一廬所藏非天一閣本也。

雪巖詩集三卷

宋宋伯仁著。明潘是仁刻《宋元名家集》之一。葉焕彬《郎園讀書志》著録。

花蕊夫人詩集一卷

宋花蕊夫人費氏著。明潘是仁刻《宋元名家詩集》之一。葉定侯藏書，葉焕彬《郎園讀書志》著録。

斷腸詩集四卷

宋朱氏淑貞著。亦明潘是仁刻《宋元名家詩》之一。《郘園讀書志》并著録。

存心堂遺集十二卷

題「元處士淵潁先生吴萊著，明學士門人宋濂編，後學晉陵莊起元重編，惲應明同編，十世孫晚校」。明萬曆九世孫邦彦重刻本。前有莊起元序，次列嘉靖元年祝鑾序，元胡翰、劉基、胡助三序。後有男士謂跋，附録宋文憲撰碑文謚議一卷。有「玉函山房藏書」朱文方印、「葉氏德輝鑒藏」白文方印、「觀古堂」朱文方印。

山窗餘稿一卷

元甘復撰。復，字克敬，餘干人。影鈔明成化癸卯趙琥刻本。前有劉憲序，稱其文根據道理，沖融閑雅，灑然山林氣象。詩則俊逸清奇，淩駕鮑、謝。克敬與張可立、甘彦初皆前元遺才，文學同爲士林推重，而張蛻庵尤加重焉。後有趙琥跋。《四庫》著録爲鮑士恭家藏本，僅有琥跋，不載憲序，蓋展轉傳鈔散佚也。

陽明先生文録五卷外集九卷别集三卷附傳習録三卷傳習續録二卷

明王守仁撰。萬曆癸巳陳效重刻本。前有嘉靖黄綰、鄒守益二序。每半葉十行，行二十字。白口，雙邊。

重刻張來儀靜居集四卷

題「潯陽張羽來儀著，高安陳邦瞻德遠訂，新都汪汝淳孟樸校」。明萬曆中刻本。

楊升菴先生長短句四卷楊夫人樂府詞餘四卷

明刻本。德清徐孚遠序。

徐昌穀全集十六卷

題「明吳郡徐禎卿昌穀著，後學周文萃、孔章校」。萬曆己未重刻本。前有文萃自序。每半葉九行，行二十字。中縫下有「松濤閣」三字。每卷末題「曾孫徐允元善長授茂苑朱柱文君襄書」。有「陸魚亭藏閱書」朱文方印，「杭州譚儀中儀氏」白文、「復堂」白文兩長方印，「復堂所藏」朱文、「譚獻」白文兩方印，「費印以群」白文、「穀士」朱文兩方印。

白榆集賦詩八卷文二十卷

明屠隆撰。萬曆庚子刻本。隆，字緯真。初刻有《由拳》、《栖真》兩集。是書詩集如《遼陽曲》、《薊門行》、《寄胡從治》、《登檀州》、《登古北城》、《薊遼大捷》、《鐃歌》、《古北口歌》，文集如《名公翰藻序》、《劉魯橋文集序》、《劉子盛澹思集序》，俱有違謬，乾隆間奏請抽燬。今各篇尚存。

輸廖館集八卷

明范允臨著。明刊本。每半葉十行，行十八字。白口，單邊。允臨，吳郡人，字長倩。萬曆進士，仕至福建參議。工書畫，與董其昌齊名。歸築室天平山之陽，故人及四方知交之來吳者，恒與遨遊山水間。卒年八十四。集分詩、詞、文，爲八卷。其妻徐媛亦著有《絡緯吟》，允臨爲序而刻之。有「尺五樓吕氏聚書印」朱文長方印。

絡緯吟十二卷

明徐媛撰。明刊本。白口，單邊。每半葉八行，行十八字。首列其中表董斯張、夫范允臨、弟徐洌等序。書凡十二卷，卷一賦、楚辭、四言詩，卷二五古，卷三七古，卷四五律，卷五五排，卷六七律，卷七五絶，卷八七絶，卷九詩餘，卷十詞餘，卷十一序、傳、頌、誄、悼詞、祀文、祭文，卷十二尺牘。媛，字小淑，蘇州人，副使范允臨室。錢謙益《列朝詩集》謂其多讀書，好吟詠。與寒山陸卿子倡和，稱「吳門二大家」。其詩詞《列朝詩集》、《衆香詞》、《瑶華集》曾甄録之。

鍾山獻四卷

題「鍾山女子楊宛宛叔著」。明天啟玄穡居刻本。凡詩三卷、詞一卷。前有茅元儀止生序志曰：「鍾山有女子獻，今之刻亦鍾山女子獻之天下以及後世者也。」次傅汝舟序。宛爲金陵名妓，年十六即歸元儀。能詩，有麗句，善草書。虞山《列朝詩小傳》以宛晚節不終，譏其墮落。然牧翁亦自不免，何獨責之青樓一女子乎？斯集傳本甚稀，績溪詞人汪詩圃淵所贈。詩圃又輯其遺詩爲《補遺》一卷。

敬業堂集五十卷附續集六卷

海寧查慎行撰。慎行，字悔餘，初名嗣連，字夏重，晚號初白。其著斯集共五十卷。首列婁東同學弟唐孫華序。乾隆中刻本。内分《慎旃集》三卷，《耑歸集》、《西江集》合一卷，《踰淮集》一卷，《假館集》二卷，《人海集》一卷，《春帆集》一卷，《獨吟集》一卷，《竿木集》、《題壁集》合一卷，《橘社集》一卷，《勸酬集》一卷，《溢城集》一卷，《雲霧窟集》一卷，《客船集》、《并轡集》合一卷，《冗寄集》一卷，《白蘋集》、《秋鳴集》合一卷，《敝裘集》、《酒人集》合一卷，《游梁集》一卷，《皖上集》一卷，《得樹樓集》、《近游集》合一卷，《賓雲集》一卷，《炎天冰雪集》、《垂橐集》合一卷，《杖家集》一卷，《過夏集》一卷，《偷存集》、《緡經集》合一卷，《赴召集》一卷，《隨輦集》一卷，《直廬集》一卷，《考牧集》一卷，《甘雨集》一卷，《西阡集》、《迎鑾集》合一卷，《還朝集》一卷，《道院集》一卷，《槐簃集》二卷，《棗東集》一卷，《長告集》一卷，《待放集》一卷，《計日集》一卷，《齒會集》一卷，《步陳集》一卷，《吾過集》一卷，《夏課集》、《望歲集》合一卷，《粤游集》二卷，《餘波詞集》二卷。全書據查氏手定本過録，皆經圈點，并有諸名人評識。《慎旃集》卷二下末有陸辛齋先生評，卷尾云「萬里從軍，正是書生失路。全卷本意乃往往在吟嘆之外，殊得古人身分」等語。《假館集》卷一首有「《假館》諸篇，較《逾淮集》絶勝，細讀亦當自知之」等語。《人海集》卷首有「東坡詩『惟有王城最堪隱，萬人如海一身藏』」等語，卷末有陸評云「此卷詩真樸有味，自此以下進而益工，火候愈到矣」等語。《獨吟集》卷首有「此卷照水邨先生評本」等語。《竿木集》卷首有「此卷照太史手定本圈出」等語。《橘社集》卷首有「此卷照東江先生圈本」等語。《勸酬集》卷首有「此卷照太史原藁評本」等語。《溢城集》卷首有「此卷照東江先生及查浦先生評本，凡系『唐云』二字皆東江本」等語。《雲霧窟集》卷首有「此卷及《客船集》照東江考功及查浦侍講本」等語。《并轡集》卷首有「此集照姜西溟、唐東江兩先生評本」等語。《冗寄集》卷首有「此集照東江考功評」等語。《白蘋集》卷首有「此卷照徐方虎先生圈本」等語。《酒人集》卷首有「此集照東江先生評」等語。《游梁集》卷首有「此卷及《皖上》、《中江》兩集，悉照稿本圈點，參入東江評語」等語。《皖上集》卷首有「此卷照太史手定本圈點」等語。《得樹樓集》、《近遊集》卷首有「此卷依太史手定本」等語。《賓雲集》卷首有「此卷照竹垞先生、東江先生評本」等語。《炎天冰雪集》、《垂橐集》卷首有「此卷照竹垞先生及東江先生評」等語。《杖家集》卷首有「此卷照東江先生評本」等語。《過夏集》卷首有「照東江先生閲本」等語。《偷存集》、《繙經集》卷首有「此卷照太史原稿圈點」等語。《直廬集》卷首有「此卷照汪紫滄先生圈點」等語。《甘雨集》卷首有「此卷亦依汪紫滄先生評點」等語。《西阡集》、《迎鑾集》卷首有「此卷遵竹垞先生評本」等語。《還朝集》卷首有「此卷照太史原藁點定」等語。《道院集》卷首有「此卷照太史原藁點定」等語。《待放集》卷首有「此卷照原稿點定」等語。觀此可知是書之珍貴矣。又附《續集》六卷，内分《漫與集》二卷、《餘生集》二卷、《詣獄集》一卷、《生還集》、《住卻集》合一卷，爲其姪男學開等校刊，無圈點評識，蓋後刻也。

秋錦山房集二十二卷外集三卷附尋壑外言五卷香草居集七卷青蓮館集四卷

《秋錦山房集》，國朝李良年撰。良年，字武曾，秀水人。少與兄繩遠、弟符齊名，號三李。又與朱彝尊齊名，人稱朱李。以國子生召試鴻博，未遇。徐健庵尚書開志局於洞庭西山，聘主分修。斯集詩凡十卷，其時起順治庚子、辛丑間，訖康熙甲戌，凡三十餘年。其道歷之所，南達閩、黔，北絶關塞，中經燕、趙、齊、梁、吳、楚之交，凡數千里。首有其兄繩遠序。皆其子潮偕編校。潮偕識其後曰：右《秋錦山房詩》，先徵士始丙午春、訖甲戌秋所作也。在壬子以前，有《紀歲詩》七卷，曾刻之黔中。踰數歲，更手自删定，所存僅十之七矣。癸丑後間有繕帙，而藁草零紙，散軼殊多。潮偕從敗簏故篋中搜輯，合之舊本，得詩一千二百四十一首，爲十卷，於康熙丙子刻成行世。其詞集二卷、文集十卷，亦潮偕編次，未及剞劂而卒。後其曾孫集館桐谿金氏部秀升家塾，金氏及其姪德輿遂爲開雕印行，并附有尺牘三卷，即《外集》也。《尋壑外言》五卷、《香草居集》七卷，合前詩集總三十六卷。後有其孫菊房題記，論其源流。尺牘亦爲良年所著。《尋壑外言》則爲其兄斯年所著，凡詩四卷、文一卷，卷首有自序及汪琬等原序。《香草居集》則爲其弟符所著，凡詩五卷、詞一卷，卷首有完圃老人、汪琬、曹貞吉等原序。每集後皆有菊房題記。末附有《青蓮館集》六卷，爲其玄孫憲吉所著，由其父號敬堂者開雕，并附全書以行。首有南匯吳省欽序。全書皆經其裔孫遇孫點勘。書首有題記云「詩照家藏批點本過出，是曹頌嘉選本，觀槿公手録。詞照家藏本參六家詞圈本。古文照先大父選本，參徐敬齋二十四家本。《外集》藏鈔本，尋壑、耕客兩公詩文，亦照先大父點本」數行。《青蓮館集》卷末有「照諸桐屿、曹未殷、董東亭、朱笠亭諸先生批本，一二卷底本失去，三四卷評語略述一二」，又有「甲戌八月十三日，遇孫點畢」數行。卷五末有「先君子倚聲，少作學南宋。壬午北行，有詞數十首，仿北宋高調，即下卷所刻也。家藏底本稿止上卷，係先大父動筆，因取以校録一過。甲戌八月十五日，遇孫謹識」數行。全書每卷末或有「某年某月某日遇孫點過」，或「照藏藁過完」數字，皆遇孫手書也。有「梅里萬善堂李氏圖書」朱文方印。

李南澗集

李文藻撰。漢陽葉氏鈔本。文藻，字南澗，益都人。以潘文勤滂喜齋刻《南澗文集》校之，多三十八篇。趙之謙藏書。有「葉名澧」白文、「葉氏潤臣」朱文二方印，「二金蜨齋藏書」朱文方印，又有「世守陳編之家」朱文長方印、「善本圖史清江陳氏匧藏備校」白文方印。

趙氏題記曰：《李南澗集》，漢陽葉氏鈔本。同治十年得于京師，撝叔記。

一燈精舍詩集十卷

何秋濤撰。舊鈔本。秋濤，字願船，福建光澤人，官刑部主事。秋濤博覽傳記，專精漢學，不以門户標異，於經史百家之詞、事物之理，考證鉤析，務窮其源委，較其異同，而要歸諸實用。嘗謂俄羅斯地居北徼，與我朝邊卡相近，乃采官私載籍爲《北徼彙編》六卷，復增衍圖説爲八十五卷，尚書陳孚恩進呈，賜名《朔方備乘》。其甲部稿文集五卷，光緒五年淮南書局爲之刊行。此詩集十卷，係未刊之稿也。

河嶽英靈集

唐丹陽進士殷璠集，明新安黄之寀校訂本。每半葉十行，行二十字。白口，單邊。有「禮培私印」白文方印、「埽塵齋積書記」朱文方印。

玉臺新詠十卷

題「陳尚書左僕射太子少傅東海徐陵字孝穆撰」。明寒山堂趙氏覆宋本。每半葉十五行，行三十字。綫黑口，單邊。前有孝穆自序。後有嘉定乙亥永嘉陳玉父後序。收藏有「振綺堂兵燹後收藏書」朱文、「汪子用藏」白文兩方印。

玉臺文（菀）〔苑〕八卷續四卷

明醴陵江元禧輯。《續編》江元祚輯。自漢魏以迄元明采摭略備。前有天啟壬戌黄光序、韓敬序。《續編》有崇禎壬申葛徵奇序。明刻本。

春秋詞命三卷

明王鏊編輯，周明璵注。明刻本。前有正德丙子夏王鏊自序。

疊山先生批點文章軌範五卷

題「廣信疊山先生謝枋得君直編」。元刻殘本。以「侯、王、將、相、有、種、乎」七字分卷，殘存一、二、五、六、七卷。每半葉十行，行二十二字。黑綫口，單邊。目録中《讀李翱文》、《岳陽樓記》、《歸去來辭》

後有門人王淵濟題識，是此本淵濟悉依疊山編次原本校刊，即批評、圈點一依其舊也。

聖宋名賢五百家播芳大全文粹二卷

宋魏齊賢、葉芬編。宋刻本。存卷第三十二《謝到任啟》、卷第三十三《謝啟》二卷。每半葉十四行，行二十五字。白口，單邊。世間所傳皆鈔本。前有紹熙改元庚戌南徐許開仲啟序。朱竹垞曾見宋本於徐仲章處，今不知所在。莫子偲云見宋刊兩册，或即此本也。

文粹三卷

元刻殘本。存卷廿七下卷、廿八卷、廿九卷，共三卷。每半葉十五行，［行］二十五字。書名無「唐」字，題吳興姚鉉纂，惟宋本卷末題「臨安府今重行開雕《唐文粹》壹部，計貳拾策，已委官校正訖。紹興九年正月日」，今殘佚不可考矣。有「弘農楊氏」白文方印、「紹廉經眼」白文方印。

國朝文類一卷

元刻殘本。每半葉十三行，行二十四字。黑綫口，雙邊。是書元刻有翠巖精舍小字本、西湖書院大字本，此本板式與翠巖本同，今存卷第六十九，末有揭傒斯《李節婦傳》，同西湖本，而爲翠巖本所缺。楊彦合云從翠巖本翻雕，而刊在西湖本初刻之後未補之前，是也。有「牧翁蒙叟」白文方印、「燕譽堂藏書記」白文方印、「王懿榮」白文方印、「福山王氏正孺藏書」朱文長方印。

玉峰詩纂六卷

題「南京太僕寺卿周復俊編，光禄寺署正孟紹曾校刊」。明隆慶壬申刻本。每半葉十一行，行十八字。白口，單邊。前列張文柱序。末附孟紹曾跋、周復俊自跋。所録自晉陸機至明周夢山凡一百二十五人，詩共六百一十八首，每一作者前各繫小傳。張氏序謂：「肇自平原，訖于近代，苞蓄有年，彙成六卷。至于四方賢士紀勝之詠，亦并載焉，題曰《玉峰詩纂》。」玉峰爲江蘇崑山縣别名也。有「山陰張氏三餘軒藏書」朱文方印。

釣臺集二卷

明萬曆刻本。半葉十行，行十八字。白口，雙邊。前有弘治彭韶、鄭紀、胡拱辰、程敏政四序，嘉靖霍韜、廖道南二序，萬曆丙子陳文焕序。後有萬曆十三年楊束重刻後序、萬曆戊戌孫梗續刻跋。按是集初刻十卷，爲龔弘編，鄺才刻，見弘治元年胡拱辰序。再刻爲鄭廷綱、李叔恢屬程敏政增訂，見弘治二年程敏政序。三刻爲吴希孟，見嘉靖十四年廖道南序。四刻爲陳文焕命劉伯潮鼇正輯編。見萬曆四年陳文焕序。此爲知桐廬縣事楊束删補，孫梗續刻。哀集名賢文翰至爲弘富，使子陵高節常垂天壤間，後之覽者，有高山仰止之思也。

書記洞詮一百二十卷

明梅鼎祚禹金纂輯。萬曆丁酉刻本。前有劉鳳序。其訂例略云，書記特命劉勰而無其文，分列昭明而斬於選，繇今溯昔，莫覯成書。今所詮葺，鴻纖綜絜，廣狹畢張，庶備前聞，仍訖六代。先撰定百十有六卷，後增《詮遺》四卷、目録十卷。末題「大明萬曆歲丁酉夏，汝南郡鏤版，己亥孟秋竣工」一行。汲古閣藏書，有「汲古閣」白文方印、「汲古閣藏書」朱文長方印、「家在雲間」白文方印。

歷科狀元策七卷

明大業堂刻本。前有崇陰吴道南序，云偕焦弱侯訂補，其後坊間陸續增刻。首列《廷試儀制》，次《歷科狀元總考》，再次《歷科狀元策文》。惟《總考》内載，起自洪武四年辛亥科，至崇禎四年辛未科止。《策文》則起自成化十四年戊戌科，至崇禎十年丁丑科止。按崇禎時諸策有違悖及他策内議論間涉偏謬，曾列入《禁書總目》，應行抽燬。此本崇禎時諸策均存，蓋未抽燬本也。

歷科狀元策十卷

題「己丑狀元焦竑編集，榜眼吴道南校正，國朝甲戌狀元胡任輿增訂」。前列吴道南序，序後有「康熙歲次丙戌桂月祥符周麟舉默哩氏重訂」兩行。所編皆歷科對策之文，自明初以至國朝康熙四十五年丙戌科止，采録頗爲完備，蓋康熙間印本也。

精選古今名賢叢話詩林廣記三卷

元刻殘本。題蒙齋野逸蔡正孫粹然。前有自序。正孫之名，附見《謝疊山集》中，蓋宋遺老也。是書《前集》十卷，《後集》十卷，今存《前集》卷一至卷三，共三卷。每半葉八行，詩頂格，詩話低三格，均行十六字。黑口，單邊。法梧門藏書，有「梧門書畫之章」白文方印、「時颿」朱文方印、「詩龕書畫印」朱文長方印。

秋水庵花影集五卷

明施紹莘撰。紹莘，字子野，號峰泖浪仙，華亭人。明刻本。首列陳繼儒、顧乃大、顧胤光、沈士麟序及自序。每半葉九行，行二十字。集凡五卷，前四卷爲樂府，後一卷爲詩餘。書眉及行間皆有評識。《四庫存目》著録，《提要》云「多作於崇禎中，大抵皆紅愁緑慘之詞，所謂亡國之音哀以思也」。首葉有「武肅文孫」朱文橢圓印、「錢鑑之印」白文方印、「照明」朱文方印。

注坡詞十二卷

舊影宋鈔本。每半葉九行，行十七字，小字雙行。前有竹溪散人傅共洪甫序，稱爲族子幹字子立所撰。按陳振孫《直齋書録解題·歌詞類》有《注坡詞》二卷，爲仙谿傅幹撰，當即是書，唯卷數不同，或傳刻脱誤耳。又宋黄巖孫編、元黄真仲重訂《仙溪志·進士題名》，傅共爲傅權子，紹興二年張九成榜特奏名。其《人物志》傅權傳後附共傳，共三薦卷奏名，文詞秀拔，有《東坡和陶詩解》。是共、幹皆與東坡詩詞有所解注也。卷三《臨江仙》弟七首之題，卷五《八聲甘州》題「中時巽亭」四字，諸本並無之。四明沈氏《抱經樓藏書志》著録不詳。有「浙東沈德壽家藏書之印」朱文、「抱經樓藏書印」朱文、「五萬卷藏書」朱文方印。

傳共序曰：東坡□□□天下，其爲長短句數百章，世以其名尚□□□，閨窗孺弱亦知愛玩。然其寄意幽渺，指事深遠，片詞隻字，皆有根柢，是以世之玩者未易識其佳處，譬猶懷奇珍怪之寶，來於異域，光彩眩耀，人人駭矚，而口辨質其名物者，蓋寡矣。展玩雖□□□□，兹可慨焉。余族子幹，嘗以舊□□□□用事，彰而解之，削其附會者數十□□□□，傳張芸叟所作《私期》數章，舊於文忠公集見之，以至《更漏子》有「柳絲長春夜闌」之類，則見於《花間集》，乃温庭筠、牛嶠之詞，《散踏□》有「□霎秋風」、「紫菊初生」之類(四)，則見□《本事集》，乃晏元獻公之詞，凡是皆削而不取。益之以遺軼者百餘□，□十有二卷，敷陳演析，指摘源流。開卷爛然，衆美在目。予曰兹一奇也，不可不傳之好事者，使其當瑣窗虚明、棐几淨滑，據胡床而支頤，鈎繡幌而曲肱，咀□名之味於口吻之間，軒眉而頷首，□□□破顔，悠然而思、跫然而躍者，皆自子而發之也。自兹以往，列屋閑居，交口教授，吾知秦、柳、晁、賀之倫束於高閣矣。幹，字子立。博覽强記，有前輩風流，視其所作，可以知其人焉。竹溪散人傳共洪甫序。

洊齋詩餘一卷

國朝海昌查元偁撰。家刻本。其孫承源以童時見聞逐加記注，并以丹筆句讀。

梅邊笛譜二卷

國朝李堂撰。嘉慶間冬榮草堂刻本。馮登府評閲。

後跋曰：不及蘅夢之雋、憶雲之鮮，與銀藤、紅豆足相鼓吹，蓬窗、剗燭似更遜此。

又曰：余新刻《月湖秋瑟》，頗自愜意，賞音未有其人也。

聖母八旬萬壽樂章

海寧查昇撰。稿本。凡《龍鳳呈祥》、《八仙會議》、《喜溢三農》、《慶徵八繭》、《市商雲集》、《江海安瀾》、《財阜鹽場》、《哺含村舍》、《西湖漁唱》、《法喜香壇》、《鶴舞蟠桃》、《燈燃瑞塔》、《群仙合樂》、《列后呼嵩》十四齣。卷末題「康熙四十七年戊子春三月，浙江海寧查昇」一行。

合刻類編箋釋草堂詩餘六卷續選二卷國朝詩餘五卷

明錢允治彙編。明刊本。白口，單邊。每半葉九行，行二十字。首列萬曆甲寅長至日錢氏自序。内《箋釋草堂詩餘》六卷，蓋錢氏就顧從敬氏原本復與吳郡陳仁錫閲訂，雲間陳繼儒爲之重校，首存何良俊原序及陳仁錫序。《續選》二卷，就毘陵長湖外史本《箋釋》，陳仁錫校閲及序。《國朝詩餘》五卷，則爲錢氏彙萃當時所製，續於二集之後，又與陳仁錫注釋。首列萬曆甲寅季秋既望自序：三書彙刻以行，至其源流，則太末翁元泰以《草堂詩餘》顧汝所家藏宋本爲佳，坊間遂有分類注釋本，又長湖外史續集本，而注釋脱落謬誤。屬錢氏校讎，復搜葺當時之作，并毘陵續集，盡加注釋，凡三編，合刻行世。

新刻李于鱗先生批評注釋草堂詩餘雋四卷

古歙吳從先寧野彙編，公安袁宏道中郎增訂，仁和何偉然欲仙參校，李于鱗批評注釋。明師儉堂蕭少衢依京板刻本。半葉九行，行二十字。白口，單邊。每詞前後及書眉皆有評識。卷分春景、夏景、秋景、冬景。四景首列臨川毛兆鱗序「是書考古校正，編以四季景趣，注釋搜之詩歌，典核而字句、章法、評林詳悉」等語，其推崇可謂至矣。

後有牌(字)[子]：師儉堂蕭少衢依京板刻

重刻類編草堂詩餘評林六卷

明唐順之解注，田一雋精選，李廷機批評。明萬曆戊子閩書林勉齋詹聖學刊本。白口，單邊。每半葉十行，行二十三字。首列何良俊序。内分小令、中調、長調三種，卷一至卷二爲小令，卷三之前半爲中調，卷三之後半至卷六爲長調。而書眉及每闋皆有評點、注釋。王靜庵舊藏，有「王國維」朱文小方印、「結客少年場」朱文方印。

唐詞紀十六卷附詞名徵一卷詞原二卷

明蘭陵董御吉行輯，楊璠儒玉訂。明刻本。每半葉九行，行二十字。白口，單邊。董御，一名逢元，字善長。是編成於萬曆甲午，雖以唐詞爲名，而五季十國之作居十之七，所選録自昭宗以下至無名人共九十餘人。其體例依卷爲類，凡分景色、弔古、感慨、宫掖、行樂、别離、征旅、邊戍、佳麗、悲愁、憶念、怨思、女冠、漁父、仙逸、登第十六門。首列《詞名徵》一卷，加以題解。後有《詞原》上下兩卷，并附是書以行。上卷分《擬調》一種，下卷分《沿題》、《仿格》、《雜體》三種。每種後各附古人詞若干首以證其說，則楊氏所增訂也。有「烟視樓」朱文方印。

琵琶記四卷

題「元高東嘉填詞」。明凌氏延喜刻本。每半葉八行，行十八字，小字雙行。白口，單邊。跋中縫下刻有「鄭聖卿鐫」四字。前有空觀主人凡例十則、西吳三珠生跋。每折用朱墨圈點其闌上，行間悉用朱筆評訂。繪圖二十幅，極精緻。舊爲黄蕘圃藏書，有「白宋一廛」白文長方印〔五〕。

三珠生跋曰：曲有當行之體，有自然之節。自元迄今，僅二百餘年，而此脉幾斬。蓋一壞于不識本色者徒取藻詞，致編摹者以故實詞華堆砌成篇，千篇一律，諺所謂「八寸三分帽子人人可戴者」也。再壞於不識法律者，止欲供聽，不辨襯墊，至於字句增損，平仄錯置，相沿不悟。不知古曲有必不可動移處，遵守恪然而可一一按者，竟蔑之若無，不一考索。余向爲憤懣，没由正之。會同叔即空觀主人度《喬合衫襟記》，更悉此道之詳。旋復見考覈《西廂記》爲北曲，一洗塵魔。因請并致力于《琵琶》，以爲雙絶。遂相與參訂，殫精幾年許，始得竣業。此詞壇快事，敢以急公同好，因録其概如此。西吳三珠生跋。

元本出相南琵琶記三卷

明刻本。每半葉十一行，行二十二字。白口，單邊。每齣有批評、插圖。

新刻趙狀元三錯認紅梨記二卷

題「四明田水月編，海陽范律之校」。明刻本。每半葉九行，行十九字。白口，單邊。書眉有音釋。凡三十齣，每齣插圖極精。此記爲徐渭撰，托名田水月也〔六〕。

新鐫批評出相韓湘子

題「錢塘雉衡山人編次，武林泰和仙客評閱」。明刊本。每半葉十行，行二十二字。白口，單邊。前有天啟癸亥煙霞外史序、韓湘子像并贊。凡三十回，圖三十幅。

校注

〔一〕按：此處似有闕文。

〔二〕按：「失」字當爲「文」字之誤。

〔三〕按：稿本自「長沙葉郎園」至此均經删去。

〔四〕按：「《散踏□》有『□霎秋風』」，當作「《鵲踏枝》有『一霎秋風』」。

〔五〕按：「白宋一廛」當作「百宋一廛」。

〔六〕按：此句稿本爲另筆補記者。

積學齋藏書記　續二

南陵　徐乃昌積餘撰

周易古文羽義十二卷

明蘭谿章品撰。弘治刊本。每半葉十一行，行二十四字。黑口，雙邊。前有正德戊辰自序，謂「《羽義》刊於弘治丙辰秋，成于庚申之夏。嘗求序於四明碧川楊先生，至今不可得，乃自爲之序」云。有「四明盧氏抱經樓珍藏」朱文方印、「四明盧氏抱經樓藏書印」白文方印。

周禮十二卷

鄭氏注。明刻本。嘉靖時翻刻岳本《三禮》之一。每半葉八行，行十七字。白口，雙邊。口下有刻工姓名。每葉後有小耳，記篇名。

考工記圖解二卷補圖一卷

題「宋閩中林希逸圖解，明姑胥張鼎思補圖，明甬東屠本畯補釋，明吳興施浚明句讀，明甬東戴士章校對」。上卷末題「明晉安徐熥校正，徐𤊹、袁敬烈同校」，下卷末題「明晉安陳仲溱校正，陳薦夫、康彥登同校」。萬曆戊戌刊本。每半葉九行,行十九字。白口,單邊。後附《訓字疑似》。收藏有「抱經樓」白文方印。

授經圖二十卷

明朱睦㮮撰。萬曆刊本。每半葉十行,行十八字。白口,單邊。《崇文總目》有《授經圖》三卷,久佚。睦㮮乃因《山堂考索》所圖,詳爲考補,首敘義例,次授經世系,次諸儒傳略,次諸儒著述。每經四卷,共爲二十卷。《四庫》著録龔氏玉玲瓏刊本,已改易舊第,此則朱氏原刊也。首有睦㮮自序。後有子勤美刻書跋。

五經

《易》朱熹本義,《詩》朱熹集注,《書》蔡沈集注,《禮》陳澔集説,《春秋》胡氏傳。明刊巾箱本。每半葉九行,行十八字。黑口,雙邊。面(業)[葉]連腦包過,猶是明人舊裝。收藏有「張度之印」白文方印、「嚴可均之印」朱文方印、「明善堂覽書畫印記」白文長方印。

説文解字繫傳四十卷

汪氏刊本。海寧陳鱣校。卷末間記年月,初校始嘉慶三年二月二十一日,至二十七日竣,重校始三月三日。原本闕二十六一卷,以别本配合。

吴氏手跋曰:己亥冬,得陳仲魚先生手校本《説文繫傳》。歸而讀之,缺二十六一卷。幸舊藏有殘本，因即補入。其校勘原本不知落在誰手，無從覓得，甚可惜也。庚子春日，重爲裝潢，因識。
問經主人吴起潛。

段氏説文解字注三十卷六書音韻表二卷

經韻樓刊本。仁和龔自珍及子孝拱以朱墨筆校之。目録後有「自珍讀過」朱文方印，末卷後有「孝拱之印」朱文方印。藝風堂舊藏。

自珍手跋曰：自丙子冬十月起，辛巳春二月止，或加朱墨，或加朱，或加墨。或未加者，目治不手治也。皆有年月記之，共讀三周畢。其誤字則以紫筆識之。在目録後。

又曰：叚借之樞，又在聲音，未有聲不類而可假借者也。故王氏懷祖、伯申説經皆以聲説之，是也。自珍撰《段氏説文注發凡》一卷，凡十五則，擬附刻於此序之後。在江序後。

孝拱手跋曰：咸豐三年十二月鄰火，缺十二篇乙不至弜系、十四篇金幵至亥兩册。

説文解字十五卷

汲古閣刊本。山陽丁晏校。

丁氏手跋云：道光甲申春季，校《説文》一過。時館於本邑縣署之東偏，教讀之暇，以朱筆點勘之。丁晏識。

字學三書

宋郭忠恕《佩觿》三卷、宋賈昌朝《群經音辨》七卷、元李文仲《字鑑》五卷。三韓楊氏覆刊澤存堂本。《佩觿》、《音辨》舊有遯翁朱筆校勘并録何義門跋，藝風堂藏朱緒曾傳録錢廣伯校《字鑑》，假得迻校，遂成合璧。

何氏手跋云：康熙庚子秋日，以錫山姚舜咨所傳唐伯虎藏本是正一過。唐氏書乃陳惟允故物，後流轉數家，歸於汲古閣，余嘗見之，今爲商丘宋太宰購去。賴姚本尚存，得爲勘校之資耳。予今兹甲子甫周而精力已衰，不復能爲子孫營營作馬牛，但爲作蠹書蟲，庶幾餘兒長成，略明小學也。義門。

某氏手跋云：光緒七年正月，從崔氏書篋見得傳寫義門校本，因命劉銘奎照録一過，存之家塾。其校本歸之定州王君文泉，以文泉方刻《畿輔叢書》也。遯翁亦蠹書蟲，子孫當知翁苦心。以上兩跋在《群經音辨》後。

朱氏手跋云：余於道光二十七年在海昌假錢警石廣文所藏錢廣伯馥校《字鑑》一書，謄寫一本。羅鏡泉復假余本録之。余本失於金陵，兹于咸豐五年三月四日假羅本重録之。朱緒曾識。在《字鑑》後。

同文千字文二卷

明婺源汪以成撰。萬曆刊本。每半葉五行，行大字十，小字二十。白口，單邊。前有萬曆壬午以成自序。

新刻釋名八卷

漢劉熙成國撰。明畢效欽刊本。前有熙自序。

廣雅十卷

魏張揖撰，隋曹憲音解。明畢效欽刊本。前有揖《進書表》。

新刊埤雅二十卷

宋陸佃撰。明畢效欽刊本。每半葉十一行，行二十二字。白口，雙邊。每卷後附音釋。前有宣和七年男宰序。

史記天官書注一卷

吳門周菽儼則注。舊鈔本。海寧查氏舊藏，有「翼夫手勘之本」朱文長方印、「燕緒眼福」朱文方印。

歷代統系表三卷

崑山葉澐撰。舊鈔本。以《帝王統系》爲上卷，《春秋諸國統系》、《晉諸僭國統系》、《唐藩鎮統系》、《五代諸僭國統系》爲中卷，《后妃統系》爲下卷。前有序例及《歷朝統系圖》、《歷代國都》。編次明瞭，便於檢閱。收藏有「抱經樓」白文方印。

元豐官志

影宋鈔本。每半葉五行，行大字十四，小字二十。不分卷。《四庫》及《宋藝文志》均不著録。前有淳熙二年趙善沛序。善字出漢王房[二]。

朝廷設官，所以董率百工。上至公孤，下而司牧，各脩職事。自周官以降，秦漢因之，或加沿革，六朝迨唐五季，損益不同。本朝自開寶三年太祖命宰相趙普定百官品帙，删其繁冗，正其階級，題爲《開寶官志》。神祖元豐四年，又命兩府再加詳定，亦有增删，凡若干員，題名《元豐官志》。善沛偶于竹溪先生家拜録以歸，藏之笥篋，以明祖宗獻章焉。時淳熙二年上巳日，崇安趙善沛題。

紹興十八年同年小録一卷

影鈔明刊本。首列紹興十七年開科詔，次十八年四月三日御試策問，次與試諸官銜名。後有弘治辛亥鄭紀、王鑑之跋。末葉題「歲嘉靖甲午秋七月朔日奉祀裔孫鐕、鎬、銘重刊」。是書因朱子列第五甲第九十人傳，鐕、鎬、銘皆朱氏後裔也。

寶祐四年登科録一卷

明刊本。首列寶祐四年五月八日御試策題及考官銜名。後有嘉靖元年汀州府知府巴陵胥文相刻書跋、翰林院編修王思跋。是科榜首文天祥、二甲一名謝枋得、二十七名陸秀夫，皆以忠義著稱，故與朱子

《同年録》並傳。

元統元年進士題名録一卷

影寫元刊本。卷首殘闕，後有錢竹汀跋。是書自黄蕘圃購得，經竹汀考證題跋，始有聞於世。此本即從之傳録，世間無第二本也。

建文元年京闈小録一卷

傳鈔本。首有方孝孺序，次中式舉人二百四十人題名，次程文。卷首考官銜名已佚。

水經注箋四十卷

漢桑欽撰，後魏酈道元注，明朱謀㙔箋。萬曆乙卯刻本。每半葉十行，行二十字。白口，單邊。口下有刻工姓氏。前列引用書目。有嘉靖甲午黄省曾序，萬曆乙卯李長庚、朱謀㙔二序。

仙溪志四卷

傳鈔本。題「宋迪功郎興化軍仙遊縣尉黄巖孫編，元興化路仙遊縣務提領黄真仲重訂」。有寶祐丁巳陳堯道、劉克莊序及巖孫跋，又有元田九嘉序。書吏李元、劉樸、奏差王忠、福建閩海道肅政廉訪司田九嘉、副使朶兒只班等題名三行。《四庫》未著録。

鳳書八卷

明鳳陽知縣袁文新、友人柯仲炯合編。明刊本。每半葉九行，行十八字。白口，雙邊。鳳陽爲明太祖故里，故體例與他志不同。首列《太祖本紀》、《徐達》、《湯和世家》，次列傳，次年表、帝王親戚表，次星土、賦役、國費、宗祀、農政、武備、帝語、拾遺爲八篇，次外篇。前有天啟元年文新序。

江山縣志十卷

明刻本。每半葉九行，行二十字。白口，單邊。序跋及纂修人名均佚。案：是書創修於正德庚辰邑令吴亞父，再修於嘉靖甲辰邑令黄倫、天啟癸亥邑令張鳳翼。此本職官、科第收至天啟，爲張志無疑。

南陵縣志十六卷

嘉慶□年寧國府知府魯銓、鍾英總修，知南陵縣事徐心田主修。傳鈔本。首列舊序十首及縣志源流、纂修姓氏，後附輸資姓名。

東京夢華録十卷

宋孟元老撰。汲古閣刊本。前有孟元老序。後有毛晉跋。繆藝風以弘治本手校，補鈔目録及淳熙丁未浚儀趙師俠後序、弘治癸亥古汴賈宗刊書跋。弘治本首行題「幽蘭居士東京夢華録卷之一」。每半葉八行，行十六字。猶宋本舊式也。

祖宗仁厚之德，涵养生靈幾二百年。至宣、政間，太平極矣。禮樂刑政，史册具在。不有傳記、小説，則一時風俗之華、人物之盛，詎可得而傳焉。宋敏求《京城記》載坊門、公府、宫寺、第宅爲甚詳，而巷陌、店肆、節物、時好，幽蘭居士記録舊所經歷爲《夢華録》。其間事關宫禁、典禮得之傳聞者，不無謬誤。若市井、游觀、歲時、物貨、民風、俗尚，則見聞習熟，皆得其真。余頃侍先大夫，與諸耆舊親承謦欬，校之此録，多有合處。今甲子一周，故老淪没，舊聞日遠，後余生者尤不得而知，則西北寓客絶談矣。因鋟木以廣之，使觀者追念故都之樂，當共起風景不殊之歎。淳熙丁未歲十月朔旦，浚儀趙師俠介之書于坦菴。

皇明異典述五卷異事述一卷

明吴郡王世貞元美述。明刊本。每半葉十行，行二十字。白口，雙邊。口下有「世經堂刻」四字。

新安名族志二卷

明程尚寬撰。明刊本。每半葉十行，行二十一字。白口，單邊。前有嘉靖辛亥祁門王諷、黟縣程光顯兩序及尚寬自序。元陳定宇嘗編《新安大族志》，尚寬因而補輯之。凡八十九姓。

正德十四年山東鄉試録

明刊本。每半葉九行，行十八字。白口，雙邊。首列監臨官、提調官、監試官、考試官、同考試官、印卷官、收掌試卷官、受卷官、彌封官、謄録官、對讀官、巡綽官、巡檢官、供給官銜名，次三場試題，次中式舉人七十五名姓名、籍貫，次試文。前後有汝州學正胡希銓、青田教諭袁達二序。二人即是科考試官也。

隸續十一卷

影寫曹楝亭刊本。益都李文藻據錢竹汀藏本及《寶刻叢編》手校，并從《曝書亭集》録竹垞跋一篇，

及竹汀所撰《洪文惠年譜》、《宋史》本傳附于後。（繆氏藝風堂所藏，即從此本迻校。）〔二〕

李氏手跋曰：洪氏《隸續》二十一卷，缺第九卷、第十卷。據朱竹垞跋語，此即其所藏本，而是刻無朱跋。每卷有印曰「楝亭藏本丙戌九月重刻於揚州使院」。按：楝亭，姓曹氏，名寅，字子清，嘗爲竹垞□《曝書亭集》未畢而竹垞卒，集内有爲作詩序，蓋竹垞之友也。丙戌爲康熙四十五年，時竹垞尚在，而曹巡視兩淮鹽政，既取《隸續》爲己藏本，又併其跋棄而不刻何也？乾隆戊子七月十五日，益都李文藻記。在二十一卷末。

又曰：乾隆己丑九月，錢先生至都，出譜見示，亟假歸録附《隸續》之後。世有刻《隸釋》、《隸續》者，宜并刻此譜及《宋史》本傳也。李文藻記於虎坊橋北順衕衕寓舍。

又曰：此譜專爲《隸釋》、《隸續》而作，故宜附刻於此。若有刻《盤洲全集》者，亦可以此譜冠其首也。己丑十月初一日，李文藻在朱樸士寓中記。是日於熊編修爲霖所借得陳思《寶刻叢編》一書，與錢先生所藏本對勘。又予近所傭鈔《歸潛志》、《元和郡縣圖志》、《古韻標準》、《四聲切韻表》及手鈔《大金國志》、《古文尚書考》、《輿地碑記目》諸書，皆次第蕆事，亦可喜也。以上兩跋在年譜後。

歷代鐘鼎彝器款識法帖二十卷

宋薛尚功撰。摹寫明刊本。篆文用硃筆，釋文用墨筆。卷首有「敬之手鈔」方印，敬之不知何許人。前有萬曆戊子萬岳山人刻書序。收藏有「海陽環珠陳氏質儒珍藏書畫」白文方印、「申江王氏珍藏」朱

（方）［文］長方印，（王）「王印慶勳」白文、「叔彝」朱文兩方印。王慶勳，字叔彝，上海人。咸豐時嘗率華勇軍破會匪劉麗川。著有《詒安堂集》。

法帖釋文考異十卷

題「武陵顧從義編并書」。太原王常校。明刊本。每半葉九行，行十九字。白口，單邊。從義，字汝和，上海人，嘉靖中嘗以善書入直。此書爲其手寫，模刻精工，流傳甚罕。

金石三例

盧氏雅雨堂刊本。王惕甫先生評點，於文章義法辨論甚詳。

王氏手跋云：此書置案頭二十餘年，繙閱百過，偶有會心，隨手點注，丹墨狼籍，涉目混淆。秋來困瘧，力疾重度一本。近爲文多喜創造，或騖高談，其不樂聞此也久矣。當私藏之，以示門下諸生云爾。嘉慶戊辰八月，惕甫自識於漚波舫。

史纂通要後集三卷

元番陽董鼎季亨纂。元刊本。每半葉十一行，行二十一字。黑口，單邊。前後無序跋。璜川吳氏、平陽汪氏、豐順丁氏遞藏。有「璜川吳氏收藏圖書」朱文方印，「曾藏汪閬源家」、「平陽汪氏藏書印」朱（方）［文］二長方印，「禺生祕賞」白文長方印、「豐順丁氏退思齋藏」朱文長方印。

孫氏手跋云：宋末貢士胡一桂起三皇迄五代爲《纂要》一書，其子昌祖注，行于世。此三卷乃元初儒者番陽董鼎以宋、遼、金續成者也。偶讀四明黄□□□編而知者有是書，因覓□後大快。胡，□□□，號雙湖。董，字季亨。天啟二年仲春，研北居士孫胤伽識。

二十子全書

明新安吴勉學校刊本。每半葉九行，行十八字。白口，雙邊。

《老子》二卷　《文子》二卷　《關尹子》三卷　《列子》二卷　《莊子》三卷　《司馬子》一卷　《譚子化書》六卷　《管子》二十四卷　《晏子》四卷　《孫子》一卷　《吴子》一卷　《鬼谷子》一卷　《素書》一卷　《韓非子》二十卷　《商子》一卷　《吕子》二十六卷　《淮南子》廿一卷　《荀子》二十卷　《揚子》四卷　《文中子》十卷

六子全書

明世德堂刊本。每半葉八行，行十七字。白口，單邊。口上有「世德堂刊」四字。凡《老子道德經》河上公注二卷、《莊子南華真經》郭象注十卷、《荀子》楊倞注二十卷、《列子沖虚至德真經》張湛注八卷、《揚子法言》五臣注十卷、《文中子中説》阮逸注十卷。後有吴郡顧春刻書跋。

自先先刑部府君少敦仁義之學，晚慕道德之言，故於六子書無不講覈，春之得於過庭者侈矣。自先君下世，每對是書，未嘗不悵然若有所慕焉，而弗得也。將究其意旨而無善本，脱謬不可考定。嘉靖庚寅冬，因治先君墓於銅井山，遂廬其側，校讎授梓，參文群籍，考義多方，越癸巳夏乃成。膏宵雞晨，寢食爲廢，匪敢言勞，用脩先君之志云爾。是歲秋八月，東滄居士吴郡顧春識。此跋罕見，因録於此。

孔叢子三卷

漢太傅孔鮒撰。第三卷爲《連叢》，漢太常孔藏撰。崇禎癸酉裔孫孔胤植校刻本。每［半］葉十行，行十九字。白口，單邊。口下記字數。前有胤植序。後有孔尚達跋。

關尹子九卷

題「周關令尹喜著，宋抱一子陳顯微解，元峁山朱象先道沖箋釋，明繡水唐從悌仲韡輯評」。明刊本。每半葉九行，行十九字。白口，單邊。口下記字數。凡例謂「舊本異同從《藏》板一一訂正，某篇改若干字」云云，知源出《道藏》。前有抱一子序、朱象先《出世記》。

神機制敵太白陰經十卷

唐都虞侯李筌撰。舊鈔本。前有永泰四年李筌自序，又有銜名五行云「祕閣楷書臣羅士良謄，御書祗候臣張永和監，入内黄門臣朱永中監，入内内侍高班内品臣譚元吉監，入内内侍高班内（班）品臣趙承信監」。《四庫》所收佚九、十兩卷及卷一《天無陰陽》、《地無險阻》兩篇，遜於此本。

新鐫武經七書十二卷

明王守仁評。閔昭明刊本，朱墨套印。凡《孫子》、《吴子》、《司馬法》、《李衛公問對》、《尉繚子》、《三略》各一卷，《六韜》六卷。每半葉八行，行十七字。前有徐光啟、孫元化、胡宗憲、茅震東四序，凡例五條及批評、考訂、參閱等姓氏。收藏有「夏氏藏書」白文、「子牧子」朱方兩方印,「雲輪閣」、「荃孫」朱文兩長印。

周髀算經二卷

題「漢趙君卿注,北周漢中郡守前司隸臣甄鸞重述,唐朝議大夫行太史令上輕車都尉臣李淳風等奉敕注釋」。後附《周髀音義》,題假承務郎祕書省鈞考算經文字臣李籍撰。明趙開美校刊本。每半葉九行,行十八字。白口,單邊。前有趙爽、鮑澣之序,沈士龍、胡震亨題辭。爽,趙君卿名也。

大宋寶祐四年丙辰歲會天萬年具注曆一卷

宋保章正荆執禮等算造具注頒行。舊鈔本。每半葉八行,行字數大小不等。前列節氣、時刻,每月每日下具注吉星、凶星、宜某事等,略與今時憲書同。後有朱彜尊、錢大昕、李鋭、沈欽裴、蔡復午、陳杰、金望欣諸家題跋,並從真跡摹寫。南宋曆法凡七改,惟《會天曆法》不見於史志,幸是書之存,得稍窺涯略耳。會稽章氏、吴興丁氏、江陰繆氏舊藏。

大宋寶祐四年丙辰歲會天萬年具注曆一卷

宗室盛伯羲祭酒師手鈔本。行格與前本同。後録朱彜尊、瞿中溶跋。

袁氏手跋云:《宋寶祐丙辰會天曆》一册,鬱華閣主人手鈔。希世祕笈,忠節遺墨,洵奇寶也。壬子獲於日下,寒雲。

類編曆法通書大全九卷

題「臨江宋魯珍輝山通書，金谿何士泰景祥曆法，鼇峰熊宗立道軒類編」。明刻本。每半葉十二行，行二十字。墨口，雙邊。繆氏藝風堂舊藏。卷三「年命修造」條内已引至弘治十七年，而繆氏《藏書記》乃以「前朝公規」條内之「至正春牛經式」繆《記》「至正」誤作「至元」。爲元刻之證，誤矣。

新刊一行禪師演禽命書一卷

題「金谿復春道人峨山喻冕編」。書林龍峰山人東軒熊輔刊。每半葉十一行，行二十五字。白口，單邊。前有喻冕序及《諸葛武侯演禽化書》、《復春道人演禽口訣》、《演禽命圖》。

潛虚一卷潛虚發微論一卷

《潛虚》題「宋太師温國公司馬光撰」。《發微論》題「左朝奉郎監察御史張敦實撰」。明嘉靖刊本。每半葉九行，行二十字。白口，單邊。後有淳熙壬寅泉州州學教授陳應行跋，嘉靖辛亥陝西道監察御史巡察兩淮鹽法高鏞跋。此書宋時有三刻，建陽、邵武兩本皆有脱略，應行從文正公曾孫得家傳善本，刻於閩，最爲完善。明高鏞得之，屬都轉運使陳暹梓於維揚，即此本也。收藏有「林汲山房藏書」朱文、「傳之其人」白文二方印，「查燕緒字翼夫」、「家在蘇州望信橋」二朱文方印。

皇帝内經素問二十四卷靈樞二十四卷

題「啟玄子次注，林億、孫奇、高保衡等奉勅校正，孫兆重改誤」。明嘉靖庚戌武陵顧氏翻宋本。每半葉十行，每行大二十字，小三十字。白口，單邊。每卷後附釋音。《素問》前有啟玄子王冰序及林億等序，後有顧從德刻書跋。《靈樞》前有宋紹興乙亥錦官史崧序。諸家著録皆無《靈樞》，此本獨完好無缺，字畫亦精整可愛。收藏有「巴陵方氏傳經堂藏書印」、「方功惠藏書印」朱文二方印，「岸藩文庫」朱文大方印。

黄帝内經太素三十卷

題「通直郎守太子文學臣楊上善奉勅撰注」。日本影寫卷子本。高七寸五分。每行大字十四至十八，小字十八至二十四字不等。缺第四、第七、第十六、第十八、第二十、第二十一共六卷。每卷末記仁平、文壽、保元、仁安等年月。有云「以家本移點校合了。憲基」；有云「移點了。丹波賴基」。是書中國久佚，《經籍訪古志》著録，謂界行高廣，與延喜圖書式所言合，當時之制僅存於是書，可貴。有「王懿榮印」白文方印、「世𢎞史官」朱文方印。

王氏脈經十卷

題「朝散大夫守光禄卿直祕閣判登聞檢院上護國軍林億等類次」。明居敬堂刊本。每半葉八行，行十七字。白口，雙邊。口上有「趙府居敬堂」五字。前有晉太醫令王叔和序、林億等奉詔校定序。

新刊銅人鍼灸經七卷

不著撰人名氏。明山西平陽府刊本。每半葉十行，行二十一字。白口，單邊。目録前有題字五行，云：「夫療病簡易之法，必須鍼灸。欲明鍼灸之方者，必須注意於是經。是經也，得之祕傳，治病則有受病之源，指穴則有定穴之法，效驗神速，鍥繡梓與衆共之，衛生君子請之勒石，諸可鑒。」凡七十字。《四庫》著録，謂即宋王維德舊本。

新編西方子明堂灸經八卷

不題撰人名氏，西方子亦無考。明山西平陽府刊本。行款與《銅人鍼灸經》同。兩書並著録《四庫》。惟周弘祖《古今書刻》平陽府刊祇有《銅人鍼灸經》而不載此書。

急救良方二卷

題「四明芝園主人集，益都堯岡山人校」。明嘉靖刊本。每半葉十行，行二十字。白口，雙邊。前有芝園主人張時徹自序。

保赤全書二卷

傳鈔本。題「宛陵庠生管橓編輯，醫生李時中增補，施文舉校正，賜進士知南陵縣事嘉禾沈堯中梓行，賜進士知長泰縣事宛陵管橘重行」。橓，博通經史，旁及醫術，活人不可勝計，見《南陵縣志·方伎傳》。堯中，以萬曆八年任縣事，嘗重修縣志。橘，字五陵，萬曆乙未進士，官至福建僉事。

衛生歌後衛生歌

不著撰人名氏。每半葉八行，行十五字。白口，三綫邊。前後無序跋，審其字畫，當爲嘉靖時刊本。

脩真祕要一卷

不著撰人名氏。行格與《衛生歌》同，凡記運氣之法四十六則，每則一圖。前後無序跋。

醫家祕傳隨身備用加減十三方一卷

不著撰人名氏。與前二種同一刻本，惟版心下魚尾下有「味經堂」三字，則爲前二種所無。諸家書目著録味經堂刊本止有《嚴氏詩緝》一種，而不及是書。

新刊萬天官四世孫家傳平學洞微寶鏡四卷

題「雲從道人萬育水修傳，藝林逸士余文台鐫行」。明刊本。每半葉十四行，行二十八字。白口，雙邊。前有萬曆戊子欽天監承德郎薛象山序。

神課金口訣六卷別録一卷

明刊本。每半葉十行，行二十字。白口，單邊。首列起十條末題「萬曆二十四年六月吉旦新安赤岸真陽子」。前有余川遽然子序及適適子自序。

金壺記三卷　子部藝術類

宋釋適之撰。舊鈔本。是書罕見著録，皕宋樓有宋刊本，每葉二十二行，行二十字。此本行格正同。收藏有「佐周藏書」朱文長方印、「揚州汪喜孫孟慈夫印」朱文大方印。

歷代名畫記十卷

唐河東張彦遠撰。明刊本。每半葉十一行,行二十字。白口,單邊。後有《宣和書譜》本傳及郭(芳)[若]虚《圖畫見聞志》一則。

仙機武庫八卷

明雲間董中行與叔輯。崇禎刊本。前有中行自序及凡例五條。

誠齋牡丹譜一卷

明周憲王有燉撰。明刊本。每半葉九行,行二十字。黑口,雙邊。首有宣德五年自序,連屬正文。有燉爲定王長子、高皇帝孫,洪熙元年襲封。此書記牡丹名品四十四品,及栽種、分接、灌溉、培壅、治療之法。

誠齋牡丹百詠一卷

明周憲王有燉撰。明刻本。行款與《牡丹譜》同。有燉詩不稱於此,《明詩綜》亦未著録,存此以見一斑。

小字録一卷

宋成忠郎緝熙殿國史實録院祕書省搜訪陳思纂次。影寫明刻本。每半葉九行,行十七字。首列歷代帝王,自漢以後諸臣則案代臚載,較陸龜蒙《小名録》爲有條理。

壽親養老書一卷《經籍訪古志》作四卷。

宋興化令陳君直撰。明萬曆癸巳胡文焕刻本。每半葉十行，行二十字。前有君直自序。是書論節宣之法甚備。明高濂作《遵生八牋》，其《四時調攝牋》即以此爲底本。

三元參贊延壽書四卷

元九華澄心老人李鵬飛撰。明胡文焕刊本。前有至元辛卯鵬飛自序。

食物本草二卷

不著撰人名氏。明胡文焕刊本。

食鑑本草二卷

題「京口山臞寧源編」。明胡文焕刊本。

山居四要四卷附加十三方一卷

元汪汝懋以敬編。明胡文焕刊本。錢唐楊瑀嘗列四圖於座右，汝懋本其意而廣之，一曰攝生之要，二曰養生之要，三曰衛生之要，四曰治生之要。前有至正庚子天台劉仁本序。

志雅堂雜鈔一卷

宋周密撰。舊鈔本。收藏有「臣印廣榮」白文、「求放心齋藏書之記」朱文兩方印。

夷堅志十集二十卷

宋鄱陽洪邁著。乾隆戊戌周氏刊本。每集分上、下卷。從湘潭袁氏假得士禮居舊本校過，補正甚多。袁本每集分十卷，凡《支甲》至《支戊》五十卷，《支庚》、《支癸》二十卷，又《三志》己、辛、壬三十卷，蓋取兩集殘本配全者。周氏所刻即出於此，而抹去「支」字及「三志」字樣，且併爲二十卷，無復舊本面目矣。

黄氏跋云：《夷堅志》甲、乙、丙、丁四集，宋刻本，由萃古齋售於石冢嚴久能，今又爲何夢華買出，其歸宿未知在何處。案：陸氏十萬卷樓所刻即出於此。余所藏宋刻有《夷堅支甲》一至三一卷，七、八兩卷，皆小字綿紙者。《夷堅支壬》三至十，共八卷，《夷堅支癸》一至八，共八卷，皆竹紙大字者。近又得《夷堅志乙》一至三一卷。此本係舊鈔。《支甲》至《支戊》五十卷，《支庚》、《支癸》二十卷，又《三志己》十卷、《三志辛》十卷、《三志壬》十卷，取兩集以配全而其□俱不全本也。每見近時坊刻稱《夷堅志》者，大都發源於是，而面目又改矣。天壤甚大，未識洪公所著《夷堅》各種，其宋刻能一一完全否。癡心妄想，其有固未可必，其無亦安敢必邪？嘉慶丁卯正月六日，復翁丕烈識。

廣卓異記二十卷

宋樂史撰。以述古堂鈔本校道光丁未宜黄黄氏僊屏書屋活字本。卷十六補出「父子三人爲大卿監」一條，卷十八「胡雛異事」條補出二十四字，其餘補正甚多。述古堂鈔本每半葉十三行，行二十字，黑格，「匡」字、「恒」字闕筆，源出於宋。

文始真經三卷

明刊本。分一宇、二柱、三極、四符、五鑑、六匕、七釜、八籌、九藥九篇，每節冠以「關尹子曰」，猶存舊式。繆氏藝風堂舊藏。

南華經十六卷

晉郭象注，宋林鬳齋口義，劉須溪點校，明王鳳洲評點，陳明卿批注，沈汝紳輯諸名家評釋。明吳興凌氏刊本。每半葉八行，行十八字。白口，單邊。朱紫墨青四色套板。首有徐常吉、劉須溪點校《莊子口義》序，馮夢禎《莊子郭注》序，沈汝紳小序，《南華經》總評，楊升庵題劉須溪小引及郭象序，《史記》列傳。

太上三元賜福赦罪解厄妙經一卷 道家

明刊梵夾本。每半葉五行，行十五字。後有題字云：「順天府宛平縣安富坊信士金宣發心印造一千卷，正德二年正月十五日散施。」

玉海二百卷附詞學指南四卷

宋王應麟伯厚撰。元刊明補本。每半葉十行，二十字。白口，單邊。上有字數，下有刻工姓名。是書乃至元六年浙東宣慰使司都元帥也乞里不花刊板于慶元路儒學，并刊《詩考》等十三種附於後。當時修改未竟，迨至正十二年，慶元路總管阿殷圖復命公之孫厚孫校正誤漏六萬字，遂爲完書。明代以板置國子監，遞加修補。此本補至萬曆十七年止。首有至元間咨請刊行呈子及胡助、李桓序，至正間阿殷圖、王介序，明正德二年國子監監丞戴鏞修板跋，萬曆己丑國子監祭酒趙用賢修板跋，并校刊人姓名。收藏有「山陽[illegible][illegible]生緑蘿堂藏書」白文長方印。

梁昭明太子文集五卷

題「大明遼國寶訓堂重梓，明成都楊慎、周滿、東吳周復俊、皇甫汸校刊」。每半葉八行，行十六字。前有嘉靖乙卯周滿序。後有淳熙八年池陽郡刺史建安袁説友跋。蓋遼府重刻宋池陽本也。

李商隱詩集三卷

影寫宋刻本。每半葉十行，行十七字。前後無序跋。字大悦目，繕寫工整。

王摩詰集十卷

唐王維撰。明刻本。每半葉十行，行十八字。白口，單邊。首有王縉進書表及答勅。

杜律二卷

題「元虞伯生註」。明萬曆丁丑蘇民懷手寫。刊本。每半葉八行，行十六字。白口，雙邊。口上題「杜律虞註」，下有「桐花館」三字。首楊士奇序。後有萬曆丁丑閩中屠安民序。

唐祕書省正字先輩徐公釣磯文集十卷

唐徐夤昭夢撰。從沈霞西鈔本迻録。原缺卷五一卷及卷四末《江令歸金陵賦》一首，以盧氏抱經樓舊藏葉石君鈔本、王氏麟後山房刻不足本、《全唐文》、《全唐詩》等書合校，補出佚文五首。惟卷五《漢武帝求仙賦》、《星賦》、《伍員知姑蘇臺有游鹿賦》三首，則無從録補矣。

是書山陰沈霞西精鈔本，善價得之，後之覽者，慎勿輕視。咸豐改元五月，訪書紹郡獲此，如得奇珍。藝海樓主人偶筆。

解注比紅兒詩集一卷

題「鄜州從事羅虬著，臨漳黄預集，桐廬方慤注」。明藍格鈔本。前有政和六年黄預序，序後録《摭言》一則、《筆談》一則。是書罕見著録，《述古堂書目》有《比紅兒詩注》一卷，當即此本。

青陽先生文集六卷

元余闕撰，門人淮西郭奎子章輯。影寫明正德刊本。每半葉十一行，行十九字。白口，雙邊。口下有刻書人名。前有正統十年高穀引，鄱陽程國儒序，正德辛巳西蜀劉瑞序，宋濂《余左丞傳》。後附程廷珪《送余廷心赴大學》詩、程文《青陽山房記》及王汝玉、彭韶、張文錦後序。

香奩詩草二卷

明嘉禾桑貞白月牕著，吳興茅坤鹿門批選。每半葉九行，行十八字。白口，單邊。貞白爲周履靖逸之繼室。首有萬曆乙未茅坤序。後有履靖、貞白兩跋。

鮚埼亭集三十八卷外編五十卷

全祖望撰。歸安嚴修能評校本。舊藏丹徒趙氏，今爲于右任所得，假歸迻録一過。桐城蕭敬孚前輩曾從趙氏假閲此書，作跋二篇，歷舉嚴校佳處，見《敬孚類藁》。

史氏刻此書，校讎之功闕如，後一再修版，仍多舛謬。其二十八卷《李元仲別傳》未曾付刻，《董永昌傳》脱後半篇，《李貞愍傳》中脱六十九字一段，其它譌字、闕文未容縷指。予卧病沈困，承戴刑部以此見餉，支牀評校，稍有就緒，聊附諍友之義，未敢自詡功臣也。乙亥七月二十二日，修能書。目録後。

文集分内外，必有義例。《鮚埼》之分，乃絶無義例可尋，不過夸其所作之富而已。甲戌七月朔，元照力疾識。《外編》序後。

《鮚埼亭集》三十卷，按：當作三十八卷。餘姚史氏所刻。此編五十卷，不署刻者姓名，實蕭山汪吏部繼培也。吏部既成進士，便歸養親，讀書嗜古，恂恂雅飭，少予一歲，與予締交。昨戴刑部北上，枉顧山齋，知吏部已歸道山矣。痛惜痛惜！乙亥七月二十二日午後，元照記。《外編》目録後。

玉臺新詠十卷

題「陳尚書左僕射太子少傅東海徐陵字孝穆撰」。明寒山堂趙氏覆宋本。每半葉十五行，行三十字。綫黑口，單邊。前有孝穆自序。後有嘉定乙亥永嘉陳玉父後序。收藏有「振綺堂兵燹後收藏書」朱文、「汪子用藏」白文兩方印。

漢魏二十二家集

明新安汪士賢校刊本。每半葉九行，行二十字。白口，單邊。前有焦竑序。收藏有「古曢擁百城樓主人珍藏書畫印記」朱文方印。

漢魏廿有二名家，奇者剏未有，馴者羽聖統王道，清新者隔世不腐，俊逸者異代彌鮮，淵而博者以筆補造化不傳、以舌洩混沌未竅，是種種集，火不能爇、水不能濡，宛若有神物爲訶之護之。而後字歌語唱，墨舞筆酣，故時代雖閱，古心今心不閱也。文章雖變，古靈今靈不變也。嗚呼，寓内莫妙於漢魏名家，亦莫奇於漢魏名家之文。文之膾於世，不啻經天日月，耿耿心眸間。繇今而溯，有因才而受桁楊者，有因巨才而受鑕受鉞愈酷愈横者，噫，冤矣冤矣！貝錦南箕，何代無之？迄（令）［今］想二陸、大謝暨中郎、叔夜輩，膏斧而潤礫，究不得脱去，不若董、陶及黄門、曼倩諸家，不受塵羈鞅紲，文亦不落魯坑亥塹。遇不遇天也，非人也，而傳之久近顯微，尤非人之所能爲也。余封跡棲霞左麓，欲盡古人文，而發其奥、窺其隱，因擁圖書千卷，自署「百城野王」。爾時海内才俊過而問奇者踵肩相接，向予請曰：凡漢魏書匿名山非一日矣，即不盡匿，而章殘本剩，字贋句複，將遵何塗爲諸名家波斯？則惟是蒐其逸而殘完也，獵其餘而剩續也，覈其真而贋伏也，捕其神而複逃也。果爾，則山之熊胹豹臞、海之鼉胎黿肉，不煩虞漁而得之矣。願先生無靳丙夜心血，嚴詮密次，俾漢魏諸家寧頭顱與煙草同滅，而姓字與河山俱春，寧鬚眉與煨燼共流，而文章與天壤並亘。當年玄晏，諒無多讓也。況吾輩落落千秋，焉知非古人後身？留一綫之精血，翼江都、長卿、曼倩，嘘子雲、中郎、子建，繡二陸、陶、潘、三謝、顔、任，弔中散、叔夜、嗣宗，唁文通、開府，鑄明遠，把臂貞白、海瓊，則兹集之有造海内，不獨諸名家不死於漢魏，實不死於今日。是丙夜之銓次，轉死而生，且玉成生者，而冠珮以榮之矣。余聆弟子語，覺五内熱如火，隱隱似鎚扣胸，知向者升庵、弇州往往好爲古人導譽，非私古也。今人鹿鹿眼孔、艾艾口角，自局於叔季者不少，倘不以漢魏文澆之，將其腐愈痼而新慧不開。洵我序得引名家，萬萬不敢靳，遂於果殘、果剩、果贋、果複，一以精心簡搜之，易歲月而不憚其疲，歷寒暑而甘耗其慮。諸名家當再誕宇内，爛然域中，毋訝余輩未炙朱羹而漫云與古人神交也。

明萬曆癸未春仲三日，秣陵焦竑弱侯甫題。

董仲舒集一卷　司馬長卿集一卷　揚子雲集三卷　東方先生集一卷　蔡中郎集八卷　曹子建十卷　阮嗣宗集二卷　嵇中散集十卷　潘黄門集六卷　陸士衡十卷　陸士龍集十卷　謝康樂集四卷　陶靖節集十卷　鮑明遠集十卷　謝惠連集一卷　顔延年集一卷　謝宣城集五卷　江文通集十卷　陶貞白集二卷　庾開府集十二卷　任彦昇集六卷　白玉蟾集六卷續二卷

花間集十卷

題「銀青光禄大夫行衛尉少卿趙崇祚集」。明陸元大翻宋紹興十八年晁謙之刻本。每半葉十行，行十八字。白口，單邊。前有大蜀廣政三年歐陽炯序。後有晁謙之跋。陸刻本晁跋後原有「正德辛巳吴郡陸元大宋本重刻」一行，其版後歸震澤王氏，即將此行剗去。此本封面題「三槐堂藏版」，而無陸元大款，乃歸王氏後印本也。

衆香詞六卷

玉峰徐樹敏師魯、金閶錢岳十青同選。傳鈔本。前尤侗、吴綺、岳端三序。所選嘉隆以下閨秀之作四百餘家，分爲六卷，以《臺閣》爲禮集，《女宗》爲樂集，伉儷倡酧之作曰《玉田》爲射集，雜鸞别鵠之音曰《珠浦》爲御集，妾婢女冠宫掖之作曰《雲隊》爲書集，而以《花叢》爲數集終焉。

新編目連救母勸善戲文三卷

題「新安高石山人鄭之珍編，館甥葉宗泰校」。明萬曆壬午刻本。每半葉十行，行二十四字。白口，單邊。前有葉宗春、陳昭祥、倪道賢三序及之珍自序。後有都昌承跋。卷末有陳均、葉柳沙、陳瀾評語。凡上卷三十二齣，中卷三十四齣，下卷三十四齣，有圖五十餘幅。

遥集堂新編馬郎俠牟尼合記二卷

明阮大鋮撰。卷首題百子山樵，寓名也。明末刊本。每半葉九行，行二十字。白口，單邊。凡三十六齣。前有文震亨序。

通天臺一卷

題「灌隱主人著」，即吳梅村祭酒偉業所托名也。明刊本。每半葉九行，行十九字。白口，單邊。凡二齣。

臨春閣一卷

灌隱主人著。明刊本。行款與《通天臺》同。凡四齣。

三國志演義

明李贄卓吾評。明末刊本。每半葉十行，行二十二字。白口，單邊。前有《宗寮姓氏》一卷、二百四圖、江上繆尊素序、戴易南枝《題富春東觀山關侯祠堂壁》文。是書通行本爲金聖嘆改竄，與此不同。

校注

〔一〕按：「字」疑爲「沛」之誤。

〔二〕按：括號內文字，稿本已勾去。

積學齋藏書記　附録

南陵　徐乃昌積餘撰

重刊經史證類大全本草三十卷

明萬曆重刊大德本。每半葉十二行，行二十三字。高八寸，廣五寸二分。白口。首爲萬曆丁丑春穀王大獻後序、萬曆庚戌夏邑彭瑞吾序、萬曆丁丑東魯宛陵梅守德序，又大觀二年艾晟序，又政和二年劄付寇宗奭。卷末有嘉祐二年補注本草奏敕、三年圖經本草奏敕、皇統三年成都宇文虚中書後、己酉雲中劉祁書後。卷一首行題曰「重刊經史證類大全本草卷之一」，二行曰「知南陵縣事楚武昌朱朝望重梓」，三行曰「春穀義民王秋原刊」，四行曰「庠生王大獻引禮、程文繡同校」，蓋皆出資助梓者也。卷二題曰「重修政和經史證類備用草本卷第二」，下有「己酉新增衍義」，小字「唐慎微證類，中衛大夫康州防御使勾當龍德宫總轄修建明堂所醫藥提舉入内醫官編類聖濟經提舉太醫學臣曹孝忠奉敕校勘」三行，以下均同。然此本卷末有嘉靖丁酉楚府崇本書院重刊牌子，而王序又爲萬曆丁丑，疑此係翻刻嘉靖本。考王大獻序中有云「本朝成化初，巡撫山東都御使原傑刻《政和本草》于東藩，吾郡舊有大觀刊本盛行于世，縉紳之流咸購重之」，是此本之前另有刻本也。

艾序後牌子：大德壬寅孟春　宗文書院刊行　卷末牌子：嘉靖丁酉孟春月吉　楚府崇本書院重刊

證類本草校勘官敘

政和六年七月二十九日奉敕校勘

同校勘官太醫學内舍生編類聖濟經所點對方書官臣　龔璧

同校勘官登仕郎編類聖濟經所點對方書官臣　丁皐

同校勘官登仕郎編類聖濟經所點對方書官臣　許嵖

同校勘官登仕郎編類聖濟經所點對方書官臣　杜潤夫

同校勘官翰林醫候入内内宿編類聖濟經所點對方書官臣　朱永弼

同校勘官翰林醫官編類聖濟經所點對方書官臣　謝惇

同校勘官奉議郎太醫學博士編類聖濟經所檢閱官臣　劉植

校勘官中衛大夫康州防御使勾當龍德宫總轄修建明堂所

醫藥提舉入内醫官編類聖濟經提舉太醫學臣　曹孝忠

王大獻《重刊本草後序》云：嘗閲《淮南子》云「神農嘗百草滋味，一日而七十毒，由是醫方興焉」。上古文字未制，故無「本草」之名。《帝王世紀》云「黄帝使岐伯嘗味草木，定《本草經》，造醫方以療衆疾」，則「本草」之名若自岐黄始。漢元始間，天下通知方術本草者，乘傳遣詣京師。《樓護傳》稱護少誦「醫經本草」數十萬言，「本草」名見于史者始此。大率世傳《神農本草經》與《内經》者，疑皆漢世名醫倉公、張機輩襲述舊聞，附以新説，編述而成。然要爲後世醫經之祖，其繫于生人之道至切要者也。《本草》舊經止三卷，梁陶弘景《名醫别録》增爲七卷。唐顯慶中，命蘇恭、李世等參考，廣爲二十卷，世謂之《唐本草》。僞蜀孟昶命學士韓保昇等參比增廣，世謂之《蜀本草》。宋開寶中，詔醫工劉翰、馬志撰集附益，仍命學士盧多遜、李昉、王祐、扈蒙等重爲刊定，乃有「詳定」、「重定」之目。嘉祐初，詔劉禹錫、林億、蘇頌、張洞等爲之補注圖經，增藥千有餘種。元祐間，閬中陳子承合二書爲一，列二十三卷，附以古今論説、己所見聞，名曰《重廣補注本草圖經》，待制都尉林希爲之序。大觀年，蜀人唐慎微博采備載，于《本草圖經》之外，又得藥數百種，益以諸家方書，與夫經子傳記、佛道藏書，凡有該涉，並名附列，爲書三十一卷，凡六十餘萬言，名曰《經史證類備急本草》，爲力勤矣，世罕有知。集賢孫公得其善本，鏤版以傳，其惠始廣，詳見通仕郎艾晟序中。政和初，曹孝忠復加校勘進呈，名曰《政和新修經史證類備用本草》，實即此書也。其他如奚普《本草》，陶隱居《藥總訣》，徐之才之《藥對》，孟詵、張鼎之《食療本草》，陳藏器之《本草拾遺》，蕭炳之《四聲本草》，楊損之之《删繁本草》，杜善方之《本草性事類》，陳士良之《食性本草》，日華子之《諸家本草》，及

《南海藥譜》、《藥性論》，不著撰人，其書實繁，類皆《大觀本草》集其大成已。本朝成化初，巡撫山東都御史原傑刻《政和本草》于東藩。吾郡舊有大觀刊本盛行于世，搢紳之流咸購重之，歲久漫廢，共爲嗟惜，家君幸藏完本笥中，寶若宗器。會獻患痰症，醫罔奏效，因檢方試療，輒爾安痊。繼親識病者，隨症用方，並多響應，乃知是編信醫家之要典也。家君生平好義，往往荷名公禮遇，有語以宣州原刻《本草》散失，大爲醫家闕典，君盍梓之，以普濟世之仁乎。家君有感于心，遂命獻參校魯魚，暨弟大成繕寫。罄其淺陋，證以別本，質以諸書，三復考正，仍以寇宗奭《衍義》附于各條之後，以便觀覽，中有疑者缺之。家君因損貲三百餘，命之梓人，始于乙亥之冬，迄丁丑之春告成。自是此書幸而傳布益廣，凡仁人孝子理生事親，咸得以殫厥心神，而無令庸醫一切妄肆疢毒伐天年，則家君利物之志庶幾其少慰矣。先是，家君業已徵言大參宛溪梅公序其端，獻文唯述《本草》源流所自及重刻歲月之由，以殿于末簡。是編簡帙浩繁，工費頗鉅，前代皆以官帑充之，家君農圃餘生，家無長物，乃能捐己利人，慨然任此，亦自推其一念之仁而已。若以爲修德望報于天，豈家君之心哉？萬曆丁丑歲春中月春穀，後學王大獻後序。

釋迦譜十卷

蕭齊釋僧祐撰。支那本，明崇禎五年刊。每半葉十行，行二十字。白口，雙邊。首有自序。每卷後有音釋。

弘明集十四卷

梁釋僧祐撰。支那本，明萬曆丙辰刊。每半葉十行，行二十字。白口，雙邊。口上有「支那撰述」四字。首有自序。每卷後有校訛、音釋，并刻書人姓名、年月牌子。僧祐姓俞氏，彭城下邳人。武帝時居鍾山定林寺。所輯皆闡揚佛法之文，自東漢至梁，無不具載。蓋其時古書多未散佚，墜簡遺文，往往而在，梁以前名流著作頗賴以存焉。

廣弘明集四十卷

唐終南山釋道宣集。支那本，明萬曆刊。行款與《弘明集》同。首有自序。每卷後有音釋，有牌子記書刻人姓名、年月。書分十篇，篇各有小序。道宣俗姓錢氏，丹徒人。隋末居終南山白泉寺，又遷豐德寺、淨業寺，至唐高宗時乃卒。持戒精苦，釋家謂宣律師。此書大旨抑周孔，排黄老，而獨伸釋氏之法，與僧祐《弘明集》相同。按《唐志》載《廣弘明集》三十卷，《四庫》亦作三十卷，與《唐志》合。《四庫》云二十七卷以後各分上下，實三十四卷也。此本作四十卷，蓋後人所重訂者。

大唐内典釋録十卷

唐沙門釋道宣著。支那本，順治十八年刊。行款與《弘明集》同。首有自序，又《續大唐内典録》贊序。

法苑珠林一百二十卷

題「唐上都西明寺沙門釋道世玄惲撰」。明支那本。每半葉十行，行二十字。白口，雙邊。口上有「支那撰述」四字。首有佛像，次(散)朝散大夫蘭臺侍郎隴西李儼仲思序。每卷後有校訛、音釋，並施貲人、對書刻諸人姓名。有「慈谿馮可鏞藏書」白文方印，「蛟川方義路正甫氏所藏金石書畫之印」朱文方印。

高僧傳十二卷

梁會稽嘉祥寺沙門慧皎撰。支那本，明萬曆辛亥刊。每半葉十行，行二十字。白口，單邊。口上有「支那撰述」四字。首有目録、自序。每卷後有音釋，有刻書人姓名、年月牌子。

續高僧傳四十卷

唐釋道宣撰。支那本，明萬曆庚戌刊。行款與《高僧傳》同。首有自序。

宋高僧傳三十卷

宋左街天壽寺通慧大師賜紫沙門贊寧等奉敕撰。支那本，明萬曆辛亥刊。行款與《高僧傳》同。首有贊寧自序、進書表、批答、目録。每卷後有音釋，記刻書人姓名、年月牌子。贊寧，德清高氏子。出家杭州龍興寺，吳越王署爲兩浙僧統。宋太宗召對于滋福殿，詔修此書。至道二年卒，謚曰圓明大師。

大明高僧傳八卷

皇明天台山慈雲寺沙門釋如惺撰。支那本，明萬曆丁巳刊。

南宋江陰軍乾明院羅漢尊號碑一册

賜進士出身奉政大夫工部屯田清吏司郎中嘉興高道素原名斗光手録，賜同進士出身晉階奉直大夫協正庶尹工部虞衡司主事高承埏校，貢監候補徵士郎高佑釲重校。順治十八年刊支那本。首有崇禎癸未高承埏序。末有高佑釲跋，又順治十八年（經）〔徑〕山比丘徹微印開識刻工、字數、工價牌子。又每條下有墨筆小注，蓋深于佛學者所考，字亦可觀，惟不著姓氏耳。此書已刻入江陰繆氏《煙畫東堂叢書》。按：高道素初名斗光、明水，一字如晦，後更今名字，字玄期。萬曆己未進士。著有《景玄堂集》十卷。承埏字寓公，一字澤外，玄期之孫。崇禎庚辰進士。著有《稽古堂集》十卷。

法喜志四卷續志四卷

冰蓮道人夏樹芳輯，瘖斗居士馮定閱。明刊本。每半葉七行，行十六字。白口，雙邊。首有自序，羼提居士鄒迪光序，莊嚴居士吳亮序。《續志》有自序，又雲棲沙門祩宏序。《四庫》著録只三卷，又無《續志》，蓋另一刻本也。樹芳字茂卿，冰蓮其號也，又號大空居士，江陰人。祩宏即雲棲大師。

妙法蓮華經觀世音菩薩普門品一册

姚秦三藏法師鳩摩羅什奉詔譯。宋刊梵夾本。每半葉六行，行十九字，高六寸，廣二寸六分。後有佛像。

經律異相經第四十一册

宋刊本。題「梁沙門僧旻、寶唱等撰」。每半葉六行，行十七字。首葉有刻工姓名。首有《梵志部》目録。末有音釋。

大乘起信論一册

題「馬鳴菩薩造，梁天竺三藏法師真諦譯」。明支那本。每半葉十行，行二十字。首有佛像，次揚州僧智愷序。末有捨貲寫刻校諸人姓名四行。

根本説一切有部毗柰耶經二册

題「唐三藏法師義淨奉制譯」。宋刊本。凡第四、第八二册。每半葉六行，行十七字。中縫有葉數、刻工姓名。末有音釋。

大佛頂如來密因修證了義諸菩薩萬行首楞嚴經十卷

天竺沙門般剌密帝譯，烏萇國沙門彌伽釋迦譯語，菩薩戒弟子前正議大夫同中書門下平章事房融筆受，師子林沙門惟則會解。元刊本。每半葉十一行，行二十一字。高六寸二分，廣四寸五分。黑口，雙邊。首有沙門惟則序、臨川沙門克立題，後列《會解》所引教禪諸師名目。末又有惟則、克立兩跋。每卷後附音釋。口下間有刊板人姓名。序後有「板留平江在城師子林」一行。是書刊于至正壬辰，郡人羅元所書，字體古拙，刊印俱臻上品，可貴也。

楞嚴經十卷

明吳興淩氏刊本。每半葉八行，行十八字。白口，單邊。朱、墨、青三色套板。首有古閩樂純思白序，次圖，次施宸賓讚，次科經，次萬曆壬寅沙門袾宏《楞嚴摹象記引》，次萬曆丙午新安俞王言皋如《刻楞嚴標指序》。每卷後俱有音釋。末有「皇明天啟元年秋九月重陽日告竣」一行。袾宏即蓮池大師。明季四高僧，紫柏、憨山、覺浪與蓮池也。

首楞嚴經義海三十卷

明支那本。每半葉十行，行二十字。白口，雙邊。每葉中縫上有「支那撰述」四字。每卷後有音釋。首有宋乾道曾懷總序，王隨《義疑》序，惟淨上王中丞書，范峋《標指》序，胡宿《集解》序。有「明善堂藏書畫印記」朱文長方印，「林令旭」白文、「甡江」朱文兩方印。

圓覺經略釋二卷

宋四明沙門柏庭善月述。明支那本。首有嘉定庚午善月自序，又萬曆壬寅沙迦濾那無盡傳燈序。每卷後有助資姓名。刻于崇禎四年，板藏武林報國院。

釋氏要覽三卷

錢唐月輪山居講經論賜紫沙門釋道誠集。日本刊本。首有宋天禧四載崔育林序。後有隨序。

釋氏稽古略四卷

題「烏程職里寶相比丘釋覺岸寶洲編集再治」。元刊本。每半葉九行，行二十八字。高七寸三分，廣五寸。白口，單邊。首有中山李桓序，又列釋迦文佛宗派祖師授受圖略，又國朝圖。圖末有小牌子云「張普通丁普惠爲人天領袖苦海舟航」十五字。是書初名「釋氏稽古手鑑」，後更名「稽古略」，故曰「再治」。其間所引用書，六朝逸典甚衆，是亦究心釋氏之學者所宜參考也。有「檖」白文、「嘉生」白文兩方印。

趙氏手跋曰：梵典初本，咸豐兵燹後益希。《稽古略》八册，乃至元刊印本，有萬曆寧國府印册襯紙，與余所藏元刻《茅山志》何義門過潘稼堂校本爲二氏祕笈，子孫寶諸。光緒三年五月重裝，彦修。

天童宏智覺和尚頌古一百則

元刊本。每半葉十行，行十八字。高六寸一分，廣四寸一分。黑綫口，雙邊。口上有字數，下有刻工姓名。末有至正壬午雲山野僧慧從新刊四家録序，此特其一家耳。載有刊板施財人銜名。

至正二年歲次壬午蕤賓一日大明禪寺住持海島刊板印施流通

香山侍者　圓明　書

告白慕道高流此板見在西香山用者請來印造

大道者山雲峰禪寺住持嗣祖沙門月嚴　德明　助緣

大香山永安禪寺住持嗣祖沙門惠川　　福珪　助緣
大甘泉普濟禪寺住持嗣祖沙門東溟　　海潮　助緣
大萬壽禪寺住持嗣祖沙門玉川　　道僖　助緣
大承天護聖寺住持月潭大師　　了資　助緣
舍人　朵鸞帖木兒啊穆哥室利
大師國王孫銀青榮禄大夫河南江北等處行中書省國王丞相朵兒只施財

月上女經二卷

明刊支那本。每半葉十行，行二十字。白口，雙邊。首有佛像，次爲明進士奉直大夫前奉敕僉廣東南韶道兵巡憲事吳人管志撰序。序後與卷後俱有捨貲姓名、牌子。

新注朱淑真斷腸詩集十卷後集八卷

錢唐鄭元佐注。元刊本。每半葉十行，行二十字。高五寸七分，廣三寸九分。黑口，雙邊。口上作「真詩」或作「朱詩」。《後集》作「朱後」或作「朱詩後」，或作「朱后幾」。首有淳熙壬寅二月望日宋通判平江軍司魏仲恭序。

文選六十卷

元張伯顏重槧尤本。每半葉十行，行大二十字，注雙行二十一字。高六寸三分，廣四寸五分。白口，單邊。首有昭明太子序、李善《上文選注表》、高力士宣口敕。大德余璉序已佚。每卷有目，連屬篇目。版心間有刻工姓名。卷一首葉有「九華吳清床刀筆」七字，六十卷末有「監造路吏劉晉英、郡人葉誠」一行。行款與宋尤延之刊本同。其與尤本不同者，每卷首葉之第四行有「奉政大夫同知池州路總管府事張伯顏助率重刊」二十字，而以尤本第十行「班孟堅」下小注六行排密縮爲四行以就之。伯顏爲池州路總管時，宋版毁失，伯顏重刻以爲昭明祠故實，意非不厚。然宋人刻書，皆於卷末列校刊銜名，從無與著書並立者。隆、萬以後刻本，此風乃（甚）〔盛〕行，伯顏其作俑者。又惟恐失尤本之真，每卷首葉縮少排密以就之，殊不可解。明金臺汪諒翻刻，昔年猶及見之，首有「金臺書鋪翻刻書目」一紙。丁氏《善本書室書目》則收汪本，雖行款相同，然筆畫清勁似遜此本，不能不辨。

十三家集四十八卷

明張燮紹和輯。天啟刊本。每半葉九行，行十八字。白口，單邊。凡漢《王諫議集》二卷，漢《馮曲陽集》二卷，漢《蔡中郎集》十二卷，陳《徐僕射集》十卷，陳《沈侍中集》三卷，陳《張散騎集》二卷，魏《高令公集》二卷，魏《温侍讀集》三卷，齊《邢特進集》二卷，齊《衞特進集》三卷，周《王司空集》三卷，隋《盧武陽集》三卷，隋《李懷州集》二卷。每集有紹和自序。刻本世不經見，可珍也。紹和，閩人。

宣城右集二十八卷

明湯賓尹嘉賓集。明天啟刊本。每半葉九行，行十九字。白口，單邊。首有天啟丙寅門人韓敬序。

是書者，有宣以來文事之總也。韓序云：「小史掌故，右史記言，茲編所託類也。右之右之，君子有之，茲編所韞旨也，故名曰《宣城右集》。」凡文二十卷，詩八卷。文首吳薛綜，詩首宋鮑照，均迄嘉賓爲止。是書傳本正稀，惜少有殘闕，不可補也。有「雪苑宋氏蘭揮藏書」朱文長方印、「劉氏珍藏」朱文橢圓印、「武進劉學誠字安生之印」白文方印。

書名索引